黄仁宇 著

现代中國的歷程

增订本

中華書局

图书在版编目(CIP)数据

现代中国的历程/黄仁宇著.—增订本.—北京:中华书局,
2019.11(2022.10 重印)
ISBN 978-7-101-14126-9

Ⅰ.现… Ⅱ.黄… Ⅲ.中国历史-现代史 Ⅳ.K27

中国版本图书馆 CIP 数据核字(2019)第 205649 号

书 名	现代中国的历程(增订本)
著 者	黄仁宇
责任编辑	徐卫东
责任印制	管 斌
出版发行	中华书局
	(北京市丰台区太平桥西里 38 号 100073)
	http://www.zhbc.com.cn
	E-mail:zhbc@zhbc.com.cn
印 刷	北京盛通印刷股份有限公司
版 次	2019 年 11 月第 1 版
	2022 年 10 月第 3 次印刷
规 格	开本/880×1230 毫米 1/32
	印张 11½ 插页 2 字数 315 千字
印 数	11001-14000 册
国际书号	ISBN 978-7-101-14126-9
定 价	68.00 元

目 录

出版说明

今日的中文阅读世界，如果要提出一位从学者、企业家等各界名流，到白领、高校学生等普通读者均赞誉有加的历史学家，黄仁宇先生无疑是最热门人选之一。

1982 年 5 月，中华书局出版黄仁宇先生首部中文历史作品《万历十五年》，带给人们非常震撼的阅读体验，提供了思考社会与历史的另一个维度。这本书风行近三十年，成为众多作家、学者、企业家和高校师生的案头必备书，屡获佳评：《新周刊》《书城》"改革开放 20 年来对中国影响最大的 20 本书"、《中国图书商报》"改革开放 30 年来最具影响力的 300 本书"、第九届深圳读书月"30 年 30 本书"、2009 年搜狐"读本好书"经典好书奖……

自《万历十五年》之后，黄仁宇先生的系列作品陆续在中国大陆出版，"黄仁宇旋风"成为中文读者的阅读盛宴中一道亮丽的风景。2006 年 8 月、2007 年 1 月，中华书局重新校订《万历十五年》，增补相关文字，分别推出《万历十五年》增订纪念本和增订本，受到读者广泛欢迎，短短数年印行近 30 万册，见证了黄仁宇作品长盛不衰的魅力。

目前大陆出版的黄仁宇作品，或号称"黄仁宇全集"，其实并非全璧。由于种种原因，黄仁宇先生尚有一些单篇论文及随笔散见于英国、美国、德国等国家以及香港、台湾等地区的报刊杂志，为大陆读者所不易搜寻。对于喜爱黄仁宇先生及其作品的读者朋友来说，这不能不是一个遗憾。有鉴于此，我们在黄仁宇哲嗣黄培乐先生的大力支持下，通过多方途径搜集整理黄仁宇先生集外文字，编成一册，作为"特别的礼物"呈给众多的黄仁宇作品爱好者。黄仁宇先生曾坦言"我是自己雇用自己的记者，为一般读者大众而书写"，我们相信本书的形成亦算符合他的宗旨。

中国的历史、现在与未来，一直是黄仁宇先生念兹在兹的关注主题。他说："我之所以成为历史学家，是因为自己颠沛流离，一切源于中国的动荡不安"，"我开始接触（历史学）这一行业和技艺，是因为动荡不安的生活造成心灵苦恼。为了寻求问题的解答，我才发现世上所有的事件全都紧密相连"。又说："我的主要任务在于以一己之力密切观察，西方如何和东方交会，东方如何和西方融合，直到两者融而为一个完整的世界史。"黄仁宇先生早年经历动荡，从军抗日，中年负笈美国，其间数十年遍游世界各地，考察先进国家进入现代化之程序，并反观中国取得突破之契机，对祖国的拳拳之心可鉴。在他的作品里，主张摒弃意识形态或道德上之争执，注重考察实情实事，"从技术上的角度看历史"，体察历史发展的真实背景以及未来的真正趋向。本书辑录的文字也正体现了这一特色。是故，我们拟名为《现代中国的历程》，而且获得了黄培乐先生的首肯。

台湾汉学研究中心耿立群女史编纂的《黄仁宇研究资料目录》堪称编者搜寻黄仁宇先生作品的指路明灯；她还惠寄编辑部多篇黄仁宇文字的复印件，使本书得以成全。这是我们必须特别提出致谢的。台湾联经出版事业公司总发行人兼总编辑林载爵先生对本书的编辑也予以关心和支持，特此致谢。陈时龙先生翻译了《倪元璐：新儒家官僚的"现实主义"》、《16世纪明代中国的军费》、《明代的财政管理》、《中国社会的特质》四篇英文论文，在此致谢。编者需要一一致谢的尚有：庄惠薰、洪丽珠、马昕、王瑞玲、李静、祝安顺、胡永华、余瑾等多位女士与先生，他们都在不同的方面促成了本书的问世。

最后需要说明的是，本编文字多发表于不同地区、不同时期的各类报刊，其用字、表达习惯都跟如今不尽相同。编校过程中，一般不作统一修改，以保存原貌。

中华书局编辑部

2011年1月11日

中国社会的特质

——一个技术层面的诠释①

李约瑟　黄仁宇②

当1949年中华人民共和国成立，许多外国观察者相信，新的中国领导阶层将会与旧的传统完全决裂。今天，四分之一个世纪过去了，革命的划时代效应已然清晰可见。然而，越来越明显的是，中国的社会和文化传统已经被纳入新的秩序之中。毫无疑问，这将会发挥巨大的影响，不仅会影响中国人自身的命运，而且会决定人类将来的命运。

在中国这个世界上人口最多的国家，它的历史延续性有时被

① 本文最初为李约瑟博士1974年4月30日在香港大学发表的演讲。两位作者对从与 J. J. Broeze 博士、C. Feinstein 博士、Iain McPherson 博士、琼·罗宾逊（Joan Robinson）教授、米库拉什·泰希（Mikulas Teich）博士的讨论中所获得的帮助及对相关问题的澄清表示感谢。本篇载于香港大学亚洲研究中心《东方文化》，12卷，1、2期合订，1974年。（译者按：此文先有戴开元先生的译文《中国社会的特征——一种技术性解释》，载见《李约瑟文集》，辽宁科技出版社1986年版，页278-309。译者在翻译过程中参考了戴先生的译文，谨致谢忱。）

② 剑桥大学凯斯学院（Caius College, Cambridge）。

视为是智慧引导的胜利。许多西方学者在中国人的共产主义、儒学、道教，甚至佛教之间找到了一些理论共同点。尽管它们之间的差异有很多，但它们之间的联系却被以各种各样的方式加以证明。但是，这容易过分强调哲学家的影响，而弱化了具体的环境及经济因素的作用。

中华民族精神的构成，当然是一个可以进行不同诠释的主题。但是，正如我们所看到的，无论意识形态的重要性多么强大，也不能掩盖其下还存在着气候、地理和社会融合等物质性力量这样的基本事实。中国的历史之所以不同于其他一切文明的历史，乃在于中国在公元前若干个世纪里就已经发展出了一种中央集权的政治体制。由于此种体制必然能够动员还只是相当原始的技术来支持，因而它也确实是一项很大的进步。然而，中国所达到的高度中央集权，并不是源于政治思想家们的想象，而是由环境造成的。地理是压倒一切的因素。在随后的几个世纪中，这种中央集权体制因为不得不持续地被加以完善并维系，使中国的政治和伦理的成熟程度远远超过其他制度的发展，如多样化的经济制度、系统化的民事契约法、保护个人的司法体系等。随着时间的推移，后述的那些制度相对而言依然没有得到充分的发展，反而确定无疑地被抑制，以免它们扰乱帝国的统一管理。结果，没有预想到的是，由于缺乏所谓技术精细化，中国的官僚政府通常表现得广度有余而深度不足。这一点给人留下的印象很深刻。中国官僚政府所获得的支持，主要来源于社会习俗和社会价值观。鼓励个人附属于各类初级团体；然而，如果一种教导式的道德规范强调个人对他的同胞的义务，它也就会抑制他所有的对于自然权利的诉求。过去 2000 年里，这些情况没有什么改变。

人们很快就会发现，传统中国社会中有许多不利于资本主义的生长但却有利于向社会主义过渡的因素。单纯而一致的民族文化概念、表意及单音节的语言（外国人很难学会）而形成的统一性、德治而非法治、中产阶级发展的缺失（这一点下面会提到），以及一直以来对商业利益和商业动机的抑制——一旦时机来临，所有这些都成了更倾向于社会主义的特征。因此，要对中国今天所处的地位进行评价，我们的报告就必须首先对中国过去一些重大的发展情况进行探讨。

早期的统一与中央集权

中华文明发源于黄河沿岸，的确意义非常重大。那条大河在大片的黄土层之间出入。由风吹来的沙土密集堆积而成的黄土层，厚度通常超过 300 英尺。结果，黄河的淤沙含量令人叹为观止。世界上绝大多数的大河如果含沙量超过 4% 到 5%，就已经相当高了。然而，黄河河水的含沙量却曾经有过 46% 的观测记录。它的一条支流的含沙量，则高达前所未闻的 63%。黄河河道的最后 500 英里，注入的支流不止一条。因此，黄河的河道经常淤塞，堤坝被冲溃，以至于今天黄河的河床要远远高出邻近的华北平原。

在帝制时代以前，各自修建的治水工程经常是彼此分开的封建国家之间发生纷争的原因，因为这类水利设施通常会给邻近的国家带来问题，并加剧祸害。早在公元前651年，相关的诸侯国就举行过一次联合大会。会议中，参与者们郑重承诺，决不改变黄河的河道，以免给其他国家造成麻烦。然而，承诺是无效的。随着中国进入战国时代，即公元前5世纪初至公元前3世纪末，争霸的诸国甚至会故意决堤，来淹灌敌对国的领土。直到公元前221年统一中国的出现，这个问题才得以解决。这样，虽然一些人可能言之过重，但不可否认的事实是：防洪、灌溉以及后来的散装运输所形成的对水利工程的需求，有利于帝国的统一。不仅如此，这一环境背景，同样还是解释为什么中国实行传统官僚制而非贵族制的最好理由之一。水利控制及其管理，总是会跨越封建诸侯领地的边界，而只有由一位君主及其各级官僚才能够掌控它。

当然，中国并不是唯一崛起于河谷流域的文明。埃及发源于尼罗河；巴比伦发源于底格里斯河和幼发拉底河；穆罕耶达罗（Mohenjodaro）文化发源于印度河。但是，所有这些都离欧亚大陆的中心地带相对较近，相互间的影响及征服也相当明显，而不像中国那样隔离于雄伟的青藏高原之外。青藏高原，自然而合适地孕育了以须弥山为中央山系的印度概念以及以昆仑山为中央山系的中国概念。为什么其他所有的古代河谷文明，都作为一个可以辨识的实体而消失，为后来的笈多、莫卧儿、罗马、拜占廷、伊斯兰文化所取代，可中国文明却不间断地从新石器时代的仰韶文化和龙山文化一直延续到今天？对于任何试图寻求解答这一问题的人来说，这至少是部分的答案。

黄河及其泥沙造成了巨大的问题，而气候对中国也从不存善意。早期中国的作者们，由于没有现代气象学的帮助，理所当然地认为每6年就会有一次严重的农作物歉收，每12年会有一场大规模的饥荒。迄至1911年以前，历朝官修正史记载，在2117年中，洪灾不下1621次，旱灾不下1392次。平均下来，每年发生的灾害超过一次。只是到现在，我们才对这种现象作出充分的解释。

在中国，降雨的季节性很强。大约80%的降雨发生在夏季的3个月，而正在这个时间段，季风风向也发生改变。年降雨量的起伏也很大，因为中国的季风是受气旋影响，而不是受地形影响。换句话说，潮湿的季风并不借助高山来做它的冷却剂，而是依靠来自北方或东北方的冷气流。冷气流使潮湿的季风上升到足够的高度，从而增加其湿度。气流交汇的固定模式不会改变，但由于两种变量未必同步，故其实际效果逐年之间也就差异颇大。气流交汇的点可能要比预想的数量更多，或者数量更少。正是这种变化，导致中国频发水旱灾害——这是一种历史记录中常见的气象学现象，然而时至今日依然在发挥作用。有时候，两种自然灾害会在相同时间、不同地区内发生。

在公元前221年之前的数个世纪里，曾经历一系列血腥的内战。现存的记载会造成这样一种印象，即：战争能够使得各国国君推行他们的强国计划，解决他们的私仇。但是，那些资料中留有足够的线索表明，自然灾害至少也要部分地为这种纷扰的状况负责。农民因为饥饿和食品短缺而参加战争。庄稼被正在交战的军队掠夺。灾荒时节食品供应的中断构成开战的理由。而且，有能力分发救灾物资的大国必然能取得胜利；它们也能吸引更多的追随者。这样，一系列事件的连续发生，几乎自动产生了这一问题的合理的解决方案。这个解决方案，目标就是要形成一个统一的中国和一种中央集权的官僚制管理方式，从而能够独力调动所有必要的资源来缓解地区性灾害。

但是，大自然还给中国设置了另外一个难题，即北部边疆的安全问题。解决此一问题的方案，也与国家统一和中央集权相关；长城的修建就绝妙地证明了这一点。以气象学的术语而言，长城这一条屏障，总体上与 15 英寸等雨量线一致。这清楚地表明，长城以南年降雨量能达到 15 英寸，而 15 英寸降雨量是谷物生产所需要的最低雨量。在长城之外，降雨则更为稀少；大部分河流在入海之前即已干涸；游牧是主要的生存方式。拉铁摩尔把长城称作"世界上最纯粹的边疆之一"，认为它作为区分文化群落、社会风俗、语言、宗教的分界线存在了 2000 多年。由于对长城另一侧的少数民族的和平同化通常不会有持久的效果，北部边疆始终是中原农民与游牧部落之间冲突不断的区域。有时候，中国也会深入北部及西北的草原大漠，发起攻击，但每当它不这么做时，就只得对机动优势极强的游牧部落的入侵采取防御态势。在中国历史上，中国的大部分地区被起源于游牧部落的皇室所统治，是很常见的事情。实际上，元代和清代，整个国家都控制在蒙古人和满洲人之手。此处的情形，跟罗马帝国极为相似，但最后罗马干脆就被"蛮夷化"了，而中国却从未被"蛮夷化"。无论如何，军事动员及后勤保障都需要一个统一的中国。这再一次证明，穿着制服的官僚所具有的动员力量，是贵族们想都不敢想的。

除了这些因素以外，中国人的居住密度、农业种植的普遍性、内陆水网、居民语言的同质性，都有利于统一。这里也没有任何建立中央集权制度过程中所不可克服的障碍。但是，与黄河水患的防治、连续不断的救灾以及对边境游牧民族威胁的控制这些因素不同，中国在人文和社会地理的有利条件几乎没有加强统一问题上的迫切感。如果仅仅是这些条件，它们尽管也很可能会发展出中国的中央集权政治，但步伐却会更慢，当然其基础可能也会更扎实。历史的进程和这种情况相距甚远。人们偶尔也会说，统一和中央集权在青铜时代结束之后很快就诞生于中国。由于生存压力，统一化进程没有为地方性制度和习俗做法的成熟留出任何时间。贵族政治的特质也许能培育出地方性制度和习俗做法，而广泛推行的、注重效率和统一的官僚政治却不能。道家的技术和放任主义、墨家的科学和宗教、法家的讲求统一以及享乐主义者的自我修养，在某种意义上说都因高度必要的中央集权的儒家官僚制国家而受到了伤害。帝制中国的权威之获得，是传承自两种资源：官僚制之前的诸侯国的体制结构、在这些诸侯国发展成熟的政治思想家们尤其是儒家的相关思想。

前面我们还提到其他古代伟大的河谷文明，而且，任何关于中国封建官僚制特征的讨论都会提出这样的问题：跟中国的官僚体制相比，为什么印度却没有多少相似之处？印度同样遭受水旱灾害的侵扰；印度也受到威胁，主要是西北边境异族的入侵，而且在她漫长的历史中实际上也发生过多次；印度也需要至关重要的水利工程，虽然除了南部的维查耶纳伽尔（Vijayanagar）王国以外，这些水利工程从未修缮到它们应该达到的程度。那么，导致中国的历史经验与大部分其他文化如此不同的"未知因素"，究竟是什么？也许正是在这一点上，刚才提到的那些"不紧迫的"因素才会显出其突出的重要性。在印度，语言、宗教和社会（等级）的多样化从很早时期就主宰着整个次大陆，与中国内部的同质性惊人地不同。中国人能将周边部族吸纳到自己的文化中来（例如越、蛮、契丹、女真），而不会削弱自己的文化，甚至还可以同化征服者，如蒙古人和满洲人，直到他们所有的可辨识特征孑然无存。不仅如此，中国还向整个东亚输出她的文化，以至于朝鲜、日本和越南都在某种程度上都是她的子文化。确实，"单一的"表意语言在其中发挥了很大部分作用；深有特色的中国农业耕作方式及相应的技艺、多个世纪以来培养得越发合适的中国官僚行政管理的特定程序，也都起着很大作用。中国没有发展出具有等级特征的制度；三教中的任何一教都不能高于一切、让人服从，或者享有世俗权力，这两点也非常重要。

在历史悠久性方面，唯一可以与中国相提并论的其他文明，应该是尼罗河边的古埃及文明。埃及还曾流行过同质性的表意语言。这也许不是偶然的。当然，中国和埃及之间也有差异。埃及的存在确实比中国更早，因为当中国的商王朝开始之时，埃及法老的机构已存在了 2000 多年。然而，阿拉伯和伊斯兰文化胜利1500 年之后，统一的中国在今天依然是现实的存在。中国幅员辽阔，其河流、群山、平原可以在相当于欧洲大小的区域内延伸；与此十分不同的是，埃及则被条形区域两侧的沙漠限制得非常狭窄。这样一来，为什么中国的经验与任何其他的河谷文明不同，理解起来也许就不太困难了。

农业社会的官僚政治管理

在中国这么大的一个农业国家里，她所形成的组织严密的官僚政治工具，在世界历史上也是无与伦比的。领取全额薪水的专业管理群体，把行政官职视为等级秩序内完全可以互换之物。这就极大地要求标准化和精确度，从而也产生了两个后果：首先，赋税所征物品的大规模运输意味着薪水和地方开支通常都是在源头处扣除，而不是在京城支取，从而导致各层面无休止的侵吞贪污倾向；其次，通用型地方官员的可以互换之原则，意味着专业人才（水利工程师、数学家、天文学家、医学家）总是被搁置一边而很少能身居高职。由于官员们并不代表他们所治理的省份或地区的财政利益，政府并不依靠地区财政利益的平衡而达到稳定。统治者与被统治者之间的关系，只在于它们共同屈服于帝制统治之下。中央政府似乎是，也的确是唯一的权力源泉。然而，由于国家太过庞大，中央政府的权力也并非总能有效运行。

在中国统一的早期阶段，上述需求及状况派生出不同的解决方案。例如，为了帮助行政管理者的工作，就有了法典的制作。虽然如此，但总体来说，这些法律制度回避了罗马法的法律抽象特征，而每件案子的审判都会综合考虑社会环境，不会排除那些看来可能无关的因素。既然传统中国的法律总是首先关注刑法，所以辩护律师制度也就没有发展起来。然而，由于最优秀的中国官员中有人如此热衷于司法，在世界各大文明中，最古老的法医学著作就产生在中国，例如宋慈在 1247 年编纂的《洗冤录》（意思是洗雪不公正罪名之记录）。随着王朝的更迭，军事政权转变成为文官政府，控制也小有松弛，行政纪律很快得到重建。大体上来说，转而忠诚于一个通过武力建立新王朝并且声称自己得到"天命"的统治家族，成了士人们的习惯。通常，政府声称自己的目标就是道德教化，而且公共教育则被动员起来加强它的地位。

然而，所有这些特征尽管重要，却并不能够弥补因缺乏充分的交通、通讯、金融信贷、会计方法、信息收集、资料分析等技术支持所带来的不足；这些技术，是任何一种现代官僚管理都不可或缺的。这并不是说，传统中国没有保存档案，也没有进行任何调查统计。实际上这些事情都做过。然而，尽管设有史馆，大臣们也都有幕僚，但中国的政府机构距离它必须以之为基础的技术还是太遥远了。人们记得，第一位皇帝秦始皇每天要阅读大量的简牍文书；人们也会记得，因此而必定会造成官方决策十分迟缓，这种情况延续了一个又一个世纪。

结果，在官僚管理体制发展史中，中国遵循着"进三步，退两步"的模式。这样进退维谷的处境表明：一个高度中央集权的体制会形成太多的重压和紧张，任何地方分权都可能开始一场使得统一政府瓦解的毁灭过程。在每个政治分裂时期，人们可以见到这种过程的发生。在独立神权政治运动出现的汉朝末年以及节度使世袭割据的唐朝末年，这种过程更是看得特别清楚。然而，随着时间的流逝，重新统一总是随之而来。即便是过去一个半世纪里外国殖民者的侵略，也没有改变这种模式——在国民党时期各省军阀割据之后，我们又在今天的中央集权的力量里看到这一点。汉语的表意性质在此处起到最为重要的作用，因为它阻止了以语言个性化为基础而形成的碎片式民族国家最终会造成的离心分裂。即便某些方言有很大的差异，例如在广东和福建，也从来没有为这种分裂提供基础。中国经常发生内战，但从来没有内部的民族之间的冲突。相应地，在某种程度上，中国也就缺少战争对科学技术的促进因素，一如欧洲那样。

当然，在处理经济问题时，中国不同的王朝有不同的设计。然而，由于某些背景因素并未发生多少改变，行政管理中会有许多长期不变的共同特征。其中一项特征就是：2000 年间，国家实际上从未间断地持续、强有力地推动农业发展。在每一个主要王朝创建之初，帝国政府都会忙碌于农业生产的恢复。政府会向流民分发土地、种子和耕畜；荒地的开垦也会得到支持，而作为奖励，这些新垦土地可以减免税收；改进了的农业工具和农业机械得到了推广。在其余时间里，政府也会推广新的农作物品种，传播先进的耕作方法，对农业生产进行调查。修建治水和灌溉工程，也总是被视为国家的重要功能。而且，即使由少数民族建立的王朝，也同样能认识到农业是帝国的经济基础。例如，《农桑辑要》在元朝曾经多次刊印，仅1315年版的印数就达到了10000册，而授命编纂《农桑辑要》的人正是忽必烈。这跟罗马帝国恰成对比：罗马帝国陷入不幸，部分原因的确是因为它没有对农业发展予以足够的重视。

由于税收是直接从普通民众那里征收，国家自然极其讨厌那些有能力截留基层生产者收入的中间阶层。在中国历史的早期，精力充沛的皇帝有力地打击贵族之家，就好像是从社会主义思想里得到灵感一般。无论北魏还是隋朝，都对4至6世纪分裂时期占主导地位的士族发起过致命的打击；唐朝则不时地对佛教寺院财产进行大规模查抄。在南宋的最后20年，南宋试图从东部沿海的地主那里购买每户超出100亩以外之土地的1/3，但购买价格几乎只是象征性的，所以这笔交易与查抄没有多大差别。出身农民的明王朝建立者，曾开展了一系列的查抄豪强之家的活动，其中不少于10万人似乎因此殒命。此后，1397年，户部曾给这位皇帝递交过一份全国剩余的殷实地主家庭的名录。上面列举的14241个名字，是那些拥有土地700亩及700亩以上的人。他们所拥有的财产并没有全然揭露，然而，无论是名单中列举的最小财产数量，还是名单中的户数，都给我们这样的印象：当时全国"上层"或"中层"阶级并不是一个十分强大的群体。

不幸的是，这一领域仍然有许多误解尚待澄清。帝制政府对富家势族影响力的清除，并不总是成功的。在后汉时期，即公元后初期的几个世纪里，地方豪强及土地兼并的失控导致了帝国秩序的瓦解，从而引发了中国历史上历时最长的动荡。在其他时间，也有相近的情况出现，只是规模较小一些而已。有时候，行事不依常理的任性帝王，会向其宠臣滥赐土地，就像晚明所发生的那样。当时的文人之所以痛恨并且大声抗议此类滥赐行为，是因为这些与他们对良好政府的设想是截然相反的。然而，一些现代学者把所有这些情况当作封建时代或庄园制度重现的证据，其诠释未免太过简单化了。

当然，从某种意义上说，中国存在着阶级斗争和阶级压迫。尽管官职不是世袭，但整个皇室和士绅官僚的统治机构仍会像车轭一般紧勒在农民的脖子上。然而，帝制中国与中世纪欧洲的区别还是巨大而又深刻。像欧洲男爵那样占有大规模的私人土地，在中国只能是作为特例而出现，绝不是普遍状况。士绅地主的数量太多，分布也太过分散，以至于难以作为一个组织化的集团而行动。他们也从来不会以《大宪章》的方式公开而集中地表达他们的权利诉求，要求增进他们的共同利益。有时候，杰出的商人会调动充足的财政资源来影响朝廷，使他们自己融入官僚机构之中，并逃脱法律惩罚；但是，尽管政府会在商业中帮助那些商人，商人们却从来都没有足够的影响力来迫使政府向他们作出法律上的让步。农民不时地起而反叛，发泄着他们的不满；但是，农民也不能提出一个在组织上可以取代帝制秩序的其他选择。从技术上来说，这个国家精明地维持高度中央集权而同时要促进特定的经济利益，是不大可能的。中国从来就没有尝试过让社会经济群体作为"社会阶层"进入政府。实际上，传统中国的政府运作，跟詹姆士·哈林顿在《大洋国》里所拟定的原则总是完全相反的。传统中国正是通过将主要经济群体逼向死角，以展示自己的力量。一旦私人团体能够将他们的经济实力转化为政治权力，那么，这个政府离崩溃也就不远了。因此，人们可以说，无论西方军事贵族式的封建主义还是西方的城邦自治，都无法在传统中国社会中找到对应点。

因此，在封建欧洲，公共事务实际上归于拼图状私人领地的男爵之手，几乎不需要任何伪装。然而，中国的制度却均匀地渗透着某种公共精神。不过，这种公共精神只能依靠皇帝个人的警惕来维护。这是中国制度的缺陷。如果皇帝做不到这一点，制度就会允许一大群与政府联系紧密的人来压榨穷人和无发言权的人。中国制度的结构缺陷，反映在这样的事实之中，即：在顶端的帝王权威与中层以下的大量纳税人之间，存在着一个管理真空地带。地方政府总是人手不够。为了防止子系统在帝国秩序中出现，地方自治是不允许的。在中国历史上，除极少例外，国家也一直拒绝谋求商人群体的帮助，尽管商人们的帮助也许有助于弥合国家后勤方面的缺口。商人提供的服务，一般是被强行征募，而不会以合作方式被接受。因此，商人从未有足够的影响力来改变行政管理方式，也不足以导致国家体制的修正。因此，一句话，即便个别商人有时能获得巨大的财富，但中国不会出现中产阶级（如果你喜欢，可以称之为资产阶级）。而且，商人们如果要进行工业资本投资项目，从来得不到鼓励，实际上大部分时间里肯定会遭到反对。于是，财富通常消耗在土地市场，或者被用来以各种方式购买进入学者/士绅官僚行列的资格。

在这样的基础之上，现代官僚体制的精确化和标准化特点是无从达到的。整个社会体制也缺少结构上的稳定。随着中央集权的财政体系持续生效，财政权力保持在最高层，而财政责任却落在较低层级人员的身上；财政体系缺乏理性的特征，也延伸到操作层面，导致理论与实践之间严重的不协调。毫无疑问，这也是传统中国形成独裁主义政府的基本原因之一。通常，官员们深知来自上面的指令不得怀疑，而他们的命令也同样不许平民提出挑战；因为，如果经常以西方世界司法审查的方式来质疑的话，帝国政府的整个机制将丧失运转能力。然而，这样一种制度明显会妨碍复杂的传入、传出功能的发挥。

随着时间的流逝，任何针对国家经济的改变都会遭到越来越强的抵制。在执行其重大职责的时候，如守卫边疆、镇压内乱、建设大型公共工程、救灾等，帝国政府自己关心的主要是人力及食品供给的增长；关键因素乃在于数量，而不在于质量。由于包围在庞大的农业经济之中，帝国政府充足的动员能力得以保证；而向更先进的领域如开矿、海外贸易挺进，帝国政府收获甚微。而且，工业、商业尽管在某些特定地理环境中必然发展起来，但工商业的扩展却只能更容易产生地区间的不平衡。这种不平衡，对于一个所受教育和训练只是为管理单纯的农业社会的官僚机构而言，是掌控不了的。我们永远不要忘记，传统社会秩序的序列是"士、农、工、商"。仅次于学者/士绅的是农民，再次是工匠，而商人处于最低的位置。一个王朝带着原始落后经济的狂野精神而兴起，然后在将这种经济引导到更高发展阶段后，它就失去活力而变得颓废。这种情况在中国历史上反复出现。

问题的关键在于，中国是一个巨大的农业社会。从某种意义上说，这个农业社会过早地处于一种中央集权官僚体制的管理之下，而其经济规模又使得它具有非竞争性。稳定总是比变化、过程更受珍视；而工业和技术的发展，常常走在西方的前面。令人奇怪的是，那些惊天动地的发现和发明对欧洲产生重大影响，而中国却能够不为所动。关于这一点，我们在别的地方曾有过细致的阐述。火药武器没有使中国及其周边的战争发生很大的改变；然而，在欧洲，火药武器却摧毁了封建城堡和戴着头盔的骑士们。马镫也是由中国人发明的。马镫的发明虽然曾使中国人领先一时，但是东亚的骑马射箭技术还是像以前一样。指南针和方向舵使欧洲人发现了美洲，但是中国的航海家们却不过依旧在印度洋和太平洋上从事着他们的和平之旅。印刷术在西方促进了宗教改革运动和文艺复兴运动的兴起；然而，印刷术在中国所能做的，除了保存大量的本来也许会佚失的书籍外，就是可以在更广泛的社会领域内征募官僚。也许，从来没有一种文化，能够像中国文化这样可以自我控制与自我平衡！但是，这样说，绝非像许多西方人所说，中国陷于"停滞"。中国只不过是以其特有的速度前进而已，而欧洲在科学革命后其变化进入到一个按指数增长的阶段。

科学技术和货币经济的低水平发展

中国早期在社会组织方面的进步，与欧洲的缓慢发展形成鲜明的对比。反过来，中国自 1450 年以来缺乏真正的社会进步，和西方发生的伟大运动形成了对照。这些运动包括宗教改革、资本主义的兴起和科学革命，使现代世界得以形成。但是，在考虑与众不同的现代科学的诞生时，我们总是有必要牢记：除了古希腊曾达到一定的高度以外，在过去的 2000 年里，中国在科学和技术上所达到的水平一直比欧洲高，而且要高出很多。当然，科学和技术繁茂生长于社会之中，也总是会受到这个社会的影响。因此，人们会作这样的猜测：包括造纸、印刷、水力机械钟、地震仪、先进的天文气象仪器（如雨量计）在内的伟大的中国发明，以及拱桥、吊桥等等，都在某个方面对中央集权官僚制国家来说是有用处的。另一方面，人们可能会认为，火药、指南针、轴动舵、纵帆和明轮推进器等原本不应该产生于它们实际发生的那种环境之中，而更应该产生于海洋商业文明之中。然而，虽然中国社会本质上自身就有创造那些技术的沃土，但是技术发展肯定曾遇到过某种突然的停顿。齿轮、曲柄、活塞连杆、鼓风炉，以及旋转运动与直线运动转换的标准方法——所有这些，在中国都比在欧洲更早出现，有些要早得多。毫无疑问，它们都没有获得原本应该做到的充分利用，因为对于一个官僚体制竭力要保护和稳定的农业社会来说，没有应用它们的需求。换句话说，中国社会不能总是成功地将发明转向"革新"（innovation）——熊彼特用该词指代某项发明的广泛应用。发现和发明甚至逐渐消亡，这样的例子并不少见，例如地震观察、钟表制造术以及医疗化学中的某些发展。

有机统一的观念也可能影响了中国的科学思想。中国的思想家更倾向于将宇宙视为有机统一的整体，而在要对宇宙各部分的内部机制加以分析时畏缩不前，并且一贯拒绝在精神和物质之间划出清晰的界线。正如现代科学今天才开始认识到的那样，这种思想具有巨大的力量；但是，它也有严重的缺点，尤其在探索性方法与程序的应用方面。而且，中国科学思想之中，有着官僚政治的特定陋习。最著名的例子是，《易经》所提供的鸽笼般分类的抽象概念，很容易就具象化为真实而活跃的有效力量。饶是如此，中国人无论在数学、天文学、声学、磁学和古代早期化学方面，还是在植物学、药物学方面，其纪录都极为辉煌。

但是，难道我们在此不能从伟大的尼古拉·哥白尼那里得到一点线索吗？作为波罗的海地区弗隆堡教堂的司库，哥白尼不仅撰写了举世震惊的《天体运行论》，而且还写过一篇关于货币的重要论文：《论货币的一般理论》。在这篇论文中，哥白尼率先提出了格雷欣法则中的论断，即"劣币驱逐良币"。抛开官僚制社会可能对科学技术的状况造成影响的所有思考，让我们看看：在具体条件上，科技之不能持续发展与货币经济的不发达是否相关？当然，我们清楚，货币经济本身也是一种从属性的现象，是一种测量标准。在某种程度上，如果创业的冲动在中国社会一直得到允许的话，货币经济则早已切实地建立起来了。货币只是反映经济中起作用的其他力量，而不是支配它们。然而，试着提出以下的问题也是合理的：许多障碍抑制了各式各样的发明和卓越的科学见解服务于公共利益，而货币经济能够成为我们得以衡量这些障碍的最好标尺之一吗？

乍看起来，这个问题似乎很奇怪，因为中国有2000年的铜币流通史。所谓五铢钱就是为公众而设计的；在其产量达到最高点的北宋，每年铸币达50亿枚。中国还是世界上第一个发行全国性流通纸币的国家。甚至，作为所有文明中最早的信用券——"飞钱"，早在唐代就已经出现。

但是，区别在于，现代货币体系既不是绝对真实的，也不是完全抽象的。它的形成既依赖于政府的法令，也依赖于公众的参与。现代货币体系与信贷密不可分；它的广泛被接受增加了财产的可转让性，并且使更宽泛的借贷成为可能，从而使闲置的资本发挥作用。加速的经济活动最初消耗了未充分就业的劳动力，然后引发对节约人力之发明的需求。在资本主义下成长的现代货币体系，已经被证明是一种行之有效的刺激技术进步的手段。毫无疑问的是，古代及中古时期的中国，并不因为害怕技术进步导致失业而拒绝使用那些节省劳力的发明。这样的例子我们几乎没有遇到。但是，货币在传统中国并不能实现上述所有功能。

尽管铜币四处流通，中国政府却从来没有停征实物税。它向民众征收实物，编派劳役。政府一般也向官员和士兵们支付粮食当作薪俸，而佃农的田租几乎全是实物。此外，大宗的商贸交易则使用布匹、丝绸和贵金属作为交换中介。因此，铜币的作用很有限。铜币从未能得到公共和私人资产的支撑，其价值很大程度上由它们实际的金属含量决定。在传统中国，金银的货币理论如此牢固，以至于实际上不可能将铜币的面值与其实际价值分离开来。当铜币面值高于实际价值时，伪造铜币的现象就不可遏止，然后是公众拒绝接受铜币或者打折扣使用铜币。当铜币面值低于实际价值时，那么，使用者会将铜币重新熔化以谋取利益。

纸币的流通则涉及另外一个极端。有人会说，这种极端就是纸币太抽象了。北宋的交子和元代的中统钞，据说得到了足够的储备金的支持。但是，交子的总发行量以及元中统钞最初的发行量都是如此之少，以至于它们几乎无法被称为国家的通货。当纸币的流通涉及较大数目时，它并没有储备金，因为国家没有此类国库储备。这些例子表明，仅仅依靠政府收入来支撑全国范围内的货币流通是远远不够的。很简单，所使用的手段与要完成的任务并不匹配。

当纸币的发行没有储备金的支撑，其货币理论看起来就像是跟一些现代经济学家所倡导的理论一样。他们认为，通货价值的真正源泉是它的"接受"，这种"接受"进而演变成一种"行为模式"。然而，西方世界将纸币的起源追溯到金匠的收据条和银行的活期存单，而它们在17、18世纪推动了私人资本的形成。在发展的最后阶段，中央银行的建立、国家债务的规范化、商业法的建立，将公共财政和国家财富整合起来，共同支撑统一货币，直至所有交易都由此一货币制度支配为止。国家税收相应地与货币供应、国家财富成比例增长。这种资本主义发展特有的进程，变得强大且不可逆转。对中国来说，不可能省略所有这些步骤而能在 20 世纪前发展出一种成功的半抽象的货币。以金属含量决定其价值的铜币独自做不到这一点，而仅仅由帝国的命令支撑的纸币也同样不合适，因为公众没有参与到必须有一定程度抽象性之货币的形成过程中来。因此，像许多日本和西方学者所做的那样，声称中古的中国曾发生过"货币和信贷方面的革命"，就很容易误导人们，因为他们从未解释为什么这些革命没能导致基本社会体制的变化。欧洲的资本主义确实产生了这些变化，即便是最正统的马克思主义历史学家也同意在那个时候，即"资产阶级革命"时期，资本主义是巨大的进步力量。但是，在经济科学进步神速的今天，进入现代科技世界还有很多替代的途径可走，所以当然也没有任何理由能够说明今天的中国还应该走欧洲的资本主义道路。

当 15 世纪明朝最后一次发行宝钞失败，中国采用了未加铸造的银子作为共同的交换媒介和普遍的支付手段。但是，这却使所有的人都屈服在硬通货的暴政之下。那种情形，类似于今天的消费者们被要求用金块或碎金购买汽油和支付食品杂货账单。政府不知道有多少银子在流通，对货币流通量的调整能力也较低。由于深知贵金属只要需要就可以兑换现金，富势之家将金银块埋入地下保存以策万全，而小康之家则滥用黄金饰品和银具。利率很高，最发达的信贷机构就是当铺。在 16 世纪后期，中国有20000 家当铺；即使到 19 世纪晚期，仍然还有 7000 家当铺在经营。

信贷的不发达，肯定与缺乏严密的商业法是有联系的。但是，传统中国不可能制定出这种西方模式的法律。商业法的执行，需要司法独立，涉及对财产权的绝对承认，这些都与中国的社会价值观念和社会组织原则相反。中国社会的价值观和原则支撑着传统中国的政治结构。这种政治结构建立在一个基础之上，即所谓公共福利必须高于个人私利。如果这一点被抛弃，这个辽阔帝国的官僚制管理就会完全坍塌。诚实公正当然优于法律制裁，但是现代社会能否以诚实公正为基础发展起来，却值得讨论。

社会后果

在中国历史上，向货币经济发展的趋势曾有过三次高涨的运动，即汉代、宋代以及晚明。中国历史学家把汉代的大工业生产者称为"没有成功的资本主义企业家"，而把晚明的运动称为"资本主义萌芽"。日本学者，包括一些附和的西方汉学家，把宋代的转折称为"文艺复兴"和"商业革命"。我们无法毫无疑惧地接受这些词汇，因为无论哪个时代，这些运动都流产了。所以，我们的观点很简单，即：在农业社会的中央集权官僚管理和货币经济发展之间，存在着根本的体制方面的不兼容性。缺乏巨大的商业和工业，货币经济不可能产生。

早先几个世纪里南方稻产区的发展、水路运输的改善，带来了宋代非凡的繁荣。这一点没有争议。同样，西属美洲白银的进入、棉纺织业的传播，在明朝末年也推动了中国沿海地区的经济发展。但是，在省与省之间的商业中，在基本组织上没有任何调整，也就不会在全国范围内发生质的变化了。

现代商业行为的特征，是信贷的广泛使用、不带个人感情的管理、服务业的协作。然而，无论在宋代，还是在明代，这些条件都是不存在的。时人文献很少对商业行为有直接的描述，但是大量的小说却提供了相当完整的图景，可供我们查验是否与其他资料相一致。直到 17 世纪，商业路线上最重要的人是行商。行商总是要让他的全部资金保持流动。通常，他会雇佣一个或者更多一些的伙计，但他自己却不会缺席任何一笔商业交易。因此，某一个省的商业协会设在另一个省份的会馆或者宽敞的客栈，其重要性可想而知。在一个城市或市镇购买或者出售商品，要通过当地的经纪人来操作，而经纪人则提供寄宿旅舍和储藏商品的场所。这意味着供应和销售都还不稳定，而生产还完全是分散的。棉纺织业（直到通商口岸的工厂兴起以前）仍然只是为农村家庭提供额外收益的家庭手工业。像茶叶、漆器等商品都得靠行商到乡村生产者那里等候、收集。借贷的扩展，只是一种特殊情况下的个人信用，而不是普遍行为。虽然行商和地方经纪人间的长期合作——有时延续数代——逐渐发展成一种兄弟般友爱的关系，但他们的业务不能合并，而他们之间的关系也无法制度化。仅仅通过信件来购买商品的情况是没有的，而长期订货和自动化的物流则前所未闻。

这样的图景表明，没有信贷制度，对于任何个人来说，其商业活动无法扩展到本人在场之外。生产制造的资金支持零零碎碎；每一种按件计算的货物都只能现金交货，运输自理。然而，尽管商业模式相对粗放，一些行商的资本却极其惊人。在16世纪末期以前，个人携带30000两左右的银子去经商似乎颇为常见。由于中国经济的规模以及消费市场集中于各级政治中心，无论中国人的描述，还是外国人的描述，大城市给人的印象总是富庶的。然而，他们有利的观察，并不能改变以下基本事实：中国商业运作上的特征，并不表明国内贸易有巨大突破。

妨碍旧中国国内贸易发展的另外一个因素，就是缺少与资本主义"法律与秩序"概念相对应的公共安全。除了商业路线上有组织的盗匪的活动外，搬运工和船夫也经常是略加伪装的歹徒，而城镇则藏匿了大量的"流氓"——失业者或半失业者，肯定都是未能充分就业的人。如果有机会的话，哪怕是以不诚实的手段获得一小串的钱，这些人也会愿意干的。在发生内战的年代，所有这些因素自然会变得乱上加乱。即便在和平的年代，作为警察力量的衙门吏胥、信使、衙役及狱卒，无论在城镇还是在周边的乡村都远远不够。此外，由于其他税收不能满足需求，各省政府在水陆商业路线的某些关卡处对所有商品征以过境税，即声名狼藉的"厘金"。

因此，商业的风险极高，商业扩张的可能性也严重受到制约。因此，对于异常成功的商人及其后人来说，退出商业的诱惑很强烈。由于只有受教育的学者才能获得社会声望，才能加入令人迷恋的文官"绅士"圈子，商人们退出商业的欲望就会更强烈了。如果学习儒家经典就可以获得高贵的地位，谁还愿意成为一个富裕的暴发户呢？这取决于一个人的人生目标，而经商赚钱在中国并不是传统的最为人羡慕的人生道路。因此，只要有可能，商业利润总是被用于购置土地和房产，或购买奢侈品，甚至购买官职，而不是投资工业。这种情况在此后几个世纪里也没有什么改善。山西商人著名的票号，只是在 18 世纪才突起的，而其使用者也仅限于一个相当封闭的群体。涉及债务追讨的商业保证，仍然经常依赖于道德原则，而不受法律强制；富有财富的人仍然避免将资金投入到生产上。所有这些仍然再一次强调：2000 年来，中国社会一直否认商人能够在国家事务中充当领导角色——无论他是银行家，还是企业家。如果说现代科技在西方的兴起与商业资本主义及工业资本主义的先后兴起确实相关，那么，我们就再一次接近了这种现象为什么只能发生在欧洲的解释了。在中国人的生活中，有一种根深蒂固的意识形态上的反商业主义；然而，一个社会如果产生不了富格尔或格雷欣这样的金融家，那么它也就产生不了伽利略或哈维这样的科学家。

也许，中国经济史应该抓住最富成果的发展线索，即集中注意力于中国发明设计的更具经济意义的面貌。为什么针对内陆运输的简单发明独轮车，一旦早于欧洲将近 1000 年出现在三国时期（公元 3 世纪），就毫无阻碍地传遍整个帝国？为什么两宋王朝（10 到 13 世纪）庞大数量的钢铁生产没能导致某种程度的工业资本主义？如果人们知道 13、14 世纪水力已广泛应用于中国的纺织机械（跟欧洲 18 世纪才广泛在纺织机械上应用水力恰成对比），而那些相同的纺织机、并纱机、捻线机却肯定激发了稍后意大利的丝织工业，人们就忍不住要问：在中国，为什么工业化生产没能随之而起？对此，我们至今仍没有圆满的答案。

官僚思想对成功的商人家庭有着磁铁一样的吸引力，一如催眠一般，只是中国故事的一部分。除此以外，我们必须考虑到各种因素，如剩余劳动力商品市场尚不发达、中国商品的大规模海外市场未能打开、工厂生产的投资缺乏等，它们都反映了货币经济受到压抑的情况。社会革新为什么只在有些时候紧随发明而出现？对此，我们需要更严密细致的分析。例如，像独轮车和灌钢法一样，龙骨车在几十年内就迅速推广开来。但是另一方面，水力机械表这个在 8 世纪的发明，相比起欧洲 14 世纪才出现该发明，本应该有灿烂的预期，却从未得到大规模的应用，而计时机械始终局限于皇宫或者省级官员的衙门之内。的确，官僚制国家有它自己的推动力。如果对社会稳定的渴求超过了经济增长或普遍繁荣，我们就不妨说，维持一个基本的农业社会结构，比从事甚至允许任何形式的商业或工业发展，更有利于朝廷和官僚士大夫。

人们可能会说，在一个需要劳动力来生产粮食以满足大规模人口基本需求的农业社会，中国的发明通常是节省劳动力型的发明。但是，这些发明很难成为生产发生根本变化的起点，因为与此相反的是，除了城市的流氓无产者外，剩余劳动力是不存在的。中国的官僚制国家机构一般征收实物税，且以实物支付其组织成员的薪俸，但是这与剩余资本在私人手中积聚是不能并存的。因此，尽管有着大量的技术储备和发明人才，农业社会的停滞性却得到强化，不同社会阶层的发展受到了阻碍，对农业商业化和生产力发展的促进也延缓了。

此外，投资的缺乏阻碍了国家自然资源的开发。在16世纪繁荣的表象之下，人们很少提及当时全国大量被废弃的矿井。许多之前私有和公有的矿井已不再开采了。矿工们由于得不到补偿，被迫铤而走险成为盗匪。实际上，1567年，封闭各省的矿井成了一项国策。从浙江到山东，矿场由士兵们守卫，邻近区域的百姓被重新安置，甚至连通往矿井的道路也被破坏。资金不足还影响到长期以来由国家专卖的食盐生产。在明朝初年，食盐生产者将盐水放到直径达20尺的巨大的铁釜中蒸发。但是，到王朝末年，大部分铁釜都不见了，取而代之的是衬有用碱处理过的纸张的竹筐。由于自身承受着财政压力，政府便大量预支未来的盐引（取盐凭证），将它们售与商人以弥补财政赤字，有时将10多年后的食盐提前预支。商人预付盐引款的应计利息如此之高，以至于后来得盐贩卖反而无利可图了。政府还不时地停止发售盐引，结果，在内陆省份，人们强烈地感受到食盐紧缺。在欧洲和日本，当政府银根收紧时，银行财团就会垫款。与此不同的是，帝制时代的中国政府没有可以求助的正常资源，结果便常常是缩减公共服务。

大量有关明代官吏贪污和政府腐败的证据，不应该干扰我们的视线。我们观察到，在1600年左右，政府的正常收入低于

3000万两白银。这是一笔相当小的政府预算。晚至1900年,清代每年的收入接近1亿两白银,相当于1700年英国的水平。但是,在1700年,英国人口还不到1900年中国人口的2%。其间差别,取决于两者对货币问题所采取的不同的解决方案。

中国故事最阴暗的一面是,由于没有合适的出路,农业的盈利又倾向于回归土地持有及农业剥削。说起剥削,就以为只是地主向佃农征收重租,是过于简化了,甚至有些天真!如果只是那样,中国革命就不会是那么痛苦而漫长的斗争,西方和日本帝国主义侵略者也就不可能在中国作恶到他们实际达到的程度。实际上,剥削的大小规模皆有;它延展于乡村生活各个层面;剥削者也通常跟被剥削者有着很相似的经济和社会背景。地租只是剥削方式的一种而已。其他的剥削方式还有高利贷、抵押贷款、农作物收益分成等。现存的契约文书证明,至少在16世纪,这些方式都是极为常见的。有时候,堂兄弟之间也会出现对小块土地的扣押权以及高达每月5%的贷款利息。20世纪40年代土改的资料表明,这样的情况直到当时仍然存在。

这种借贷形式,跟传统中国的小规模财政是一致的。在悠久的传统之下草拟的契约,一旦得到村里的中间人见证后就可以生效,并不用政府批准。我们所谈到的作为个人财产变化而发生的农业耕地之剥夺,却也提供了农业社会背景下高度的社会流动性。在过去500年,中国的人口和耕地都有大量的增加。无疑,人口和耕地的膨胀,部分原因几乎肯定是因为得到了这种户与户之间借贷的资金支持。但是,从国家经济的角度来看,所有这些会引导着农业盈余去支持最小可能规模的农业耕作，并且给那些在技术进步上最没有准备的耕作者们带来最大的压力。一线生产者的薪酬仍停留在生存的水平；大量的剥削者及半剥削者无所事事，比地主们对经济构成了更实质性的损害。换句话说，整个发展过程延续下去，将会带来大规模的人口、总体更低的生活水平乃至更为缺乏的资本，以及严重的经济和社会问题——这些问题由于殖民主义者的侵入而加剧，从而使近代中国充满了痛苦和挣扎。

在某种程度上，正是因为中国农村的农业技术太成功了，才使得那些被证明有助于提高生产率的方法受困于劳动力的增长。因此，进一步机械化的动机并不存在。如果出现与资本积累有关的劳动力不足，对技术进步产生刺激作用，机械化的动机就会有了。但是，即便如此，如果没有近代科学的出现，我们还是很难想象技术进步能够将中国农业带入近代世界。这样，我们就要再一次回到这样一个问题：欧洲之近代科学，其起源是什么？

欧洲的过去和中国的未来

资本主义之在欧洲，无疑是一种由许多因素所造成的产物。军事贵族的封建主义，不管有什么样的表现形式，都是疲软而脆弱的，而在这个意义上说，中国的封建官僚主义却是强大的。从地理上说，欧洲有许多岛屿，点缀着从事海外贸易并且愿意进行对外征服的城邦国家。此外，欧洲距离另外一个商业中心，即说阿拉伯语的地区，非常之近。古希腊科学通过他们传遍整个拉丁世界，从而奠定了近代科学的大部分基础（不是全部，因为还有中国人的贡献）。受此刺激，一种容易运算的数学发展起来，并被运用到计算、借贷以及航海上。宗教改革的成功包括了对传统的决裂；欧洲人很快就得出结论：实际上，历史可以有真正的改变，而上帝也的确会让所有的事物常变常新。鼓励与上帝直接沟通的新教，意味着人们可以读书识字；尽管需要从阅读《圣经》开始，最后却以迄至当时闻所未闻的现象结束——一批真正有文化的劳动力诞生了。因此，文字所造成的阶层门槛就被一扫而空了；经理、工程师、手艺人和普通工人渐渐变得没有太明显的差别了。文艺复兴以后的欧洲，几乎可以被视为一堆火种，注定将会有"工业革命"随之而来。这火花，也许就是那个有着几近无限的市场而起源于一个岛国的英国棉纺织业。

一旦近代科学运动发轫，情势将随之而变。我们就有可能追溯近代世界如何从一个接一个的发现或发明中在欧洲、北美形成。那些地区的人们从自然中得到超乎寻常的暗示，并且机遇不错。在13世纪末，不列颠诸岛产生了重要的商业城市，尤其是伦敦。由于所处纬度较高，那里极需燃料。至少早在那时候，露天煤已可获得，但不能满足需求。然后，人们在文艺复兴时期发现了大气压强；到18世纪，之前难以逾越的限制因素——煤矿的排水，因为萨维利和纽可门的发明而得以解决。瓦特设计完成的蒸汽机带来了以纺织行业尤其是棉纺业为先导的工业革命，并且导致蒸汽船和铁路的诞生。然后，蒸汽机又反作用于科学，催生了力能学和热力学的发展。接着，18世纪的电学应用于电气工程，能够提供廉价方便的人造光源以及由中央发电站产生的牵引动力。石油工程是最后产生的，最初提供照明和用作润滑剂；但是，之后人们发现，它与内燃机提供的原动力可以在无人照管的情形下工作，并且可以驱动我们现在如此熟悉的小型汽车向各个方向前进。就这样，煤、铁、石油成了西方世界的真正财富，远比金、银更重要；西方世界的人们是幸运的，因为他们可以从自己所在地区的地下得到大量的此类自然资源。如果没有煤、铁和石油，近代科学便一文不值；有了煤、铁和油但却没有近代科学，例如在中国，新的社会形态也不可能诞生。

以上揭示的背景似乎是说，这个世界早应该建议中国与自己的过去决裂，并且认真模仿西方。实际上，这样的建议大约在50年前非常流行，甚至被少数中国知识分子接受。然而，历史却证明了这些建议十分荒谬。

中国回避了这个观念，即财产权是不可剥夺的权利；这不是因为中国的哲学家们不能构思出这样一种观念，而是因为这样的观念本身跟2000多年以前就已经发挥作用的中国自然环境不相容。中国放弃发展独立的司法，不是因为中国人天生就轻视法律，而是因为在他们的历史中从来就没有形成过平等的城邦公民之间以及国王和封建主之间的对峙局面——这种局面需要法官的仲裁。在中世纪晚期及近代，中国缺少资本主义企业家，或许是因为这样的信念：政治稳定性比经济利益有更大的好处。当然，中国商人不缺乏积极主动、诚实、节俭、精打细算、机敏灵活的品格。这已经充分地表现在他们作为商人的成功上——在 19 世纪中国人侨居的所有海外国家，中国商人们的成功远远超过当地人。但是，其他中国人所关心的只是政府以及它的难处。这些背景真正反映的是，中国问题的解决方案更可能要从传统主旨的调整中去寻找，而不是去模仿外面的世界。比起任何资本主义的形式，社会主义的形态跟中国的过去更相配，因此才会有共产党对国民党的胜利；但是，社会主义也会产生一些完全不同、水平更高的管理者。

一旦中国找到了其问题的解决方案，中国经验对于世界上其他国家而言是无价的。例如，20 世纪 50 年代初期的土地改革，大约使北部中国（那里种植旱地作物）每人获得 5 亩耕地，南部中国（那里的主要植物是水稻）每人获得 1 亩耕地（1 亩比 1/5 英亩还要小）。如果土地分布方式仍然是个人占有的话，那么，这种程度的小块分割将会排除技术进步的任何可能性。因此，在这种条件下，集体所有制成为唯一合乎逻辑的答案。面对全世界人口的稳定增长和自然资源的减少，中国的实验理应引起人们的强烈兴趣，并予以重视。

中国革命最重要的一个方面是，它的目标不仅是寻找到一条工业化的捷径，而且还要以更大的合理性来取得这些成就。这要求勇气和纪律。幸运的是，因为中国人在其早期历史中要学着去克服如此之多的不利条件，所以在中国社会的遗产中，从不缺少勇气和纪律的品质。实际上，对于中国人来说，放弃他们自己的优点而采用一直以来与他们格格不入的生活方式是不明智的。

中国过去的困境，在本质上基本是技术性的，而现代科技肯定可以解决这些困境。在国家所有制下，信贷的产生不再是问题，因为整个国家的资源可以蓄积起来，发挥最有利的用处。政府可以得到全国30%的国民生产总值，并将其中的大约40%用于投资。这是财政资源管理上的巨大成绩。当然，中华人民共和国的注意力是集中在经济发展上。这体现在，在国务院的大约30位部长之中，半数以上跟经济有关。

但是，对于这种情况的现实主义的评估，并不能使我们得出结论说，所有的问题都已经得到解决。中国领导人自己也从未这样宣称过。发展现代经济的技术，不是要构建人为的平衡，而是要利用不平衡的状况。运输和劳动力成本、物资的可用性，以及市场条件，会决定一项事业的可行性。在社会主义国家，这样的考虑在必要的时候可以先置之不理；然而，因为重视长期的目标或者服务于非经济的目的，短期利益也经常被忽视。如何把握优先性问题，如何服务不同的需求，是今天中国的智库们正伤脑筋的问题。这个问题全然是中国式的，而且无论就其性质还是就其规模来说，都是前所未有的；因此，解决这么一个问题，不会有现存的模式可以遵循。

的确，中国的人民公社已经没有再办下去了。刺激经济快速增长的下一步，极可能会产生更庞大的区域之间及集体之间的商贸往来。随着中国逐渐放弃那种维持庞大、统一、非竞争性的经济的传统方式，这一点非常重要。地方上全面发展，以及大量工业的分散发展，感觉是更为合适的方式。

中国可能遇到的最大危险，也即中国领导人决心要避免的，就是新一代技术官僚的出现。在计划和协作经济中，大量问题的存在不可避免地导致了一定程度的专业主义；这很容易就为一个新的管理阶层铺平了道路。在受雇人员数量如此之大的背景下，这可能会把社会主义变为帝制中国官僚统治的复活。每念及此，足以让每个中国人毛发倒竖。对此，最好的预防手段是教育改革。因此，政治和道德教育至少应该获得与技术知识同等的重视；能否接受高等教育很大程度上要取决于个人服务社会的热情和献身精神。这种强调或许有时候曾走得太远，但是却很少有退缩的迹象。

我们也许可以下结论说，所有这些事情都是相对的，而不是绝对的。在任何一种革命开始成熟的时候，其决策总会带有更多的弹性。今天，中国人所面临的问题跟世界上其他地方的人所面临的问题是一样的，即如何才能找到经济合理行为与其他生活品质之间的和谐。使中国人的解决方案不同的，是中国独特的历史背景，而每一个人是可以从中学到一些东西的。

注：关于这篇论文的完整的文献和参考书目，可参见《中国科学技术史》（剑桥大学出版社，第七卷，待出版）。本篇论文是《中国科学技术史》第七卷的第47、48章内容概要的草稿。

原载 *Journal of Oriental Studies*（Hong Kong），12：1/2（1974），pp. 1—16

近代中国历史的结构性研究

　　过去几年，我花了一些时间考察明代的财政管理。如果非要我挑出一项明代财政体制中最鲜明特征的话，我想说，政府机构的中间层次在物流供应能力方面的缺失实在是让人震惊。与唐代和宋代不一样——那两个朝代派遣转运使到相应地区，由他们汇聚广大区域内的物资与资金，并按照朝廷无所不包的指令将这些物资与资金进行分发①——明朝的体制整体上废除了这样的操作。

　　在明代晚期，帝国的财政资源分割成众多小碎片。税收征集机构与支出机构之间的横向合作可能处于最低的水平。通常，财政上的责任落到纳税者身上，他们因此不得不跨省运送。同样，在大运河上操作漕船的运军，从小旗到运卒，都要按帝国谷仓的

---

①　关于宋代转运使的功能，参见《宋史》（北京：中华书局点校本）第12册，卷167，页3963—3965。不要将宋代转运使与明代同样以"转运使"为名的官职混同起来，后者作为一种盐业管理机构，权责非常有限。

要求对其监管下的每一粒米负责。如此一来，整个国家布满了短途的、彼此交叉的补给线。一个前线的军事卫所可能从二十个县获得供应，而一个县可能向数十个军事基地运送物资。① 户部不像一个运作机构，而是一个会计部门——当然无疑是当时世界上最大的一个。

今天的读者应当对这一基本组织形式在中国现代的增长与发展上的负面影响有一定的警醒。只要前面提到的政府物流模式还在盛行，整个国家经济中的服务领域就没有机会踏出第一步。在一个物资与货物还未能打包以供整体运输的时代，作为传递媒介的运输与通讯是不可能自发地先行一步的。在潜在大客户——政府——的所作所为与商业惯例如此背道而驰的时代，作为商业交易工具的银行业与保险业也不可能茁壮成长。需要由法院保护的商业活动还没有达到一定的程度，支撑现代经济的法律服务当然也就没有任何理由存在。

考虑以上情形，必须在这里插句话，即：经济发达社会中的私人资本，其起步通常归功于某种公共的功能。从掌控教皇向罗马汇款的意大利银行家，到随时向大名提供服务的日本军事承包商，他们财富的累积总是得益于其为政府机构服务，或者与政府机构形成了合作关系。明代中国的财政组织，在某种程度上反映了王朝建立者朱元璋深思熟虑的设计，却没有为此留下任何通路。不难想象，当公共功能设法在经济活动中没有发展出服务业

---

① 沈榜《宛署杂记》（北京，1961 年影印）提供了一个很好的例证，见页49—50。

的情况下运作时，衙门官员会因为个人利益的缘故而对工作最不热心，而缺少以正式立法或其他形式进行的政府活动，此类服务设施是不可能得到有效确立的。

实际上，在明朝建立后接下来的5个世纪，发生了一些变化。到16世纪，赋税征银使一些账目得以固化，催生了一条鞭法改革。作为一个值得重视的因素，盐商开始出现了，接下来是清代的行商。伴随着改朝换代，满洲人带来了一系列的改革。最突出的是雍正皇帝所下令的在征银时对火耗征收的调整。1800年以后，由山西商人管理的原始银行开始变得有名。伴随19世纪下半叶确认的条约体系，新的税种，例如海关税，似乎要超过旧式的财政，更不要说还有在镇压太平天国运动期间形成的内陆关税。

但是，所有上面列举的增加或修订，并未本质上改变晚期中华帝国的外观。借用梁方仲的说法，一条鞭法并未抛弃政府财政的"洪武模式"。清初的各种改革主要是管理或纪律上的改变，而不是制度或结构上的变革。正如最近的一项研究指出，火耗归公只具有有限的、暂时性的效果。① 无论是盐商们，还是行商们或山西钱庄主们，都未能产生足以确立中国商业资本化这一新走向的影响。源自条约体系的新税种也没有深远的影响，来推动帝

① 关于清代改革的性质，参见魏斐德《洪业：清朝开国史》（加利福尼亚大学出版社，1985年）第一册，页454—465；第二册，页706—707、852、854、856、909—910。关于雍正帝火耗征收改革有限而暂时性的效果，参见曾小萍《州县官的银两：18世纪中国的合理化财政改革》（加利福尼亚大学出版社，1984年），页264—266。

国的内陆地区进行一场彻底的财政改革。任何情况下，大部分收入被拨出来用于偿还外国贷款或战争赔款。在统治特征没有改变时，清代户部保留了很多地区单位的账目，这跟其在明代的前任没有多大区别。没有中央财库，户部收入零散，横向合作水平低，大部分情况都在清代继续，直至 20 世纪初。[1]

如果说我没有能够在一个小范围内收集足够证据以支持这一宽泛的指控，那么在一个更大的背景下，从这种情况进行逻辑推理也许可以服务于这一目的。我们必须认识到，要让晚期中华帝国时期的管理转换成今天的理性系统，首先应该要求中央政府在各省建立地区性财库。但是将帝国税收从各省收入中分出来，可能会破坏那巨大而铁板一块的政府结构，从而摧毁其庞大而僵化的行政机构。将提升商业收入作为一项政府支持的公共政策，会要求一定程度的功能专业化，从而分裂官僚体制，影响其人事管理的整体设计，包括经由文学考试的人才选拔，以及训练、考察和迁转等。如果政府内的司法分支得不到强化——其专业化可能会使它完全脱离行政事务——精准化的财政管理就不可能实现。尤其重要的是，精致而熟练的政府服务可能会显著增加成本，最初不得不由纳税人来承担，而绝大部分纳税人是农民。要让这一系统运转，又有必要提升他们的教育水平。大体而言，仅在接近清王朝最后 10 年的百日维新所呼吁的目标中，这些先决条件普

---

① 陈恭禄：《中国近代史》（台北，1965 年，修订版），页 238—239、665—666、687—689；孙任以都：《19 世纪中国的户部》，《哈佛亚洲研究》第 24 卷（1962—1963 年），页 175—228。

遍而又模糊地有所反映。然而,除了大声疾呼,改革者们所提倡的计划很少付诸实施。一个严肃的事实就是:即使到今天,中国也并没有完全实现上面提及的所有先决条件。

一个区别于明清传统中国的现代国家,主要体现在以下事实:政府是国家经济运行的积极参与者。它对中央银行、证券交易的影响,会影响商业趋势;它的货币政策会减少或抑制投资和就业;它可以为财政赤字发行债券;它可以通过出售公有资产来制造通货紧缩的影响;征税,而不仅仅是收取款项,执行的是某种规范性的权力;还有其他干预经济的方法,供其使用。当这些货币的、财政的工具很完善,政府便可以逐渐以服务替代统治,从而使晃荡在普通大众头上的警权放松下来。不用说,明清时代的中国从未接近这样一种可能。让人困扰的是,这一财政体制从未呈现为一个正式的现代国家可以部分发源于此的摇篮。

这一陈旧体制的创造者是明代开国君主洪武皇帝。他的农民出身背景毫无疑问影响到他的政治哲学。但是,也有证据表明他反对宋代王安石的做法,而王安石曾试图部分地将王朝的财政运作商业化,尽管没有成功。[①] 洪武年间,许多大地主受到迫害。当局势安定以后,整个国家占主体的是小自耕农。税额定在一个极低的水平。在 16 世纪,各种加征已经超过了最初税额,税收负担最重的南直隶地区只需要缴纳土地产出的 20% 作为赋税。在其他地区,通常的标准是低于 10%。还有一些以不到谷物产量的

---

① 《明实录·太祖实录》(台北,1962 年影印本),页 2141、2681—2682。

5% 纳税的例子。很明显，清朝继承了这一总体框架，几乎没有什么修正。①

　　那么，为什么又会有如此之多反对重税的抗议呢？答案是：虽然总的税率很低，但对所有纳税人却是同一水平地对待，对一个拥有 5 亩地的人和对那些拥有 500 亩的人不作任何区别。低税率实际上创造了大量微不足道的土地拥有者，他们的赋税滞纳行为通常会成为鼓励其他纳税人拖欠赋税的先例，而这令官员们忧虑惊恐。而且，富裕的土地拥有者可能通过购买与出售土地将纳税义务与土地拆分。他们可能付更高的价格来购买赋税较低的大片土地，或者相反，以几乎是赠送的价格拿出小块土地出售，摆脱与之不相称的大量赋税。一般说来，这不用缴税的利益不会变成再生产投资，而是成了几个利益群体以同一块地产为生的诱因。15 世纪以来人口大量增加、生活水平逐渐下降，与这一后果也并非全然无关。

　　洪武帝对地区性经济的强迫症，同样反映在他统治期间建立的劳役制度上。虽然常规赋税低，但农民却被集中起来强制为政府提供服务。大量的政府胥吏，上起掾史下到门子，都是从普通大众中招募，没有俸禄。办公用品、驿递、设备、器皿，甚至建筑维护，都是由村落社会按照详尽的程序提供。后来，通过超过土地税的附加税来取代它们，这些劳役的冗杂特点才得以消失，而附加税提供了一条鞭法改革的基础。但那是 16 世纪后半叶才

---

　　① 黄仁宇：《十六世纪明代中国之财政与税收》（哥伦比亚大学出版社，1974 年），页 170—174。

出现的，几乎是在明朝建立 200 年以后。一条鞭法改革也不是那么广泛，那么席卷一切，就像一些学者希望我们相信的那样。①结果，政府财政的"洪武模式"在王朝剩下来的日子里维持不变，以后也依然如此。

是什么构成了政府财政的洪武模式？是视野和想象力的缺乏；是脱胎于一个乡村经济学家视野的节俭强迫症，因而重视简陋的生产方法，而忽视流通、分配和质量提升；是短期的公平主义，而以投资一个更好的未来为代价。当历史学家以今天的洞察力来审视 16 世纪的记载，他很少能同意当时的人悲叹洪武年间的黄金时代已经过去的主流意见（某种程度上，这在当时环境下也反映了国家主导的正统观点），而往往不得不支持少数一些至今依然被忽视的独立观察家们的观点，即：低税收剥夺了国家向百姓提供他们所需服务的能力，从长远看来，弊大于利。②

直接对大量小自耕农征收赋税，是中华帝制秩序的一个特点，在明清两代一直延续。而且，直至本世纪为止，除了洪武帝的举措，大规模的土地重新分配从未实施过。一些历史学家利用时人资料中并不准确的叙述，强化晚明土地所有权集中到少数人手中的故事。大部分故事经不起严格的调查。③ 为了国家经济实质性增长的纯粹利益，土地集中——假设它发生过的话——可能

① 黄仁宇：《十六世纪明代中国之财政与税收》，页 118—122。

② 黄仁宇：《十六世纪明代中国之财政与税收》，页 186—188。

③ 黄仁宇：《十六世纪明代中国之财政与税收》，页 157；黄仁宇：《〈明太祖实录〉中的行政统计》，《中国科技史探索》（上海，1982 年），页 119—120；该文的英文译文载见《明史研究》第 16 卷（1983 年春），页 47—48。

近代中国历史的结构性研究 ‖ *41*

会比普遍的小规模土地产权更好。事实上，过去 500 年，中国的土地租佃似乎一直维持明显始终如一的模式。换句话说，土地分割出现了高潮。如此一来，像一个家庭拥有超过 2000 亩土地的巨大不动产，是很稀见的。即使数量降到 200 亩那样的中等规模的土地持有，出现得也不多。如果中等地主很多，就会影响到税法和地方管理。但是，这种低水平的平均主义，却并没能避免农民与小地主彼此负债、抵押财产，成为半佃农或佃农。一些 20 世纪初关于土地的经验数据（参见附录），给人的印象是其与几百年前的情况极其相似。这些数据会让我们想到，那几百年中的赋税和财政政策将国家当作一个村社集合体对待，逼着经济只能线性地膨胀而无丝毫质变，同时小块土地的所有权在交替轮换，从而使这一系统能够永久持续下去。

在明清时代的前近代社会里，政府财政在王朝之初实际上都建立过一个具有不成文法效力的永久性规划。首先，它界定了行政机构的功能，确立了军事部署。这一点我们将在下面的段落详细说明。其次，它为土地赋税设下了一个大概的天花板，这使税收总是倾向于保持僵化不变的状态。来自土地财产的税后收入，决定了土地价格、租用状况、农场工资和地方利率。赋税法规在有效运行一段时间后，它自己也跟那些要素彼此绑定在一块了。理解的关键是，过剩农产品——如果有的话——缺乏投资的外部出口，同时小自耕农除了向邻居借款外没有其他任何借钱的地方。这样，在刨去政府初定税额后，农田收入就被太多的利益集团需索，以至于几乎没留下任何重新调整的空间。①

值得注意的是，明清两代从未在其不变的赋税基础上普遍加税。在17世纪早期，明代为应对后金威胁而下令临时加征的军需物资，被按比例分配到各省，再在各省由地方官员们决定内部认缴比例。这不是因为帝国政府希望放松它的中央集权控制，而是因为户部已无法确认公平增税的可行性。然而，正巧，加征之后，全国三分之一的县的赋税拖欠增加了，而这些逋赋是应缴给中央政府的税额的一半还多。其中，超过100个县根本什么东西都没有缴纳。② 这个例子说明财政机器太过脆弱而无法承担过重负担。

满清入主后，大部分加征变成固定税额了，尽管官方说法与此相反。③ 它是怎么做到的尚不清楚。但是，看起来清初的军事征服和《赋役全书》的编纂为将这些加征吸收进账目之中提供了机会。除了这些事件以外，加赋通常是特事特办，是非正式的、地方性的。加赋也不可能太过分，因为某些方面的预算增加可能导致它们跟相应机构之间的关系不平衡。这样一来，加赋对总体财政的贡献最小。到清朝末年，自土地征来的国家收入与清初所

---

① 黄仁宇：《十六世纪明代中国之财政与税收》，页159—162。
② 《崇祯存实疏钞》（北京，1934年影印本），卷二，页72—89。
③ 这可以从《清实录》每年的统计看得出来，参见黄仁宇《明代的财政管理》，贺凯主编《明代的中国政府：七篇论文》 （哥伦比亚大学出版社，1969年），页121—122。另外的证据参见《十六世纪明代中国之财政与税收》，页365，注释7。

征相比没有明显增加，但那时候人口至少增加了 2.5 倍。① 一般来说，无论明代张居正时代，还是清代康熙统治时期，为整顿赋税而做的土地调查都会因为面对地方反对而失败。② 围绕这些案例的背景表明，在如此多的小块土地长期面对乡村经济如此之多的复杂性后，实施加税计划有实际困难。

当然，政府效率也不可能离开拨款，两者都取决于赋税收入。如果我们仔细看当时人的记载，我们就会注意到，从现代标准看，每个机构都人手不够，官员们俸禄低，办公经费不是不足，就是只能勉强应付。许多现代学者会拿出官员侵吞公款和计划外苛征的证据。但是，使旧政体得以永续的预算不足问题，学者们谈得不多。

一个思维敏捷的观察者，不可能看不到晚期中华帝国的地方政府长时间以来的被动式管理，已持续 500 多年。③ 除了在征收赋税和维护法律及秩序方面行使权威外，地方官所代表的不过是朝廷派出的一个亲民机构，充斥的是面对村庄社区联盟时的仪式性功能。法律体系最好地反映了这一长时期的极端守旧。《大明律》模仿了唐律，而唐律相应追随的是汉代的《九章律》。《大清律》坚持同样的模式。这样，尽管有小调整和屡屡替代，在过往

---

① 王业键：《清代土地税的财政重要性》，《亚洲研究杂志》30：4（1971年），页 842；相似观点在作者《中华帝国的土地税，1750—1911》（哈佛大学出版社，1973 年）一书中也有表述。

② 西村元照：《清初土地丈量研究》，《东洋史研究》23：3（1974 年 12月），页 424—464。

③ 关于那些特点，可以参见瞿同祖《清代地方政府》（哈佛大学出版社，1962 年）。

西方得到最快发展的 500 年中，中国成文法继承的却是 2000 年的传统。

这一模式的法学，想当然地认为皇帝旨意就是宇宙精神在人间的人格化。儒家道德的法律化因此便得到自然法的批准。当转换成现实时，人与人之间的关系，虽然复杂，但不言自明地可以总结为：受教育的精英领导不识字的人，男尊女卑，长幼有序。宗族的亲疏按照服丧程度进一步分类，这是一种自公元纪年以来就得到国家支持的社会制度。更宽泛地说，法典的功能是对与这些规训主体不相适应的行为进行惩戒。① 理想的状态是法律从来不需要使用，或普通百姓的善行是由社会阶层和宗族阶层中半公半私的办事机构促成的。这样的氛围阻挠人们有任何发展民事法的兴趣。

我不得不承认，在这一点上，从制度史的长时段视野看，原因和结果经常是可以互换的。一方面小规模预算限制了政府功能，另一方面简单的统治配上严格的社会纪律也不需要太多资金。但是，由于我的目标是要整体考察国家和社会的主要特征，制度之间的互相影响能很好地服务于我的目的。我能感觉到，文人官僚体制可以从以上彼此环环相扣的状况获益。行政服务中的大部分职位都变得几近相同了。整体设计避免承诺使用复杂的技术。事先，源于地区特殊性的经济问题不是被轻视，就是被置之不理。在标准化的经典教育下，官员们在心理上是同质的、统一

① 瞿同祖：《中国的法律与社会》（巴黎和海牙，1961 年）。卜德、克拉伦斯·莫里斯：《中华帝国的法律》（哈佛大学出版社，1967 年），页 76—112。

的，他们为更多的文化一致性而努力工作。因为选择了相对低端而不是最发达的部门作为国家的标准，行政管理得以简化，高度的政治集权主义因此才变得可行。

这种安排也刺激了科举考试。由于官员只是招收进来担当一般的职责，考试范围因此可以窄一点，内容可以稀释一些，简单一点，虽然在程序上它可能貌似比以往更复杂。[①] 但是为了稳定和平衡，中国人不得不付出沉重的代价。科举考试作为一种制度——今天人们是这么理解它的——为社会向上流动提供了最大的动力，因为科举成功者有望成为杰出的人物，并且随着时间的推移能够为他们自己提供相应的家庭财富。这是通过非经济的过程获得经济利益。另一方面，也没有任何经济的或其他的机制来阻止向下的流动。[②] 很明显，社会环境将资本积累置于令人讨厌的位置。有意无意地，国家制度迫使中等规模的家庭资产不断易手。拥有更多资本和更多创业野心的财富，仍然是少见的例外。正因如此，没有人像他们的日本同行那样，能在历史上留下辉煌的一笔。这并不是因为他们的财产不能吸引公众关注，而是他们不需要在一个公共事务深藏于乡村经济之后的社会中承担任何强制义务。因为隔绝，他们的成功只使得他们更脆弱，而且一着不慎就可能构成致命失败。更经常的是，巨额财富被他们那些不知

---

① 邓嗣禹：《中国考试制度史》（台北，1967 年），页 73。
② 何炳棣：《明清社会史论》（哥伦比亚大学出版社，1962 年），页 262—266。

如何处理财富的子孙们浪费掉了。①

19 世纪后期的"官督商办"企业，几乎没有改变这种情形。回想起来，他们的成功依赖于豁免权和政府保护——除了有正常范围之外的帮助，还使那些公司可以弥补商业利益上的所有损失，并且抵挡住官僚体制的权力滥用和骚扰、社会的不公正和法律上的无助。换句话说，公共部分几乎是政府的左手，本要与右手的工作对着干，但最后右手以常规的方式大获全胜。

直至最近，众多中国历史学家一直努力推进晚明中国有过"资本主义萌芽"的理论。这一理论构建在大量记载——关于经济作物的引进，关于手工业的兴起以及农村劳动力流入城市——的基础上，虽然这些记载是零散的。② 在我看来，由于缺少组织，那些所列举的证据已经失去了自身的分量。这就是说，那些例外的、不协调的经济活动自身从未显得是一个系统，很少能承载一个社会，支配其政治并影响社会思想。

据法国历史学家费尔南罗·布罗代尔所说，无论马克思还是亚当·斯密都从未使用过"资本主义"一词。今天使用的这一词汇是从 19 世纪的路易·勃朗开始的，并在 20 世纪初经维尔纳·桑巴特进一步推广开来。③ 英国历史学家乔治·克拉克对此说了

① 何炳棣：《扬州盐商：18 世纪中国的商业资本研究》，《哈佛亚洲研究杂志》17：1—2（1954 年）。
② 最近的研究，可参见石锦《中国资本主义萌芽：研究理论的评介》，《知识份子》第 4 期（1986 年夏），页 37—45。
③ 费尔南多·布罗代尔：《十五至十八世纪的物质文明与资本主义》卷二《商业之轮》，瑞安·雷诺兹译（纽约，1982 年），页 237。

不少。他说："我想使用'资本主义'一词来对现代经济体系命名是 19 世纪中期由社会主义者首创，以表示一种社会状态，而该社会的主导性权力是资本拥有者的权力。"①

组织意识引导我们想到，为了建立现代经济秩序，必须有广泛展开的信用，以便使闲置的资本能通过私人借贷达到最大化的流通。而且，企业家必须要在超越人身关系的基础上雇请经理人，以便管理的范围能够向他们自身监管能力和家庭圈之外延展。与此同时，包括运输、通讯、保险、法律服务等在内的技术支持必须由各种公司共用，以便商业交易的跨度可以超出分散经营的限制。这样，多边关系网络建立起来了，区别于双边关系的环节。但是，在此背后的三种情形——即信用的扩展、超越人身关系的管理、服务设施的培育——成功与否，却取决于信任。然而，信任没有法庭的保护，根本就走不远。每一件事情都不得不靠法律结合起来。

当资本主义控制了经济发达国家，标志着商业法律将逐步应用于全人类。不仅家庭关系和继承必须采用现代的使用方式，而且，欺诈与诡计、挪用、抵押、破产之类的事情都必须照商业习惯处理。不如此，下层的基础设施就不可能在一个更宽广的基础上建立起来，从而促进上层的商业王国和网络。在地中海地区，当城邦国家开始表露出资本主义特征的时候，威尼斯成了它们的先锋，其共和国像一个商业公司那样运作。当荷兰人独领风骚

---

① 克拉克：《十七世纪》，第二版（纽约，1947 年），页 11。

时，联邦宪法允许最发达的地区荷兰省继续前进，而不是被仍然处于乡村主导影响之下的地区拖累。当英国在1689年完成光荣革命并进入卓越的资本主义新时代时，司法也进行了重新调整。王座法庭开始根据商业惯例处理涉及商人的案子。[①]

明清中国既没有这样一头扎进去的倾向，也没有这种能力。一个以家长式权威来统治的社会，与一个建立在源自市政当局特许的财产权基础上的社会，其间有太大的差距。把某种经济上的冲动当成另外某种性格、目的与其完全不同的事物的萌芽，非常容易产生误导。

言及明朝的建立，一个美国学者写道："先是瘟疫、洪水、灾荒，然后是14世纪40年代的人口减少，接着是50年代全国范围的叛乱。从这些极端的考验中，到1368年产生了中国历史上许多最大、最集权、最专制的王朝之一。这个王朝用了另外半个世纪的时间发展出一种稳定的政体模式，而那种模式一经建立，便维持中国文明直至1912年最后一个王朝灭亡。以某种微妙的方式，它的影响持续到今天。"[②]

对于西方人来说，帝制中国的权威看来总是集权的、专制的，因为在整个西方世界的经验中，从未有过这样的政治实体，能够成功地否决自然形成的地方特殊性，以在一个广大的地理范围创造出一种文化凝聚力。但是，那位学者关于明朝长久影响的

---

① 普拉克内特：《普通法简史》，第5版（伦敦，1956年），页245—248。
② 达得斯：《评爱德华·德雷耶〈明初中国〉》，《明史研究》第15卷（1982年秋），页9。

观点是言之成理的。今天看来，更值得研究的是这种影响的负面作用，而不是其积极作用。

因为其包罗之广，如果事件从主要的背景中剥离出来，中国历史会经常因为有许多自相矛盾的情况而产生虚幻感。在王朝建立时以及其后不久，通常有巨大的能量喷发，与王朝政体或一致，或不一致。明、清两代均不例外。关于明初，还是那位美国学者，有不少的话要说："皇帝一个命令，一个全新的巨大都城就突然出现在一个偏远的地方。可能前一天港口与边境线还向对外贸易开放，第二天啪的一声就关上了。整个经济活动部门都是按照帝国的意愿培育或扼杀的。大量军队进出于蒙古和安南；大规模船队远航最远到了东非。所有这些事情做起来就像手在水龙头上有意识地一拧，而停止也像同一只手在同一只水龙头上反向一拧。"

这一连串的活动，主要由计划外的赋税和征用支持。① 中国人也许最早发现，在王朝刚建立时，战时动员能为其组织逻辑提供暂时的替代品，至少一段时间内可以弥补国家制度的虚弱与低效；而且，军事上的努力使帝国可以做一些额外的事情。但是，这些非同寻常的努力，于财政体制的健康和理性绝无裨益。相反，正如上文多次推断的那样，当紧缩开支时，通常来说要废止比所需为多的东西。

永乐皇帝可能比他的后代万历皇帝更有天分。或者，类似的

---

① 相关解释可参见黄仁宇《〈明太祖实录〉中的行政统计》，载《中国科技史探索》。

是，乾隆皇帝似乎比道光皇帝拥有更多的资源。但是，如果任何人要对那些君主和他们在位期间的军事开拓作一番比较的话，他就不可能有意地无视他们身后的国家体制和社会环境。明代的军事体制——卫所制度，是模仿了元代相似的制度。① 这一制度自身也被满洲八旗重复。这些制度的总体目标，就是将军事人口与普通人口分离开来，以便前者保持其军事精神，后者又永远不会被战时动员干扰。明初和清初的王朝潜能，主要来源于这些新颖的措施。然而，缺乏持续的、不断更新的经济维护，这些措施很快就变得无效。在分析不能提供服务支持的失败原因时，人们可能不得不考虑本篇论文中提到的每一个因素。

从广泛而普遍的角度而言，明清国家制度不能使那两个王朝适应于现代技术。从西方经验来看，科学与技术要立足于活力充沛的经济，而这种经济使深度劳动分工具有可能，并鼓励地域专业化。总而言之，这个社会整体上利用了自然的不平衡，并且从那些多种因素之间的相互竞争中获益，直至那些因素可以彼此弥补，虽然在这一过程中另外一种更高层次的不平衡状态会出现。成功的关键则是无休止的运动。然而，与此种趋势相反，明清社会却可以说是由一个伟大的农民组织设计的，而这位伟大的农民却着迷于最低层次的静态平衡的传统观念。这一策略预先就造就了一种人为的平衡。

我们都已足够了解 1894—1895 年间的中日战争。那场战争

---

① 罗梅因·泰勒：《卫所制度的元代起源》，《明代中国政府》，页 23—40。

中，中国的北洋舰队以新月形的编队与日本海军交战。在关键时刻，没人确切知道舰队是要由海军将领、英国顾问还是旗舰舰长指挥，而且主炮楼上的枪炮还奇缺弹药。黄海之战后，日本人占据了威海卫要塞，并且掉转了海岸的防卫大炮来攻击退回港内寻求庇护的中国战舰。我们也足够了解1840—1842年间的鸦片战争，那时候满清的八旗军队是以传统武器来面对英国的现代武器和战船的。从亚瑟·威利的翻译中，我们进一步知道，当中国军队试图收复宁波时，指挥的将领却在战场的90英里之外，许多将校根本没有任何军事训练，而在攻击十日之前，他们竟然还先行举行了一场撰写胜利表文的文试。在战役中，清朝军队直接冲进雷区。① 那些失败与处置不当并不让我感到震惊，因为在我自己对1619年辽东之战的研究中，② 我已经了解到一些细节：明朝将领放任其前锋力量与后金军队交战；攻击纵队自身散布在150英里的弧形上，使得努尔哈赤的军队可以逐个消灭他们；火枪队的展开如此低效，以至后金骑兵敢于以密集队形攻击他们，导致征讨完全失败。

以上三个案例有什么样的共同点？将领或海军将领才具拙劣，虽然有其说服力，但并未提供所有答案。后勤供应不足也无法单独解释。军事力量本应是国家的四肢，因此它们必须——形象地说，如通过骨骼、血管、肌腱、肌肉和神经系统——与身体

---

① 亚瑟·威利：《中国人眼中的鸦片战争》，平装版（斯坦福大学出版社，1968年），页158—185。

② 黄仁宇：《1619年的辽东战役》，《远东学报》28：1（1981年），页30—54。

相连接。这就是说，为了使陆军和海军发挥作用，不仅人员和装备的流动必须始终做好准备、持续不断，而且军事技术和军事思想也不得不与它们背后的社会水平相适应，成为社会的有机部分。在以上的案例中，无论是明还是清，军事力量实际上对帝国而言只是一个不相干的异物。在被努尔哈赤打垮之前，杨镐的军队得到除贵州外各省的紧急赋税加征之支持，可谓孤注一掷的赌局。① 银锭从它流通的地区抽取出来，送到偏远的前线地区。在鸦片战争中，指挥官奕经在两个省内设立了四个军需机构来接收朝廷的汇款，而款项既不是分成四个相等的部分，也不是在一个地方汇总后交付。账目从来没有核算过。② 那场中日战争有时被视为是李鸿章一个人的战争。他的北洋舰队收到很多省的资金贡献，但李鸿章对这些资金没有财政权；同时，从国内外为海军购置装备，由各省政府掌控，没有整体协调。③

这些案例绝不是随意武断地选择的。每一次战争都标志着帝国的一个转折点。然而，甚至几个世纪过去，模式依旧，不管最高权力是在汉人皇帝手中，还是在异族统治者手中，没有什么区别。财政管理最好地诠释了这一组织秩序。如果说松散的联系在关键时刻出现，那只是因为正常情况下那样的联系从未存在过。当军队反复犯错，看起来是因为违背了基本原理，不按常识行动，更可能的却是指挥军事的文职领导步伐失当。对一个历史学

---

① 《明实录·神宗实录》（台北，1966年影印），页10862—10865。

② 亚瑟·威利：《中国人眼中的鸦片战争》，页179。

③ 约翰·罗林森：《中国发展海军之奋斗：1839—1895》（哈佛大学出版社，1967年），页131—132，138—139，142，184。

家来说，针对涉及其中的人物的腐败无能的苍白控诉，无论公正与否，都是不够的。从延续几百年的事件中，他必须看到，如果有什么根本错误的话，那就是结构性的、体制性的错误：中国只能以缺乏质量控制的数量来应对紧急局势。

实际上，我的描摹简短而又粗略。但是，明清帝国清晰的特征，包括其赋税系统、其治理下的土地占有、地方政府的运作、其推崇的经典教育、其倡导的社会价值观、其主导的礼仪、其定期举行的科举考试以及根源于此的社会流动性、其法理学与军备，以及最根本的贯穿所有这些部门和活动的财政管理，持续表明，我们正在考察的政体在西方世界根本就找不到相似者。其使上述因素紧密联在一起的模式成为可能的内向、非竞争性的姿态，甚至与汉、唐、宋一脉相承的传统中国亦相区别。在那几个世纪里，西方国家正忙于其现代化进程，把所有权与雇佣劳动统一起来，把公共事务与个人利益联系起来（称之为资本主义，参见页47—49），而中国却独自按着自己的体系运行，政治集权，以众多村社小单元为基础的经济自给自足，文化凝聚力足以将地域差异降到最低。19世纪两种文明碰撞时，最先暴露的就是中华帝国缺乏结构性的力量。

一些历史学家习惯性地称共和时代之前的中国为"封建"。但是，一个披着帝国外衣的村庄社区联合体，与一个政治权威从未放弃其剩余土地所有权的制度没有任何共同点。和中国的模糊情况相比，封建制度明显的优点是其权力结构在国家生产资料上维持着经济利益。日本德川时期，领主同时也是大地主。明治维新后，日本帝国政府可以遵循封建领主的做法，对土地征收最高50%的税收，结果在接下来的数十年中赋税一直是政府收入的大宗。① 如果没有财政的支撑作为保证的话，很怀疑新政府能够如此自信地通过发行债券、货币来持续地创造其信用。

再回顾一下历史，众所周知，英国在1694年创建英格兰银行时发明了国债制度。股权拥有者借给政府120万英镑，使后者开启了其赤字财政之生涯。更少提到的是，两年前的1692年，第一笔统一的土地税，废除了税款包收人，还曾将其收入中的200万英镑送到了国库。② 比较而言，中国1911年的革命是一场没有果实的革命。一个陈旧的帝制被废除了。但是，就财政资源而言，被征服的帝国留给其继任者们可供开发的东西几近一无所有。土地税是如此支离破碎，几乎没有人能弄明白，更不要说从中获取国家重建的资金了。土地税产出如此之低，以致在大部分情况下，它只够支持传统形态的地方政府（四川的军阀据说提前征了20年的赋税）。一个全国性的政府在南京建立，但不过徒有其名而已。③ 对于一个巨大的农业国家来说，其政府收入不能源出于农业资源，真可谓异数。若要说什么该对中华民国初年的动荡负责，这可能是最难打折扣的一个因素了。在那个年代，每一项重大的政治危机的出现都伴随着财政问题，而通常人们也只关注政

---

① 费正清、赖肖尔、阿尔伯特·克雷格：《东亚：现代化的转化》（波士顿，1965年），页235—236。

② J. S. 布郎伯利：《剑桥近代史》第4卷（剑桥大学出版社，1970年），页285—286。

③ 费正清、赖肖尔、阿尔伯特·克雷格：《东亚：现代化的转化》，页100。

府向外国借款。

然而，这不是那种宪法性问题，靠一个措词更合适和更深思熟虑的文件就可以纠正的。共和时代之前的中国，就像我在别的研究中描述过的那样，就像一块潜艇三明治。上层的那块长长的面包，代表了文官官僚，虽然巨大而又没有差别。底下那层貌似是农民阶级，也缺乏坚固的组织。保甲，一种简易的行政管理系统，只能传递简单的政令。文化链接，因为通常反映为有教养的精英比不识字的人优越、男尊女卑、长幼有序等社会价值，已失去了大部分的合法性。在任何情况下，社会上层与下层之间的流动，完全依赖于科举考试。自从 1905 年废除科举考试后，国家上层建筑不再有任何有效地与被统治者保持联系的途径了。

如果在农业人口中土地占有的模式一直以来清晰简单，或者即便所有权一直集中在少数人手中，重建也会是一件相对简单的事情。但实情不是。很明显，土地的小块分割、农民的负债、不同地方变化的租佃比例、极小规模的抵押和高利贷，已经持续了几个世纪（参考前面页 42—44 和附录）。与这些措施有关的传统权利通常由宗族领袖和乡村领导者监督，很少引起别人注意，即便对地方官也是如此。[①] 如果不这样，乡村经济就很难维持，食物生产也可能处于危险状态。而且，事实上，国家中较低的社会阶层，包含了数以亿计的人，是顶层的国家现代化形式依然没有触及的。从另外一个尺度来看后者的有限影响。在 1937 年开始的

---

① 杨懋春提供了一些有趣的例子，参见其著《一个中国村庄：山东台头》（哥伦比亚大学出版社，1945 年）。

中日战争以前，收入主要来自商业的国民政府所编制的年度预算是 12.51 亿元，① 以三比一的汇率折算，约相当于 4.17 亿美元——对它所希望达到的目标而言，这笔钱远远不够。

所有这些意味着什么？这篇论文想说些什么？

包括一波又一波群众运动的现代中国历史，不能零碎地看待。适用于这些重大事件的因果关系，不在我们熟悉的短期纪年排序内，也不在我们狭窄的裁决范围内。面对中国前所未有的剧变，我们比以往时候都更急迫地要提出一个能够将最近事件都呈现出来的综合性解释。鉴于这种需要，我在此建议：

1. 现代中国历史的基线应该回溯到 500 年前，将明朝包括进来。长时段使我们能够看透中国近些年困境的起源。这一视野还会揭示出许多问题之间的彼此关联状态。

2. 结构重塑应被视为过往 100 年中国奋斗的基调。虽然这一艰巨任务在历史文献中找不到先例，但是我们可以看到中国案例与 17 世纪英国案例之间呈现的相似剖面。在 1689 年光荣革命结束时，英国成功取得了上层结构的重建（议会制、名义上的君主制、教权与政权事实上的分离、内阁雏形和两党体制）、底层结构的重塑（逐步废除的庄园官册土地所有权、更为一体化的土地所有权、更清晰的土地使用权），以及上层和底层之间制度性联系的重新强化（权利法案、普通法院对衡平法及商业惯例的接受，参见前面页 49）。由于几个世纪的隔绝，上、下两个层面的

① 亚瑟·杨：《中国国家建设的努力：1927—1937 年财政和经济记录》（胡佛研究所出版，1971 年），页 433—439。

进程与其背后动机或许差别巨大。然而，彻底重建的总主题使英国易于做到在数目字上管理，因此促成了一个基于农业环境的组织秩序向一个基于商业用途的组织秩序的转变。这一主题在中国与英国两个案例中具有显著的相关性。它因此处在一个有利的位置，避免了在资本主义取代封建主义方面的令人烦倦的抽象争辩。

3. 基于前述路径上的"大历史"之形成，如果可能则通过众口一词，如果必要则通过个人努力研究。20世纪80年代的中国与20年代的中国差别巨大。已经取得了什么成就？为什么能取得？这些根本性的问题现在仍未得到解答。历史学家需要拉长和拓宽他们的视野，以便告诉读者哪些改变是转瞬即逝的，哪些则具有永久价值。

4. 大学层面的课程设计应该包括大历史。大历史的路径强调归纳法与综合过程，因此不得不与常规分析研究有别，而那种常规研究则是典型的博士论文格式。然而，这并不意味常规的分析研究就不要做了。微历史的研究也许需要大历史的检验。微历史的发现成果可能反过来会回馈那种更宽泛的总体研究。

我能预想到，我们一些同事会皱眉反对我的大胆提议和鲁莽行动。但是，我关注的问题则是别的方面。我们正面临一个最不寻常的局面。世界事务变化如此之快，以至于政治家、战略家、商人，甚至旅行者们当前的所作所为，都没有办法借鉴历史学家的智慧。我担心如果我们继续犹豫不决，可能出现的风险就是，我们的作品再也没人会读。

附录：有关 20 世纪中叶或以前土地所有权的引文

此私有土地之一部分，大量为单独地主所有，并租与农民，乃成为中国之一重要问题，然其面积有时估计过高。农民自有之农地稍不及四分之三，租入者超过四分之一。小麦地带自有农地较为普遍，占八分之七，而水稻地带占五分之三。

各种田产权农民所占比例，为衡量租佃制度范围之另一方法。自耕农占农民半数以上，半自耕农不及三分之一，佃农仅占百分之一七。小麦地带农民四分之三为自耕农，而水稻地带自耕农则少于五分之二。水稻地带佃农占农民四分之一，而半自耕农则超过三分之一。各区各种田产权人数比例最大者，计冬麦高粱区自耕农占百分之八〇，水稻茶区半自耕农占百分之五三，及四川水稻区佃农占百分之四三。各地区有农民尽为自耕农者，有尽为半自耕农者，亦有尽为佃农者。

——卜凯《中国土地利用》（上海，1937 年，页 192—193。这是 1929—1933 年对中国 22 个省 38258 个家庭以及 168 个地区 16786 块农地的研究。）

边界土地状况：大体说来，土地的百分之六十以上在地主手里，百分之四十以下在农民手里。江西方面，遂川的土地最集中，约百分之八十是地主的。永新次之，约百分之七十是地主的。万安、宁冈、莲花自耕农较多，但地主的土地仍占比较的多数，约百分之六十，农民只占百分之四十。湖南方面，茶陵、酃县两县均有约百分之七十的土地在地主手中。

——毛泽东《井冈山的斗争》（最初日期是 1928 年 11 月 25

日，收入该作者《选集》。)

　　十年前，有两三家，每家都有 80 到 90 亩地；有五六家，每家都有 50 到 60 亩地。在过去十年中，因为土匪造成的损失，或者由于他们的孩子的挥霍，所有这些家庭的土地，要么被拆成小块，要么被迫出售。目前，也许没有一家拥有超过 40 亩的土地。
　　——杨懋春《一个中国村庄：山东台头》（哥伦比亚大学出版社，1945 年。描述临近山东省青岛市的台头村。一亩大约是六分之一英亩。）

　　超过 92% 的家庭拥有一些土地，超过 96% 的家庭耕种一些土地。拥有土地的家庭平均有四块地，面积为 21.9 亩。这个县人均土地面积是 3.6 亩。家庭占有土地最大者为 660 英亩。但是，只有占比 0.2% 的 132 个家庭拥有 50 英亩土地，也仅有 9% 的家庭拥有 50 亩地。
　　——西德尼·戴维·甘博《定县：一个华北乡村社区》（斯坦福大学出版社，1954 年，页 11。定县在河北省。）

　　在整个保（含 854 人）中，有 1535 滩稻田。其中，大概占 75% 的 1137 滩由实实在在的佃农耕种。只有 398 滩是由自耕农或半自耕农耕种。
　　——鲍大可《中共接管前夕之中国》（纽约，1963 年，页 120。描述四川省重庆市城外巴县的一个社区。一滩稻田所产晒干后的米，大约为 107.4 升。）

　　……以当地的标准来衡量，那些占有 30 亩以上土地的人构

成了地主阶层。那些占有20亩到30亩的人，或耕种30亩以上的自耕农与租户，均为富农。（页40—41）

……有五户人家，即A、B、C、D、E——按乡村标准，他们是大地主，不过按西方标准，他们可就小得可怜。这些家庭所占有的土地总共是310亩，其分布情况如下表所示。（表格显示最大的地主有120亩地，或者说是约20英亩。）这310亩地占村里全部可耕地的25.8%，但这五个家庭仅占村里全部家庭的2.18%……（页43—44）

——杨庆堃《共产主义转型初期的中国村庄》（麻省理工学院出版社，1959年，描述广东省广州近郊的一个村庄。）

……在土地革命前夕，地主和富农一起大约占总人口的7%，拥有土地164英亩，或者说占总土地面积的18%。通过宗教和宗族关系，他们控制了另外的114英亩土地，如此一来，他们控制的土地面积达到278英亩，占总面积的31%。（页28）

……清河"帝国"的核心（有最大的地主）包括23英亩肥沃的土地。

—— 韩丁《翻身：中国一个村庄的革命纪实》（纽约，1966年，描述山西省潞城县的一个村庄。）

原载《中研院第二届国际汉学会议论文集：明清与近代史组》（中研院编辑发行，1989年），页1—21。

编者按：与初版四篇英文论文一样，本文亦由陈时龙翻译，徐卫东校译；后者并补出附录。

从唐宋帝国到明清帝国

　　中国 1980 年间和过去 1920 年间比较，会显示出很大的区别。这两个时期的差异，不是单从领导人物的宣言与宗旨所能解释得清楚的，也不是用一种抽象的道德标准所能概括的。其中今昔之不同，大部由于下面的低层基构业已改变，内面的因素，可以互相交换替代；如此中国将由过去不能由数目字管理的局面，进而能在数目字上管理。据北京国务院一个研究机构的报告，从 1979 年到 1985 年六个年头中，中国城镇人口净增一亿二千七百万，每五个农民就有一个或迁居或改业。这是历史上空前的一个变动。针对以上情况，整个中国历史都要重写。

　　我现在所提出的，只是当中一个问题：中国的唐宋帝国，是外向的，而且是带有竞争性的。与之相较，明清帝国的大势（当然内中也有例外）则符合内向及非竞争性（introvertive and non-competitive）的概称。这与我所说中国今日局势已经打开有密切的关系。显然的，传统历史家以一成不变的道德观念衡量每一个朝代，马克思主义的学者动辄将中国历史一两千年批判成为一个悠长的"封建社会"，都不能解释何以中国的"第二帝国"与"第三帝国"之间，会产生这样一个庞大的区别。

我提出这个问题，也如本会发起人的通知，采取 macro historical 的立场，以长时间远距离的姿态观察历史，也以大刀阔斧的手腕检讨历史；用技术因素作主，不重视道德观念，综合的方法多，分析的份量小。这些地方都与刻下西方治"汉学"的习惯有很大的区别，这也是今日面临着中国空前的一个变化，非如此即不能应付当前的局面。

（一）

唐朝接着隋朝倒溯回去，透过北周与北齐，西魏与东魏，可以将它的体制一直追溯到北魏拓跋氏民族身上去。这大约两百多年的准备，产生了以下的影响：

拓跋人以胡人汉化的姿态创立中国式的朝代，起先着重击破其他游牧民族，将他们的生畜人马一网打尽，所俘掳的人口，强迫改为农民，计口受田，先造成一个坚强的农业基础。又接受崔浩的建议，北攻南守，不到力量充实之前，不问鼎中原。这种政策，没有被后人继续。拓跋焘的进兵到长江北岸，就未免早熟；拓跋宏的过激的汉化，也终引起北魏政权的分裂。但是有了以前奠定的基础，又有当中各过渡朝代的调整，而尤以隋文帝的惨淡经营，李家唐朝，到底仍承袭了一个草创的体制。这种组织，以一个新生农业社会作支柱，内中以绝大多数的小自耕农为主体，相对的不受魏晋南北朝以来巨家大室的垄断，也不受少数民族内王公大人等新贵族的掌握，才能够与民伊始。其统制的力量，也是由北向南，由西向东，由土地平坦、人文因素简单的地区向繁复的地区发展。所以唐宋帝国表现着一种扩充性，与明清帝国之带有保守性和收敛性相反。钱穆论唐朝，提及"政权无限止的解放"，"政府组织之无限止的扩大"，都是由于从一个简单而原始的核心组织，向各方伸展放大之所致。

唐朝的税收和军事动员组织，如均田、租庸调和府兵制的详细条文已不是今日一班读者企望知道的事，但是这些条文显示着一种间架性的设计（schematic design）。又譬如一个农民，有田五十亩，又不说他只有田五十亩，而说他应受口分田八十亩，待受田三十亩，而责成他和实有田八十亩的同样纳税；严格说来，这也就是不计资财，按丁抽税，并且食粮布帛和力役弄成一捆包扎（package），兵役也和税收不可区分，所以 Denis Twichett 说初唐的财政机构，是一个极为原始（primitive）的组织。我们也可以想象其所以能如此，乃其下面统治的人口的结构也简单，税率又特别低，其中贫富高低可以忽略不计，阻碍这混同均一的力量都已消除。

一般专家的结论，这种简单划一的局面到安禄山造反之际，也就是公元 755 年左右已不存在。唐朝中期的财政和税收，有了两次主要的更革。我们与其说政策改变促成社会变化，毋宁说是现实的环境业已变移，执政者只好勉强迁就。主要的原因是人口增加，社会进化，政府所控制的土地不够分配，原始的结构不符现实。第一次的改革，出现于宇文融的"括户政策"。公元723年玄宗李隆基派宇文融为劝农使，将现下版籍无名的户口，一律着令自首，也不究既往，免税六年，以后也只缴极轻的税，得户八十余万，田亦称是。玄宗末期三十年，户口由七百多万增至九百六十万，一方面是这种妥协政策的成功，一方面也造成以后党争的线索和根源。

第二次重要的改革乃是杨炎的两税制。其实两税早已开始于安禄山造反之前，于长安地区施行。公元780年之全国推行两税，其重点也并不在"夏输无过六月，秋输无过十一月"。其实质则是按土地面积和出产数量就地抽税，中央也缺乏统一的税率和法则，所有详细的办法，由地方政府规划，中央与之磋商，协定他们次年应该缴纳的数量。

在这种情形之下，各地自行作主，节度使兼揽军政、民政和财政；所谓"藩镇之患"，是必然的趋势。虽说德宗李适和宪宗李纯企图恢复中央统一的体制，都没有效果，并且德宗想加强中枢的力量，组织"神策军"用宦官统制，更开宦官主政之门。九世纪的下半叶，又再有王仙芝和黄巢的造反，唐朝在这种情形之下又继续的存在达一个半世纪，也不失为一种奇迹。陈寅恪的解释，则是只要长安仍能以东南的物资作本钱，保障西北的边防，李唐王朝还是能继续存在。

九世纪之后，不仅中国本部人口的重心由北向南、由西向东的运转完成，而且外患的主要方向也由西北迁向东北，这中间天象与农业畜牧业的各种因素所产生的影响，还待专家开发启示。我们从已经知道的事实也可以判断，汉人多数民族与少数民族的南北对峙，对中国以后几百年历史的发展有决定性的影响。这当中一个重要的改变则是以后的少数民族能够控制华北的人口。公元936年石敬瑭割幽燕十六州与契丹，算是开这南北对峙之门。宋太祖赵匡胤一生的事业以统一南方为主，可是他"安内"的目的，完全在"攘外"。他曾对赵普说，他有朝一日恢复北方的失土，打算在古北口一带设防，成为日后明朝修筑边墙的根据。《辽史》的记载，契丹还没有进兵中原之际，在浙江的钱镠，就已向他们进贡。以双方距离之远，为什么就要奉蜡丸书，预先打交道？可见得这南北对峙，先声夺人，不是一般的外患可比。也因为如此，宋朝表现着一种竞争性和扩充性，在历史的事迹上是唐末和五代的延长。

五代十国继续着唐末地方分权的趋势，"以部曲主场院"，进展到各节度使在境内自派州县官，自行征兵抽税，无疑的已将各地税收的名目和总额，发展到空前的限度。引用数目字的研究，目前还没有发现，但是根据各地方志，例如1566年（嘉靖四十五年）的《徽州府志》就可以得到一个相当明确的概念。五代以来很多的制度，也能够由宋朝继续下去。例如枢密院的设置，在兵部之外，枢密使有如现代的参谋总长，直接向皇帝报告，兵部反成了一个管仪仗和民兵的次要机构。又例如三司的设立，以户部管传统的农业收入，盐铁管新型的工商收入，度支管输运和分派，三个单位并为一体，也不始自宋代而由五代开始。

提到这一题目，我们也可以由王赓武的专著继续看下去。宋朝不务虚名，专求实际，在着眼于军事财政与税收的前提下，也扭转了前朝地方分权的趋势，而执行其中央集权；其办法是以中央所统制的兵员构成"禁军"，诸州镇之兵则曰"厢兵"，各地防守的则为"乡兵"。而中央经常抽取下级的优秀兵员，而将自己的老弱淘汰给他们。各地的税收与物资则分为"上供"、"送使"和"留州"。其"使"为军使，也有将各地物资按中央指派分配的义务。

这样一来，宋朝的重视军备与财政，与唐末和五代的藩镇相较，产生了一个相反的后果；藩镇为军阀割据，但是职位世袭，所管的地方又小，所以以部曲管理场院，即是以中下级军官看察财政税收的机构，因为彼此利益之所在，政府与民间有一种休戚相并的联系，和日本的"大名政权"类似。宋朝固然做到"于是外权始削，而利归于上"的地步，但是一个中央集权官僚主义的体制，到底也有它的弊病。

宋朝与少数民族的作战，败多胜少，不仅西夏与契丹所占领的土地不能归复，而且北宋亡于金，而南宋亡于元。以一个人口多、资源丰富、文化程度高的民族与国家，始终不能与外表为劣势的对手抗衡，是历史上一个值得检讨的问题。

其间原因甚多。但是今日我们有了长时间远距离的经验，则可以概括的说，北宋与南宋，都已经进入一个"不能在数目字上管理"的局面。在什么情形之下一个国家可以在数目字上管理？

我这讲稿一开始就说及低层机构中，各因素要能互相交换（inter-changeable）。其所以能互相交换，是权利与义务相等，公平合法，不是由上级一纸指令行之。可是我们看到《宋史·食货志》提到宋朝抽税时，"既以绢折钱，又以钱折麦，以绢较钱，钱倍于绢，以钱较麦，麦倍于钱，辗转增加，民无所诉"。这也并不是"贪污"，而是在农业社会里官僚主义之下，私人财产权没有保障，所有的数字加不起来，征兵抽税都全靠由上向下加压力，被征与被抽的，不是公平而应当担负的，而是最没有力量抵抗的。所以统计无法着实，只有数字的膨胀。现在在美国的很多教科书都提到公元1021年北宋一年的收入是一亿五千万（150 million）缗，其来源于《宋史·食货志》里面的一句话："天禧末……天下总入一万五千八十五万一百"。天禧的最后一年为天禧五年，公元为1021年，所以得到上面的一个数字。据当日时价计算，这数字值金一千五百万两，约等于今日 US＄6—7 billion。

当日世界上无此集中的财富。其中应收入而在缴库之前早已耗费的不说，《宋史·食货志》里也有很多关于统计无法着实的记载，例如赋税可以预借六年，例如"户口讹隐，不校可知"，又例如"中书主民，枢密主兵，三司主财，各不相知"。司马光说兵几十万可以是"讹数"，可见得当日不能在数目字上管理的程度，而上述统计也没有实际的意义。

公元十一世纪，也就是王安石变法的时代，宋朝的财政，就需要商业化。征诸各经济发达国家的例证，其人员与物资既已大量的集中，则必须要民间的商业性与服务性的机构，作第二线第三线的支持。但是宋朝时私人财产没有保障，司法独立始终谈不上（即二十世纪也谈不上），数目字的膨胀，反贻害无穷。今日还有些人写书，说得宋朝"商业革命"、"文艺复兴"等等等等，令人无从批评。可是全汉昇的研究，当日开封完全是一个消耗市场，各种物资有进无出；这种收支不平衡的情形能够长期继续，乃是因为大批官僚、教师、学生、医生囤集，开封政府能以收租纳税的方式使不平衡成为平衡。这种现象和欧洲现代的国家相比，也可以说是政治组织早熟，经济组织赶不上，西欧社会无此成例。

因为以上的情况，宋朝的财政是多元的，军事上从动员到作战，其中补给线既长又不确实，反不如北方少数民族以一种单元的经济，简捷的将人马食粮投付于战场。这中间值得我们注意和反省的则是辽与金以后仿效宋朝体制，也都陷于宋人之覆辙。

这种问题，元朝也没有严重的考虑如何对付。蒙古人的政策可以说是自相矛盾。比如元世祖大量的轻租减税，一面又大量的征集人员物资征日本；北方的税制与南方不同，一方面因袭唐宋以来以小自耕农为主要纳税人的体制，一方面又令诸王及后妃公主食采分地；一方面不信用汉人理财，任用回纥人和西番人，可是一到包税政策弄到人人嗟怨，又对他们诛杀不遗余力。元朝被批评为"马上得天下马上治之"，在理财的一方面，批评得并不过分。在历史上讲，元朝也只在中国第二帝国与第三帝国之间成为一个过渡阶段。

如此各种因素造成明太祖朱元璋创制的财政体系的逻辑，明朝的设施显然是收缩性的。明清财政税收，有很多体制上相似的地方，也可以从孙任以都的文章和陈恭禄的教科书上看到，其税收的幅度小也可以从王业键、Madeline Zelin 最近的著作上看出。所以清朝虽有康熙乾隆的开疆辟土，其整个组织仍是内向的和非竞争性的，其详细情形，不是本篇论文所能概述。只是若不如此，中国在 1912 年民国成立以来，就不会遇到如此一个荆棘丛生的局面。

我建议如此修改历史，可以得到下列的结论：

1. 中国历史上的朝代，不一定是一个独立的单元。在很多情形之下其因果互相重叠，很多朝代的历史可以连贯的解释。

2. 这样大历史（亦即 macro-history）的检讨中，用学院派系 disciplinary approach 的方法不容易找到正确的结论。历史上最重大的事件每事只发生一次，各独特的事件，各有其环境与背景，各种因素在时间上的汇合（timing），尤其无法分门别类的归纳。但是研究历史也不能全无线索。我的经验用财政作中心，可以弥补这样的缺陷；财政与税收，涉及高层机构，也涉及低层机构，也与军事法律经济有关，最能保持一个大问题的全盘局面。（中国的财政史并非经济史。）

3. 两百年前，亚当·斯密（Adam Smith）著《原富》就提出中国的财富，至宋元而达到最高点，至明清而停滞。今日我们从唐宋帝国与明清帝国间比较至少已可提出初步的解答。其重点则是和西欧相比，中国原始型的农业财富，缺乏商业性的组织结构，资金无法存积。

4. 若有人问：如此解释历史，难道哲学与思想全不重要？

我就要说，它们有很密切的关系。宋代的理学，已经表示扩展性和带竞争性的方针没有出路，因之理学家强调收敛性和内向。我们务必看清大多数理学家在政治上是反对派（dissidents）。周敦颐、程颢、程颐和张载都经过吕公著推荐，他们的政治思想也和王安石的作风不能相入，内中程颢因与王安石意见不合而辞官，程颐屡荐不起，最后只居学职。南宋的朱熹做反对派两次，起先为主战派为不合时宜，后来反对韩侂胄的北伐又不合时宜。陆象山经过监察官的弹劾。他们的主静主敬，知死生，六经皆我注脚，都有唯心的趋向，即是朱子的穷学问也不是以穷学问为目的，而是以宇宙事物去证实他心目中的伦理和道德。所以从一个学历史的人之眼光看来，他们之成为政治思想家，也反映着北宋末年和南宋初年富国强兵的政策没有出路，于是他们才提倡内向，也替日后明清帝国的体系，先造成了一种理论上的根据。

（二）

1279 年元军与南宋的残余舰队海战于广东新会南之厓山。最后元军合围，宋左丞相陆秀夫负着他所立的帝昺——一个七岁的孩子——赴海死，宋亡。这不仅是一个令很多孤臣孽子痛哭流涕的日子，这划时代的 1279 年也给中国文化史上留下了伤心的一页。一般讲来，中国都市物质文化在宋朝时达到突飞猛进的最高潮，兹后就再没有表现这种杰出的姿态。在科技方面讲，中国的拱挢，建筑之用托架，造船之用舱壁以造成不透水的船舱，航海之用指南针，踏水轮之船舰，火药，三弓床弩，占仪，水钟和深度钻地的技术，而极可能的炼钢炉及水力纺织机都已出现于宋代（后二者之图片，见于1313年之《农书》，去宋亡只三十四年）。抚今追昔，我觉得胡适所译拜伦之《哀希腊歌》两句，很相近的表达了我们对赵宋王朝的一种类似的情绪。此即是：

> 我徘徊以忧伤兮，
> 哀旧烈之无余！

为什么这一般好形势，不能继续？我们不能将责任完全推在少数民族身上去。辽、金、元战时对中国的破坏，程度不深。战争一停止，他们也致力建设。如果说他们没有打开局面，则在他们后面明清两朝时也不能保持唐宋以来的高度进展。

这样一个庞大的问题，本身已近抽象，当然各有解释。譬如英国汉学家 Mark Elvin 就认为传统中国农业生产，在技术上原有很多可以增进的地方，但是到了某种程度之后，劳动力投入多，而增进的成果不成比例的上升，到后来劳力增加，收获只供食用。同时中国的经济过于庞大，也不容易作质量上的改进。这样的解释，不能说他不对，可是很难令人相信这已经全部解答了这一个庞大的问题。

我的解释也只能跟随着纵谈大历史的立场，提出和前后文衔接的两个大因素。一是中国财政无法商业化，因之传统社会，不能进入以商业法制管理的阶段。另一则是思想上的内向，以理学或称道学为南针，先造成一种收敛性的社会风气。这两种互为因果，也都在北宋末年开始显著登场。

关于财政不容商业化，其最重要的关键，还是官僚政治，无从个别的而且确切的保障私人财产权益。其背景则是以大量小自耕农作当兵纳税的体制不能废除，中层缺乏有效的连系。既无财力遍设法庭，也不容各地地方习惯自创系统，同时小民也不能聘用律师。如是司法与行政不分，县级官僚万能，他们所能掌握的也是简陋的刑法。政府管制之所不及，则靠宗法社会的家族首长支撑。不仅宋朝如此，明朝十六世纪的好官海瑞尚在他的文集里明写出："凡讼之可疑者，与其屈兄，宁屈其弟；与其屈之叔伯，宁屈其侄。"这样一个法官，尚未开堂审案，就已将他自己的偏见明白写出，也只能在中国出现。其结果则是真理与威权，全是由上至下。负担最重的人们，也是最无力负担的人们。而且这种体制，也靠均一雷同的环境作主；一有变态则毛病与问题更不可爬梳。宋朝的折税与和籴，产生"以钱较绢，钱倍于绢；以钱较麦，麦倍于钱"的情形。传统中国又未曾开设商业特别的法庭，商业资本不可能在这种环境里继续积累。因其缺乏组织与结构的纵深，商业也只能大体保持原始的农村内的企业形态。

于是相对于现代西方社会的长处有如经济多元化，中国则以普遍的种米麦备饥荒为着眼。长期如此，其生活程度不能增高，也无普遍的制造高级商品之可能。工资既无法增高，也无发明节省劳力的机械之必要。这种种原因，限制高度的分工。最后担任科技之设计者一般为匠役，而不是有学识的专家。

宋元理学，原称道学，《宋史》即有"道学传"。但是道学这一名词为时人取用，似在南宋。1183年吏部尚书郑丙上疏，提及："近世士大夫有所谓道学者，欺世盗名，不宜信用。"监察御史陈贾也对孝宗赵眘说及："臣伏见近世士大夫有所谓道学者，其说以谨独为能，以践履为高，以正心诚意克己复礼为事。若此之类，皆学者所共学也，而其徒乃谓己独能之。"他们攻击得最严刻的对象，乃是朱熹。

然而朱熹继承北宋时程颢及程颐之学。"道学传"就说："迄宋南渡，新安朱熹得程氏正传。"而程氏兄弟又曾向周敦颐受学，周敦颐所作的"太极图"则间接的得自五代至北宋初年的一位神秘人物，世称"华山道士"的陈抟。所以以上诸人，而更有张载，因为他也极端的崇仰二程，都受有陈抟的影响。《宋史》"隐逸传"则说及"抟也读易，手不释卷"。所以理学以儒为表，以释道为里，在正心诚意之间加上了一段神秘的色彩，又归根于一种宇宙一元论，更提倡有一则有二，有阴则有阳，有正则有邪，都与这受学的源流有关。

朱熹是一个容易惹是非的人物。《朱子大全》里面有很多他自己做地方官的文件，里面看出来他为人精细，处置事件也有条理，所以孝宗曾说"朱熹政事却有可观"。可是他一列于朝堂，就品评是非。朱熹初年秉承他父亲的遗志，主张拒绝向金言和，后来他却反对韩侂胄的北伐。可是他又不像孟子一样的说"此一时也彼一时也"；而标榜"言规恢于绍兴之间（1162年前）者为正；言规恢于乾道以后（1173 年）为邪"。这已经将一个技术问题当作一个道德问题。他在 1188 年谏孝宗："陛下即位二十七年，因循苟苴，无尺寸之效可以仰酬圣志。"这已经相当的唐突。而他接着又解释皇帝之无成就乃是修养的功夫不够。"无乃燕闲蠖濩之中（退朝无事的暇时），虚明应物之地（心灵与外界接触时），天理有所未纯，人欲有所未尽"，以致"一念之顷公私邪正是非得失之机交战于其中"。他的建议则是"愿自今以往，一念之顷，必谨而察之，此天理耶？人欲耶？"

这段文字充分的表现着一般理学主静主敬的态度，也强调着个人心情凝静时在思想与行动"将发未发"之际，不可错过机缘立即求善的重要。其宗旨与周敦颐所说"寂然不动者诚也，感而遂通者神也"接近。这类似宗教经验的虔诚感应，在朱子看来，与《大学》所说的"正心诚意"可以融会贯通，也和孟子所谓"养气"互相发挥。但是朱熹不以为这种方法出自个人经验；他也不以之对皇帝作私人的忠告，而认为这是天经地义，为天子及以下所有读书做官的人必所遵循。

十二世纪至十三世纪之交中国面临着一段艰苦的局面：一个庞大而没有特长的官僚机构无从掌握一个日趋繁复而多变动的社会。在全面动员、长期预算膨胀下南宋已经险象环生，而以财政上之紊乱为尤著。朱熹指出这些弱点非不真切。同时他做地方官的记录，也证明环境需要他破除成规，以便对专门问题，找到合适的解决。他不强调这些技术上的因素，而偏在半神学半哲学的领域里做文章，因此产生很多不良的影响。

周密说到宋亡前夕一般崇拜道学的人物之作风："其徒有假其名以欺世者，真可以嘘枯吹生。凡治财赋者，则目为聚敛；开阃扞边者，则目为麤材。读书作文者，则目为玩物丧志；留心政事者，则目为俗吏。其所读者，止《四书》、《近思录》、《通书》、《太极图》、《东西铭》、《语录》之类。"这些人的功业则是"其为太守，为监司，必须建立书院，立诸贤之祠，或刊注《四书》，衍辑《语录》。……稍有议及其党，必挤之为小人"。最后则"其后至淳祐间（度宗咸淳，恭帝德祐，包括元军入临安前十年），每见所谓达官朝士者，必愦愦冬烘，弊衣菲食，高巾破履，人望之知为道学君子也"。

又加以传统政治制度的设计，采取间架性，真理由上而下，皇帝的面目为"天颜"，他的命令则为"圣旨"。朱熹之所提出，事关整个儒家经典所综合之枢纽；既见于他的奏疏，也闻于他主讲的经筵（皇帝座前的读释经史）。朝廷无法等闲视之。要不是全部支持它，就要全部否定它，因之也给朋党斗争留下了一种工具。

朱子历仕高宗赵构、孝宗赵昚、光宗赵惇和宁宗赵扩四朝。每朝之间他都产生了小大的纠纷，要不是得罪皇帝，就是冒渎重臣。所以他被召之后又外派，刚做殿前文学之臣又做宫观的主持人。最后他在宁宗朝得罪韩侂胄，落职罢祠，于1200年逝世。道学也一度被赵宋政府斥为"伪学"。可是1224年赵昀继宁宗为帝，是为日后之理宗。韩侂胄已早死。理宗自己又崇拜朱熹的著作，他曾说"恨不与之同时"。于是追赠朱熹太师，又和周敦颐、二程、张载同从祀孔子庙。兹后朱熹所注的《四书》，也为历代开科取士的标准；他也可以说是继儒家的正统。

＊　　　　　＊　　　　　＊

理学屡经现代学者研钻。周程朱张的学说出入于形而上和形而下，而以张载所谓太虚无形，气有聚散，朱熹综合前人学说，阐扬气与理之构成各物最为中外学者称道。因为所叙牵涉哲学，也近于各个人的人生观，我们不能遽尔的说它对与不对。而且它在好几个世纪使中国大多数学人相信儒家的伦理观念不仅有自然法规（Natural Law）的支持，而且本身就是自然法规，我们不能不赞赏它力量之庞大。可是我们在二十世纪末期，正在清算传统的政治设计，亦即一种认为法制与经济的体系，必先以抽象的公式造成，由上层机构赋予下层的办法，不能不对和这种设计互为表里的思想系统彻底批判。

理学或道学将伦理评论之理与物理之理、心理之理混为一体，在 1200 年前后仍与欧洲思想界不相轩轾。可是欧洲在 1600 年前后已将有关于伦理之理与物理之理划分清楚。[此亦即李约瑟（Joseph Needham）所谓 Natural Law 与 Law of Nature 不同。]而在中国则二者依然混同。以朱熹作总代表的理学或道学不承认宇宙间各种事物有他们力所不能及，无从解释的地方。冯友兰之《中国哲学史》内十一至十三章，摘录以上诸人语录一百九十八则，每则都出于肯定的口气，似乎人类应有的知识，都在他们确切掌握之中。这种态度无疑的已受当日皇权万能的影响，即此一点已与科学精神背驰。如是理学家或道学家所谈及的很多事物

（抽象之事与具体之物混为一谈），只能美术化的彼此印证，不能用数目字证明。其结果则有如李约瑟之所说，朱熹在没有产生一个牛顿型的宇宙观之前，先已产生了一个爱因斯坦型的宇宙观。

[在这里我们可以推广 Francis Bacon 所说，认为现代科学实为不断的怀疑（persistent disbelief）之成果。]

中国的第二帝国（隋唐宋）表现一种开放性格，第三帝国（明清）表现一种收敛性，同时文化的风尚，已开始内向。其实后者思想上的根据，已在理学或道学肇始。

周敦颐曾在北宋神宗时代做中下级地方官，与吕公著、赵抃接近，又受他们推荐。二程兄弟都曾任朝列，程颢与王安石口头冲突而被逐。程颐与苏轼不合而被流窜，死后被夺官。张载也先得罪王安石，后又与有司议礼不合以疾归。朱熹之不见容于南宋朝廷，已如上述。即与他同时的陆九渊（时人不以为他是道学家，在《宋史》里他的传记独载于"儒林传"），也被给事中所劾。骤看起来，他们的思想应当在政治上代表一种在野派（opposition party）的倾向，可能掀动一段新思潮。可是实际正因为赵宋在政治经济与法制之间找不到一个具体的方案，打开出路，这些思想界的领导人物才反而求诸己，希望增强道德。如他们之所谓主静、主敬、慎独，以及上述"一念之顷，必谨而察之"，都不外传统"克己复礼"的方式，首先则内向，次之则以他们注释的经典为万能，于是造成一种正统的风气。即朱子之道学问，仍不外以外界的事物，"证明"他自己过去诵习诗书的信念，并无追求真理之决心，与陆九渊所谓"六经注我，我注六经"并无实质上的区别。他们虽崇奉孔孟，但是孔孟，尤其是孔子注重身体力行，并没有将他们的言行造成一种思想上的系统，认为这是一切真理的渊薮等情事。

周程朱张的学术思想，长于纪律，短于创造性，因其目的则是韩愈所提倡的"卫道"，所以不能不取防势。张载所说"吾道自足，何事旁求"已经表示其保守性格，程颢所害怕的也是"正路之榛芜，圣门之蔽塞"，仍表示其不能采取主动。所以他们虽构成思想上的一大罗网，其中却缺乏新门径和新线索，可以供后人发扬。朱熹集诸家之大成，他将人欲讲成与天理相对的一个负因素，最值得注意。严格言之，则是人类的欲求（desire 或 craving）与自然法规（Natural Law）是对立的。（他自己也知道这一点有毛病，所以他对"食色性也"一段添注："[可学谓甘食悦色固非性，而全其'天则'，则食色固天理之自然。] 此说亦是。但告子却不知有所谓'天则'，但见其能甘食悦色，即谓之性耳。"这种解释牵强犹疑，已与他以上作说对立的观念相冲突。）我们姑不论其正确与否，将人欲与天理对立，即表现意识形态之粗线条，也还是揭橥着至善与极恶、君子与小人的分野。如此也难怪当日法制不能展开。朱熹做地方官，就执行"人子不蓄私财"的原则；这也难怪程颐于 1086 年差判登闻鼓院，辞不就。他的理由是："人谈道德出领诉讼，非用人之体。"于此已不经意的表示任司法官较讲学的为卑下，而两者也有互相冲突的可能。

我们不能认为周程朱张应对宋朝的覆亡负责；他们的思想狭义的强调君子与小人之分，抹杀个人的私利观，却替以后专制皇权加强统制的基础，其影响所及，达几百年。今日中国之民法未尽展开，仍有以道德观念代替法律的趋向，也不能与宋儒无关。

　　　　原载《九州学刊》2：3（1988.4），页129—138

.

倪元璐：新儒家官僚的"现实主义"

作为晚明的一位学者官僚，倪元璐从来就没有被视为一位伟大的政治家。他在明代朝廷的任职，主要是一些常规的学术性职务。到1643年，他才被任命为户部尚书。然而，此时的明朝国事糜烂，无可救药。作为皇帝的首席财政管理者，倪元璐曾经向崇祯皇帝提出过一系列的改革方案。但是，这些方案来得太晚了，已经不可能扭转明王朝的衰落。在倪元璐升任户部尚书后不到一年，北京城落入农民起义军领袖李自成之手。儒家原本强调忠臣不事二主，倪元璐恪守这一信念，自缢殉节。

尽管关于倪元璐的记录无非是挫折和失败，但他的作品却值得今天的历史学家们关注。在他写给皇帝的奏疏中，包含着大量关于明代末年财政管理的颇有价值的信息。保存在《倪文正公全

集》内的奏疏之中，有 39 道是倪元璐任户部尚书期间所上。① 它
们让我们看到了一位高级官僚在他那个时代令人绝望的问题中不
断挣扎的心灵。据经典书目提要《四库全书总目》说，倪元璐
"尤留心于经济，故其擘画设施、钩考兵食，皆可见诸施行，非
经生空谈浮议者可比"。②《倪文正公全集》中的其他文章，则阐
发了倪元璐的哲学观点。此外，倪元璐在 1640 年还刊行了两部与
《易》有关的注疏。形而上学的思考与切于实际的讨论相结合，
给我们提供了一个晚明哲学与社会经济思想相互影响的少见的
例证。

倪元璐生于 1594 年，浙江上虞县人。他的家族可以追溯至宋
代北方的倪氏。倪氏在 12 世纪跟随宋廷南迁，来到浙江。宋元
明时期，倪氏的祖先担任过各种官职。从倪元璐自己的描述中，
我们可以看到，多少年来他的家族一直是很富裕的。③

父亲倪冻的生活及仕宦经历，在许多方面影响了倪元璐的未
来。1574 年，倪冻通过科举考试，中了进士。作为一名新科进
士，倪冻很仰慕邹元标，即后来的东林党领袖。1577 年，邹元标
因为冒犯威权赫赫的大学士张居正而被廷杖、戍边。在邹元标前
往戍所的途中，倪冻礼节性地拜访邹元标，并且设宴款待。因
此，倪冻也就不可避免地使自己成为令人生畏的张居正所不欢迎
的人。此后，倪冻和邹元标彼此视对方为"患难之交"。张居正

---

① 倪元璐：《倪文正公全集》（1772 年），奏疏，卷一至卷一二。
② 《四库全书总目提要》（1930 年），卷一七二，页 16。
③ 倪元璐：《倪文正公全集》，文，卷一三，页 1；倪会鼎：《倪文贞公年
谱》（粤雅堂丛书本），卷一，页 1。

死后，他们两人同时在南京为官，友谊进一步增强。

青年时期的倪元璐；同样知道崇拜和尊敬他父亲心目中的英雄。1615年倪冻去世时，倪元璐一路来到河南，以便确保能请邹元标为父亲撰写一份墓志铭。倪元璐后来说，他的父亲的思想一直受邹元标的影响。① 然而，事实表明，邹元标对倪元璐本人的影响更大。18世纪编辑过倪元璐文集的蒋士铨评论说："公生平学问，师邹元标而友刘宗周、黄道周。"② 在这些人中，看来刘宗周对倪元璐的影响是最大的，虽然翻阅他们的作品，我们没发现彼此间有通信往来。对此，有一种解释：他们两人在同一年被朝廷罢黜，又同一年被召回北京；在被禁锢的岁月里，两人都住在家乡浙江，因而个人接触取代了通信往来。

毫无疑问，倪元璐从父亲那里学到了很多行政管理知识。然而，我们无法获知，倪元璐是得到过父亲的耳提面命，还是通过钻研父亲留下的文章来学习的。在那篇刻在他父亲墓碑上的精雕细琢的铭文中，倪元璐举出了其父在任知县、知府期间所施行的仁政，并且详细描述了倪冻如何处理钱粮、刑名诸事。倪元璐早期仕途中实际行政经验的缺失，大概多少可以从他向父亲的事例的学习中得到弥补。无论如何，倪冻在南京兵部任上发起的改革，在倪元璐的记忆里留下了强烈的印象。

倪冻在1586年曾负责南京兵部车驾司，辖有一支拥有864艘

---

① 倪元璐：《倪文正公全集》，文，卷一三，页3—4、19；关于邹元标与张居正的冲突，参见贺凯（Charles O. Hucker）：《晚明的东林运动》，载费正清主编《中国的思想与制度》（芝加哥，1957年），页140。
② 蒋士铨：《倪文贞公本传》，《倪文正公全集》，页7。

运船的船队。这些船最初是用来为军队运输马匹和重型设备，但最终却只是用来向北京皇宫运送供应物资。操纵这些船只的工作人员，是从南京附近 60000 个世袭军户中挑选出来的。在 16 世纪后期，大部分军户都处于饥饿的边缘，然而他们仍然不得不负担军役。这便是明代军户制度的状况。更要命的是，王朝早期曾要求军士自己出钱来修缮装备，而这样的管理措施仍在施行。结果，每次运船大修、改装需要经费之时，就有一些漕卒不得不抛弃家庭逃跑，还有一些漕卒则不得不卖妻以偿。自杀也是很常见的事情。面对这样一种令人痛苦的状况，倪冻倡议推行缩减的改革计划。三年内，他将船只的数量减少到 500 艘。多余的资金则确保追加为造船厂的维护费。漕卒通过招募而来，而不再是征兵而来。漕卒们的薪水有所增加。整个航运队伍的效率也得到了提高。① 正如我们将看到的，父亲倪冻的改革，给倪元璐留下了很深的印象，以至于在他成为户部尚书后，曾经想要将这一改革推广到全国。

对于年轻的倪元璐来说，通过科举考试并非轻而易举。他虽然在 16 岁的时候乡试中举，但是，接下来他三次到北京参加会试都失败了。当他在 1622 年最终跨越这道门槛的时候，他已然是 29 岁的成年人了。

选入翰林院作为庶吉士，倪元璐有望培养成为朝廷重臣。他接下来先后成为翰林院编修、经筵展书官、纂修记注（这个官职

---

① 倪元璐：《倪文正公全集》，文，卷一三，页 6—8；《倪文贞公年谱》，卷一，页 1。

的职责之一，就是在翰林院高级官员们给皇帝讲经史时适当帮助一下）、殿试掌卷官，并且在1627年出典江西乡试。那些年，他眼看着宦官魏忠贤的权力上升，看到魏忠贤以血腥的迫害对付东林人士及其同党。然而，在那些年里，倪元璐一直保持着沉默。①

　　1628年，崇祯帝接替了他短命的哥哥的皇位。这是一个转折点。魏忠贤自杀。魏忠贤的"智囊"崔呈秀也跟着自杀了。新君主最初也许不打算作更深入的调查，以免对事件的追查会使曾经困扰整个朝廷的党争再度兴起。然而，魏忠贤的一个早期支持者，出于投机的心理，建议清除东林党和反东林的政治集团，以解决所有事情。倪元璐起而为东林党辩护。显然，他的奏疏使崇祯皇帝对这一问题有了新的想法。反东林的前阉党被彻底清算；被锢的东林人士被重新召回；已死的东林人士身后恢复所有名誉。魏忠贤命人编撰的关于近期事情的"历史"——《三朝要典》——被禁，书版被毁。同时，倪元璐升任为翰林院侍读。崇祯皇帝恤赠东林死难人士的许多制词，就是由倪元璐起草。《万历实录》的编纂者在对这些事件的编年排比时也多采信倪元璐。实际上，许多历史学家认为倪元璐为东林党的辩护是他对明朝廷

---

① 乔治·肯尼迪（George A. Kennedy）关于倪元璐的论文说："1627年出典江西乡试时，倪元璐冒犯了魏忠贤的阉党。该年年底，魏忠贤垮台，倪元璐遂得以逃脱惩罚。"载恒慕义（Authur W. Hummel）主编《清代名人传（1664—1912）》（华盛顿特区，1943—1944年），页587。本文还提到倪元璐在乡试中所出的一道暗讽魏忠贤的策问。谈及这一事件时，倪元璐的儿子只是说："人为咋舌。"我们没有找到任何倪元璐被迫害的证据。作为他父亲的辩护者，倪会鼎还提到："身在修业之列，抑未敢言。"参见《倪文贞公年谱》，卷一，页8—9。

所做的最值得赞扬的贡献。①

1629 年，倪元璐改任南京国子监司业。次年，他回到北京。再次成为翰林院编修的倪元璐，同时有多个虚衔，并且能够接近皇帝。崇祯皇帝赐宴，也会让倪元璐参加。1633 年，他被任命为日讲官，为皇帝讲授经史。他不时地就国家时事上疏皇帝，讨论官吏选用、财政政策和军事问题。其中一些建议为皇帝接纳，一些建议则遭到拒绝。但是，倪元璐至少有一项请求，尽管最初被内阁拒绝，却被皇帝诚恳地接纳。崇祯皇帝本人推翻了阁臣的票拟，并要求兵部官员按倪元璐的意见施行。② 按照明廷的惯例，在正常程序下，倪元璐应该会被任命为大学士——倪元璐对这一职位也并非没有兴趣。然而，这样的任命却从未来临！

多年以后，倪元璐的儿子倪会鼎编纂了父亲的年谱。在年谱中，倪会鼎认为父亲之所以没有被提拔到大学士的高位，都是因为温体仁的嫉恨。温体仁在 1630 年到 1638 年主持着崇祯朝的朝政。③ 然而，我们必须记住，崇祯帝生性极端多疑。终其一生，他对身边的人的忧疑集中于两点：收取贿赂及党争再起。倪元璐

---

① 倪元璐：《倪文正公全集》，奏疏，卷一，页 1—14；《倪文贞公年谱》，卷一，页 9—18；《明实录》（1940 年影印本），崇祯，卷一，页 1—2、7；《明史》，卷二六五，页 3—8；谢国桢：《明清之际党社运动考》（上海，1935 年第二版），页 72—73。例如，《明史》卷二六五中，倪元璐的传记为 2763 字，其中 1682 个字是从倪元璐捍卫东林党的三道奏疏中摘引出来的。参见乔治·肯尼迪关于倪元璐的传记。

② 《倪文贞公年谱》，卷二，页 5—6。

③ 《倪文贞公年谱》，卷二，页 3、6；卷三，页 1；谢国桢《明清之际党社运动考》，页 78—83。

的廉洁是确定无疑的；然而，且不论他那封支持东林党人的奏疏，他和邹元标、文震孟、姚希孟、刘宗周、黄道周等人的紧密联系，也表明倪元璐明显是东林党的一员！[1] 尽管崇祯皇帝即位后曾命令将东林党人尽数复职，但他对于朝中党争的疑惧却一直未变。因此，我们可以理解为什么崇祯皇帝能给予倪元璐作为一个学者官僚所能获得的极高荣誉，但对是否将倪元璐安置在拥有重权的职位上却犹疑不决！事实上，倪元璐的政敌温体仁之所以能升上权力顶峰，主要是因为他伪装成"无党"的姿态。[2]

按照今天的标准，倪元璐也许可以说是挑剔而好斗的。但是，相比其他朝臣，倪元璐在这一方面大为逊色。当他与温体仁的冲突到了难以容忍的程度时，倪元璐请求致仕。在 1633 和 1634 年，他曾 7 次上疏求退。但是，崇祯皇帝没有批准他离去。1635 年，他不再上疏。他"明升暗降"成了国子监祭酒。一年之后，他遭到一项奇特的指控。

根据 18 世纪蒋士铨所撰的"本传"，倪元璐之前曾娶了一位陈姓女子为妻。倪元璐指责她对自己的母亲不敬，就把她休了。休妻的做法，在 17 世纪是合法的，其效力跟依法离婚是同等的。之后，倪元璐娶了一位王姓女子为妻。温体仁的一名党羽故意曲解倪元璐的行为，试图狡辩说倪元璐的正妻是陈氏，而王氏不过是妾而已。因此，他说倪元璐让王氏作为正妻接受朝廷诰命的做法是违法行为。无论是否属实，这项指控不仅给倪元璐带来了污

---

① 《倪文正公全集》，诗，卷六，页 5；蒋士铨：《倪文贞公本传》，页 7。
② 《明史》，卷三〇八，页 29；谢国桢《明清之际党社运动考》，页 79。

点，还使倪元璐被罢官超过 5 年之久。①

朝廷政局，最终在 1642 年发生转向。周延儒——另一位温体仁的政敌——入京掌控权力，并向皇帝建议起用废籍诸臣。被起用的大部分人都属于前东林党，包括倪元璐在内。② 此时，从淮安到北京的路途不再能安全通行，满洲骑兵经常长途奔袭明帝国关内地区。倪元璐在家乡招募了"敢死数百人"，并最终率三百骑兵于 1643 年年初冲入孤城北京。③ 他被任命为兵部右侍郎——这是他获得的第一个行政性职位。除此以外，他还被命充日讲，继续为皇帝讲经。这一年夏天，倪元璐被提升为户部尚书，数辞不允；日讲如故。身负重大职责的倪元璐，不得不经常工作至深夜。④

倪元璐的勤奋和奉献，却没能使他在王朝最后的日子里保有尚书之职。在 1644 年年初，另外一位大学士对皇帝说，倪元璐是个"书生"，"不习钱谷"。优柔寡断的崇祯帝命令解除倪元璐户部尚书之职责，专供讲职。然而，倪元璐仍需要视部事，等候接管者。在由一位侍郎接管户部事务之前，中间似乎又过了两个多

---

① 《明史》，卷二六五，页 8；《倪文贞公年谱》，卷三，页 1；蒋士铨：《倪文贞公本传》，页 3。谢国桢：《明清之际党社运动考》，页 83。然而，《明实录》"崇祯"卷九页 8 却说倪元璐是辞职的。

② 《明史》，卷三〇八，页 25；谢国桢《明清之际党社运动考》，页 87。

③ 《倪文贞公年谱》，卷四，页 1—3；关于满洲军队在长城内的部署，见《明实录》"崇祯"，卷一五，页 17。

④ 《倪文贞公年谱》，卷四，页 3、9；参见乔治·肯尼迪关于倪元璐的传记，页 587。

月。① 在接下来的三周之内，崇祯皇帝与尚书倪元璐，都自杀身亡。

从现代的观点来看，倪元璐推行的财政及其他政策，绝对无法视作是激进的改革。那些政策，只不过是对过时制度的零碎修补而已。然而，如果能得到充分的推行和实施，倪元璐的一些政策也是可以产生深远的效果。这些政策的意义，必须放在明朝政府的传统及旧习之下才能加以评价。从洪武皇帝建立明朝以来，就几乎不允许对政府制度加以改变和调整。实际上，每一道由开国皇帝颁布的谕令都应遵守。在他的继承者们统治时期，更多的洪武朝谕令被当作惯例和操作规程。所有这些谕令在后来的时代都被忠实地履行。用贺凯先生的话说，这些谕令仿佛就是"一种王朝的宪法"。② 有时候，仅仅建议对既有秩序进行调整，都可能被视为异端，并招来严厉的惩罚。而且，在明朝的专制体制下，所有权力都控制在皇帝的手中。户部尚书所承担的，不过是建议者或秘书的职责，几乎没有决策的自主性。

然而，被任命为户部尚书后，倪元璐在三点原则上得到崇祯帝的认可：第一，财政管理必须是务实的，而不是仅仅纸上谈兵；第二，财政管理要体现公平；第三，财政管理必须集中在重大问题上。得到崇祯皇帝的同意之后，倪元璐把这三条原则写了下来，把它们挂在堂上。他甚至将户部尚书的办公场所称为"三

---

① 《倪文贞公年谱》，卷四，页 19、21；《明史》，卷二六五，页 9。
② 贺凯：《明代传统国家》，（亚利桑那州特斯康，1961 年），页 78。

做堂"。① 显然，倪元璐将这些原则视为他与皇帝之间的协议，而这样的一种态度在明朝历史上之前从未有过。

在他的办公室，他任命了一位司务。之前，户部尚书要料理所有的细务。例如，崇祯朝初期的户部尚书毕自严，据其传记作者说，要亲自撰写报告，每天要写几千字。② 李汝华，万历朝最后一位户部尚书，则一直忙碌于那些原本应该由部下处理的事情。③ 倪元璐认为，作为主要财政管理者的户部尚书，不应该让日常事务耗费精神。在深思熟虑之后，他将司务一职授予一位聪慧但却完全不为人所知的生员。这名生员叫蒋臣。在司务底下，设有从户部职员中选出的五名助手。他们共同组成一个内部控制的小组。④

倪元璐很急切地想为帝国的财政管理设定一个地理上的基地。他清楚，帝国的经济中心位于南方，离政治中心太远。早在任兵部侍郎时，他就曾预想过此基地位于长江下游流域。他在给皇帝的奏疏中说：

> 今西北不竞，而东南仍为财赋之地，宜以九江为中权，武昌为前茅，淮、扬为后劲，特命才望大臣一员专镇其地，无事时抚商通货，事急时与南北形势相呼应。

——————————

① 《倪文贞公年谱》，卷四，页4；《倪文正公全集》，奏疏，卷七，页2。
② 蒋平阶：《毕少保公传》（1672年），页26。
③ 鹿善继：《认真草》（丛书集成本），卷六。
④ 《倪文贞公年谱》，卷四，页8—9。

然而，到倪元璐成为户部尚书时，局面已发生了很大改变。为此，他又提出，财政运作的基地可以远设于福建：

> 广东、福建、浙江及南直隶应合为一区；……四省之中，福建为中权，且福建水师方盛，甲于诸州，请改闽抚为督，通辖四省一处。①

在提出这些建议时，倪元璐似乎预见了后来忠于明室的遗民们在南方的抵抗运动。实际上，南明人士正是利用这些基地，来对抗入侵的满洲人。值得注意的还有，倪元璐的战略思维涉及贸易、商业、财税资源、人口中心等等。

在接手户部尚书一职后，摆在倪元璐面前的主要任务是保证充足的军需供应。他从彻底的清饷开始。迄至当时，财政体制一直混乱不堪，以至于许多军队将领在向兵部汇报军队人数时是一套数字，向户部汇报时却是另一套数字。从田赋以外加征的几项赋税所获得的税收，被称作"辽饷"、"剿饷"及"练饷"。每个部门在征收时都自有一套征收程序，且难以合并。在得到崇祯帝的同意后，倪元璐提出了一套综合征收程序。在 1643 年农历八月，倪元璐成功地制定了次年的军事预算：预计收入将低于 1600 万两白银，而开支将超过 2100 万两。倪元璐建议通过增加售盐、

---

① 《倪文正公全集》，奏疏，卷六，页 2；《倪文贞公年谱》，卷四，页 17、27。（译者按：此处脚注有误。查《倪文正公全集》及《倪文贞公年谱》，相关文字散见各篇，原不相连，且不仅出于奏疏卷六。）

折银赎罪、出卖官阶等法以弥补其间不足。他还敦促崇祯皇帝提升那些负责各边粮储官员的地位，使各边粮储官员同时对兵部和户部负责。倪元璐希望，通过户部、兵部的紧密联系，军俸、军需最终能按照军队的实际人数发放，而不是按纸面上的人数发放。实现这个目标，也许要花费两年的时间。然而，仅仅倪元璐在户部尚书任上的 9 个月中，有两个军队将领将他们浮夸的军队人数总共减少了 1300000 人。①

　　另一方面，倪元璐主张授权。他认为，应该给予各省抚按充分的行动自主权，而不是总被御史或太监们掣肘。他说："今之巡抚，比于古大国之诸侯。……抚按不能为，谁能为？抚按不足赖，又谁足赖乎？"② 他曾一度试图劝说崇祯皇帝允许军事将领们在各自防区内自主制置军饷，给予他们包括铸币、征收内陆关税、屯田、控制盐税在内的权力，并且可以视其便宜从事其他生财之策。③

　　像他的朋友刘宗周一样，倪元璐早年曾经请求减轻赋税。1635 年，他向崇祯皇帝请求宽免之前两年内拖欠的赋税。④ 但是，在成为户部尚书之后，他不复再有类似的请求了。他也不想大规模改变既有的田赋结构。只有一个问题，他自始至终是一贯的。他强烈建议，宫中采办南方诸省的实物（如丝绵、漆器、

---

　　① 《倪文贞公年谱》，卷四，页 5。编者按：此处指宣府与宁远两地所汰兵员数，分别为 60 余万和 70 余万。
　　② 《倪文正公全集》，奏疏，卷七，页 12。
　　③ 《倪文正公全集》，奏疏，卷六，页 2。
　　④ 《倪文贞公年谱》，卷二，页 9。

蜡、茶、金属等等）征收，应改为折银征收。根据当时的资料说，那些物品每年的定额总计折银 500 万两。① 1635 年，倪元璐曾说宫中采办折银毫无效果。1643 年，作为户部尚书的他旧事重提。而且这一次他的折银物品名录中还包括军事物资，如弓、箭。倪元璐的建议遭到负责采办的宦官们的反对。最终，他所建议的 58 种折银物品中，只有 8 种折银征收。②

迄至当时，每年有大约 250 万石米从运河运到北京。西方学者习称之为"漕粮"，其运输是由特定的漕军来完成的。他们的船只沿河道全年往返一次。每一石谷物运输到北京，纳税者最终要付出两石多的粮食。倪元璐对这种缓慢而昂贵的漕运制度很不满意，一度想过要完全废除这种运作方式。他认为，如果把南方的赋税增加到原有税额的两倍，那么纳税者的负担实际上可以减轻，而税收亦足以让政府在北京购买粮食。然而，考虑到某种原因，倪元璐没有将此付诸行动。这个原因是：运河的运作虽然效率不高，但对平抑北部中国的粮食价格作用很大，运河的骤然停运可能干扰粮食市场。1643 年夏季，他想了一个替代之法：用位于淮安的政府盐场所产的盐来交换粮食，从而把供应政府机构的运河运输之路程缩短了至少 1/3。③ 循着以沿海运输取代漕运的观点，也有不少的探索。由海路将粮食运往北部中国，曾于明初

① 孙承泽：《春明梦余录》（古香斋袖珍本），卷三五，页 21。冯琦在大约 1600 年的作品曾称那些物品的总计折价在 400 万两，参见《冯宗伯集》（1607 年），卷五一，页 34。

② 《倪文贞公年谱》，卷四，页 8。

③ 《倪文贞公年谱》，卷四，页 20。

洪武、永乐年间施行，但在 1415 年大运河开通后便废止了。15、16 世纪，包括丘濬、梁梦龙、王宗沐在内的几位官员，都曾经倡议恢复海运，但没有成功。此时，恢复海运是不容易的，因为无论是时间还是国家的财政资源，都不足以支撑这样的工程。然而，倪元璐还是曾跟著名的海运专家沈廷扬有过私人接触。沈廷扬带着 6 条船，沿着海岸线做过一次试验，用了一个月多一点的时间到达北部中国。倪元璐以此次成功的航行劝说皇帝大规模推行海运。按照计划，次年将会有一半的漕粮由海路运往北京。[①]然而，还没等到那个时候，明王朝就垮台了。

拓宽国家财路的努力，被证明是最为艰难的。倪元璐曾经抱怨说："生财大道，远或数十年，近亦数年，既不足以救眉急……其间有必恃资本以行。"[②] 由于时间紧迫而资本无处可寻，倪元璐不得不诉诸一些简易措施，如折银赎罪及出卖官阶。但是，他同时极力建议说，为财政着想，与海外诸国的贸易应该合法化。他估计，仅福建一地每年的关税收入就超过一万两。[③] 该建议看来没有得到崇祯皇帝的积极回应。倪元璐还建议说，世袭军户制度应当废除。明代的军户制度，到明朝末期已经退化得不可辨识了，然而世袭军户却仍然要遵守一系列苛刻的限制。像南京由漕卒个人供应船只等问题（见前文），就说明了军户的艰难处境。尽管如今作为户部尚书的倪元璐完全是基于国家利益来讨

① 孙承泽：《春明梦余录》，卷三七，页 29。
② 《倪文正公全集》，奏疏，卷九，页 1。
③ 《倪文正公全集》，奏疏，卷九，页 6。

论此事，但一点也不用怀疑，他废除军户制度的打算，至少部分是他父亲在 58 年前所作的改革的延续。正如倪元璐所说，当军户中的某位成员应征服役，他和他的直系家庭必须在指定的屯区定居。根据惯例，大约 10 年到 20 年后，这位军户成员可以允许回乡归宗，但走前却要从他那里勒取几百两银子，声称这是用以更换他原有的军事装备。倪元璐估计，到 1644 年，全国大约有 170 万户被列入世袭军户。他的方案的基础是，缴纳一定费用以换取人身解放。在付出 100 两银子后，每户的服役义务将被永远解除。他说，通过这样的方法，"千万可立致"。① 这道奏疏只是提出一个大概的、初步的建议，没有提到将来军事屯区如何处置。无论如何，这项建议只是换回了皇帝的呵责。崇祯皇帝的谕旨说，军户制度是"祖制"之一，废除军户的想法是绝对不允许的。

政府发行宝钞，同样是倪元璐筹集资金计划的一部分。最初，倪元璐向崇祯皇帝提出发行宝钞的相关策略，并且说为了保证宝钞的流通，还需要铸造更多的铜币，而铸造铜币则需要资本。然而，在当时服务于明代宫廷的耶稣会士、天文学家汤若望劝说崇祯皇帝恢复政府开矿的时候，倪元璐却站出来表示反对。倪元璐的意见是：恢复开矿将会破坏民宅、掘毁坟墓，不可避免地将"动伤地脉"。② 崇祯皇帝没有理会倪元璐的抗议。在这件事情上，皇帝比他的劝告者表现得更为现实，并认为他们反对汤

---

① 《倪文正公全集》，奏疏，卷一一，页 6—7；《倪文贞公年谱》，卷四，页 22。
② 《倪文贞公年谱》，卷四，页 17。

若望的动机颇为可疑。许多儒家官僚很愤恨汤若望，例如刘宗周就曾经主张不召用汤若望。①

由于朝廷仍然无法筹集到足够的铜，崇祯皇帝提议将全国的铜收归国有。他以中旨发布命令，要求全国的铜器，除兵器、铜镜、古董、铜锁、乐器以及用于祭祀的铃、铙钹外，必须在三个月内交到朝廷的铸币厂。很明显，这样一道圣旨，实际上是不可能执行的。倪元璐提出了一个相反的提案。倪元璐说，拥有铜器根本不能算犯法，朝廷只要禁止铸造新的铜器就可以了。他进而向崇祯皇帝建议，在允许犯人以钱赎罪时，赎款的一半应以铜来缴纳。他的逻辑是，这样的一项政策会急剧地提高人们对铜的需求，从而人为地提高铜价。如果铜变得非常昂贵，人们就会自动地不再使用它们。他充满希望地预言："不出一年，天下之铜悉归官冶。"② 对于这项建议，皇帝表示赞成。

然而，货币政策的讨论，进一步扩大了皇帝和他的户部尚书之间的分歧。崇祯皇帝打算立即印制新的宝钞作为法定货币。倪元璐却认为，要使宝钞流通，并不能仅仅依靠一道圣旨的推动，而首先要建立公众对于宝钞的信心。之前明朝政府发行的宝钞之所以失败，就是因为它没有任何准备金，根本无法自由兑换。所以，无论朝廷的命令多么严厉，宝钞仍然迅速贬值。由于新发行的宝钞跟过往的旧宝钞一样，也是没有准备金的，倪元璐向崇祯皇帝建议说：谨慎起见，应该先以钞当税，以钞赎罪，同时在目

---

① 《明史》，卷二五五，页 11。
② 《倪文正公全集》，奏疏，卷九，页 11；《倪文贞公年谱》，卷四，页 15。

前不要干扰私人流通领域；以铜币和白银兑换宝钞，应该是基于自愿，而不是强制。然而，躁刻的崇祯皇帝拒绝了倪元璐的建议，并命令北京所有的商人承诺支持即将发行的宝钞，而且显然为此还承诺给商人们一点点折扣。我们不太清楚后来都发生了什么。然而，倪会鼎对公众的反应作了下述描绘：京商"急且卷箧去，钞法卒格不行"。①

政府发行的宝钞，是以特殊的桑皮纸印制的。据估计，印制宝钞大约需要 250 万磅的桑穰。崇祯皇帝派了几个宠信的宦官前往山东、南直隶和浙江采办这些物资。此外，政府还要求 3000 名造纸工人和钞匠前往北京，以备造钞之用。消息传出，谣言四起。一些农民认为，他们的桑树在养蚕时节到来之前就会被毁叶剥皮。由于害怕此类谣言扰乱人心，激起民变，倪元璐向皇帝请求召回前去采办的宦官。崇祯皇帝很不情愿地将宦官撤回。于是，整个发行纸币的计划也就此中止。② 这一插曲，从此也成了一个有争议性的历史瞬间。撰写过倪元璐墓志铭的黄道周认为，倪元璐因为没有全力支持崇祯皇帝的宝钞政策，才被解除了户部尚书一职。③ 但是，17 世纪最杰出的学者顾炎武却在一篇文章中抱怨说，坚持要发行毫无价值的宝钞的人正是倪元璐。④

倪元璐主持的其他改革，目标是力救时弊。按照倪元璐的观

---

① 《倪文贞公年谱》，卷四，页 23。

② 《倪文贞公年谱》，卷四，页 24。（译者按：桑穰，《年谱》作 200 万斤。）

③ 黄道周：《墓志铭》，《倪文正公全集》附录，页 4。

④ 顾炎武：《日知录》（万有文库本），第四册，页 103。

点，那些与各种政府机构有着密切联系的税吏，如果不能废除，他们自己也应该纳税。这些实际上类似于粮长的税吏，其出现是晚明的一种独特现象。他们要么是没有任何官方身份的城市居民，要么是一些拥有虚衔而俸禄或有或无的人。无论哪种情况，他们是用钱买来了税吏的职位，从而有权对各地征税者递送来的赋税进行检查。户部发现，在较大的省份里，税吏的人数达一二千人；甚至，各位受差遣的御史底下的承差吏胥，多者达千余人。吏胥的价码，从三五十两到一二百两白银不等。倪元璐反问说："既不能绝，又不征之，何以服彼农商乎？"①

倪元璐反对官僚体制滥用职权的运动，是有利于商人的。但是，倪元璐对商人的总体态度仍然是不明确的。倪元璐曾经写道："昔者先王恶民逐末，所以征商。"② 这似乎再一次证明倪元璐也有儒家士大夫对商业的偏见。但是，跟这句话相联系的是，倪元璐观察到税吏比商人更可恶。在别的场合，倪元璐不但以更轻松友好的态度谈论商人，而且他本人显然也很关心商人的福利。他虽然很忙碌，但却花时间跟 10 个铺商进行交谈。问询过后，他向皇帝汇报，谈及政府滥用职权在多大程度上伤害到商业："每失报一纱一裙，通罚全单。……凡一单所开货物，多至二三千件，数十商之所共也。"然后，他请求皇帝颁行谕令，禁止对商贾进行此类处罚。在结论中，倪元璐说："使商贾通，道

① 《倪文正公全集》，奏疏，卷九，页 5。
② 《倪文正公全集》，奏疏，卷九，页 5。

路无怨，富强之事犹可为也。"① 还有，正如我们谈论倪元璐关于构建帝国的财赋基地的构想时所见，倪元璐强调"通商"应该是地方督抚的主要职责之一。倪元璐关于商人能够为社会提供有用的服务的观点，在 1635 年他写给户部的一封信中表述得更为清晰。其时，倪元璐担任着皇帝的日讲官。在辩称采办宫廷用品优于按类从纳税者处征集时，倪元璐说前一种运作方式的优点是："四方商贾占望缓急，京师所需物必辐辏。……官自为市，国帑之财时与民间流通，京师亦有润色。"②

对于倪元璐来说，国家财政有时也要遵循着与私营企业相同的原则，如"资本"、"投资"、"利"等等。我们已然注意到他好几次那样说过。然而，整体来说，相比起官办的商业来说，倪元璐似乎更偏爱私营商业。在他写给崇祯皇帝的一份奏疏中，他请求由私人设立的社仓取代官办的社仓。他指出，此类官办机构从来就没有发挥什么作用，因为官办机构"仰资于官，又众各为政，又出贷责息，又不能制欺，又司其事者不食其利"。③ 早在 1642 年起复至京之前，倪元璐就曾在家乡组织过"赈米"的"公司"。这个"公司"是个合资企业，由 5 个家庭捐赠而设。所有的借贷每年收取 20% 的利息。然而，由于倪元璐突然被召入京，整个计划就被搁置了。④

---

① 《续文献通考》（1936 年），页 2938。
② 《倪文贞公年谱》，卷二，页 10。
③ 《倪文正公全集》，奏疏，卷六，页 5。
④ 《倪文贞公年谱》，卷三，页 13。（编者按：此社仓名翊富仓。）

倪元璐并不完全赞成那种认为人性自私的观点，但他的许多建议似乎都遵循着这样的前提。他劝崇祯皇帝说，应该允许军事将领们在各自防区内自主制置军饷。他认为，每个将领都需要豢养一批"家丁死士"，这些人愿与主将同死生，共命运，然而这些都是需要钱的。他说："指挥千人者，应有百人愿与同死生……此百人实非易养。隆餐丰犒，十倍寻常。"我们可以想象得到，倪元璐这样的结论，是基于他的个人经历，因为那时候他刚刚带着三百死士抵达北京。他还引述历史典故来证明自己的建议的正确性：在宋代，"凡将皆有黄金享士"。他还说："终宋一世，名将如云，职此之故。"① 这无异于是说，在军队中提升团队精神的最好方式就是满足战士们唯利是图的本性。

倪元璐政治思维的务实性，有时在他的个人作品中也有体现。他对张居正的评论，也许可以引以为证。张居正虽然曾经是自己父亲倪冻的政敌，然而，倪元璐却难以抑制对张居正的钦佩之情。他说：

> 自江陵之身，功过离辈。……故憍中足智，戴威震主者，过也。锤边辅吏，快赏决罚，陶铸天下，归于湛新者，功也。已堕其家矣，而功揭于国，虽加利铦，益以健爪，不可得铲焉。②

---

① 《倪文正公全集》，奏疏，卷六，页 2—3。
② 《倪文正公全集》，文集，卷一四，页 8。

在写给杨嗣昌的信中，倪元璐再一次提到张居正。这一次，他说：

> 自神庙中江陵相以健败，后之执政者阴擅其柄而阳避其名，于是乎以瞆眊为老成，以顽钝为谨慎，以阴柔为和平，以肉食素餐为镇定，一切疆事、朝事置之度外，而日与传灯护法之流弥缝补苴，以固其富贵。①

这两篇文字，体现了倪元璐经世的热情。早在1630年写给梅之焕的信中，倪元璐就曾经说过："大都天下之势，不患无议论而患无事功，不患无风节而患无经济。"②

综观他的生活历程，永不知足的事功追求，使倪元璐更像一个勤奋而机敏的学生，来了解时事。正如《四库全书总目》所指出的那样，倪元璐在实际问题上的个人知识之广博，是他同时代的人们所无法比拟的。他的财政建议，经常是以事实为依据。他曾建议宫廷采办折银，而为了支持自己的论点，举家乡的贡物为例。为了说明海外贸易的合法性，他则强调海禁根本没有什么实效，因为国内市场上正充斥着"非西洋不产"的象牙、犀角。③当谈及田赋之弊时，他不仅揭发了各种弊端，而且对纳税者被巧取豪夺的数量也有所估计。④

倪元璐把所有的实际知识都归入到"学"的范畴。在1632

---

① 《倪文正公全集》，书牍，卷一九，页1。
② 《倪文正公全集》，书牍，卷一八，页18。
③ 《倪文正公全集》，奏疏，卷九，页5；《倪文贞公年谱》，卷四，页13。
④ 《倪文正公全集》，奏疏，卷八，页6—7。

年写给黄道周的信中，他强调说："夫圣贤之道，体用一原，是故言性命者学也，言事功者何莫非学?"接着，他列举了他内心所见的学问科目，包括农田、水利、边防、钱赋等。他问黄道周说："若夫浚羲文之画，转濂溪之圈，撷拾礼乐，涂改诗书，曾足以尽学乎?"① 1635 年，时任国子监祭酒的倪元璐，在其课程中设有所谓"经济"之科，包括兵、农、水利、律、历。②

倪元璐的态度及行为，既不是革命性的，也没有惊人的原创性，但却与 17 世纪绝大部分的学者官僚不同。对于组织的理解、对于分权和授权的支持、对于供需规律的重视、对个人利益及利润驱动的认识，以及要求按照规律来管理经济，跟同时代的人相比，这些想法离我们更近。那么，我们是否可以进而将他称作是一个政治现实主义者、实用主义思想家、经验主义的社会学家，或者晚明时期"萌芽"的市民阶层资本主义的代言人? 在最后一点上，如果你接受中国大陆上几位社会经济史学家所提出的观点——东林党的成员与 17 世纪初期江南蔚然兴起的市民阶层有着紧密的联系，③ 那么，倪元璐跟东林党的密切联系会让你很容易把他想象成一个"新阶层"的政治发言人。

回答这类问题之前，我们必须将倪元璐的政治思想、经济思想置于新儒学的背景中去思考。这样做自然会有不少困难。首

① 《倪文正公全集》，书牍，卷一八，页 3—4。
② 《倪文贞公年谱》，卷二，页 16。
③ 参见费维恺（Albert Feuerwerker）《从"封建主义"到"资本主义"：最近中国大陆的历史写作》，《亚洲研究杂志》，18：1（1958 年 11 月），页 107—116。

先，在倪元璐的作品中，我们找不到倪元璐思想的系统阐述。即使是他的经济思想，倪元璐也从未系统阐述过。其次，倪元璐关于实际问题的看法大多数存在于他在做户部尚书时——也就是他的职业生涯末期——给皇帝上的奏疏之中，然而其哲学观点的精髓却不得不到他早期的作品中去寻找。倪元璐的文集最初出版于1642年，现在已收入到他的全集之中，其中许多文章没有注明具体时间。这些文章反映了这位儒家学者的多种多样的兴趣和需求。然而，作者从未想过要构建一个哲学体系。而且，倪元璐的思想渊源颇多，不能轻易地认定他属于某个学派或归属于某种传统。例如，他从不隐瞒自己对佛教的迷恋。1629年，他曾经用了一整天的时间从头至尾抄写了一部《金刚经》，并把抄本存放到一个寺庙中。① 1642年，为了应对家乡浙江的灾荒，他组织了"一命浮图会"。这项慈善事业以佛教词汇命名，反映了佛教的教旨。② 他的诗和画，则经常体现出道教的情趣。在军事政策方面的建议，清楚表明倪元璐受到过孙子以及《战国策》、《春秋》等经典著作的影响。所以，倪元璐的"新儒学"相对较为宽泛，不是狭义的"新儒学"。

然而，毫无疑义，作为思想家，倪元璐跟晚明的主流是合拍的。像许多同时代的人一样，他接受了王阳明的一元论，尽管稍

---

① 《倪文贞公年谱》，卷一，页20。
② 《倪文贞公年谱》，卷三，页8—9。

有调整。试图调和宋代理学和王阳明心学，是晚明时期的潮流。①按照倪元璐的传记作者所说，他是邹元标的弟子，而且跟黄道周、刘宗周有密切的关系。这一说法的意义是：它们表明倪元璐亦从属这一思潮。邹元标属于王阳明心学的江右学派。江右学派是相对笃实的一群学者，能够忠实地秉持阳明之教，而不像王门左派那样决裂。② 黄道周和刘宗周则都以朱子之学来阐释阳明之学，一直都在为朱子学和阳明学寻找传统伦理重建的共同基础。③

不过，倪元璐本人的思想发展，却不断表现出反宋学的倾向。在晚年，他曾激烈地抨击宋学。这在他对《易》的研究中清楚可见。1636年被朝廷罢黜后，他开始撰写两册有关《易》的研究之作，取名《儿易》。在序言中，他说：

> 汉人说《易》，舌本强撅，似儿彊解者。宋人剔梳求通，遂成学究。学究不如儿。儿彊解事；不如儿，不解事也。④

在这里，倪元璐表现了一个阳明学者对朱子学派沉闷的理学

---

① 倪德卫（David S. Nivison）《王阳明以来中国思想的"知"与"行"》，载芮沃寿（Arthur F. Wright）《中国思想研究》（芝加哥，1953年），页122；17世纪另外一位著名的思想家顾宪成，也主张调和朱子学与阳明学，参见卜恩礼（Heinrich Busch）《东林书院及其政治和哲学影响》，《华裔学志》第14期，页97—120。

② 《明儒学案》（万有文库本），第三册，页52。

③ 张君劢：《新儒学思想的发展》（纽约，1962年），第二册，页173—178；页251—254。

④ 倪元璐：《儿易内仪以》（丛书集成本，后来常被引称为内仪），页1。

的排斥。他认为，汉代的注疏家以及宋代的理学家们，都没有抓住《易》的要旨。他认为，《易》的要旨是每个人的内心都可以体认到的，是简单明显到连孩子们都能理解的。"儿"在这里成了一种象征，象征着纯粹而不矫揉造作的智慧，象征着对于现实没有成见的、本能的反应。对王阳明来说，对现实的那种反应，一直以来被视为真理以及本真伦理状态的体验。要看倪元璐对此是如何理解的，我们或许可以看一下他的一篇已经全部翻译成英文的序言：

> 三圣人之易，断于孔子。三圣人治体，孔子治用。治体握规，治用握矩。文周以前，人皆任质明，量取乎易者，概必君子。故贵以其圆神命易，使人知化。至于衰周，权智日出，苟使易，两在迁流，则大贤大奸共享易矣。大贤大奸共享易，即必有非易之易起而乱易者。孔子惧夫圆神败易，故尊典常，矩易使方，分设六十四者。卦执一德，循能责用，犹官畔然。故大象之曰：以者，言乎其用也。孔子用易，如丹制汞，使就财实。用豫治乐，豫尽，卦皆归乐。用革治历，革尽，卦皆归历。用师萃治兵，师萃尽，卦皆归兵。用噬贲丰旅治刑法，噬贲丰旅尽，卦皆归刑法。孔子之使易也，器之，易之，应之犹响也。观其周综卦德，博串象爻，疑有神灵，通乎梦见。此繇孔子制思微密诚察，而其词体要，执术驭蹊，断以数言，包囊全卦。譬叠一寸，钳摄千里。夫子之文章，其才大力多然也。我不敢知，曰：文周所谋，定由斯义，而自孔子用之，何必文周不为此谋乎？

是故学易者不可以不明大象。离象求易，即力竭而思不得尽矣。夫易者，千世学者之所聚争也。聚千世之材，争立一易，宁有正易乎？而又以抵程朱之蠡为有罪。今取诸仲尼之义，明不敢自用才，以庶几不谬于文周，而挟孔子令程朱，程朱俛首矣，是故其道得明而易行也！①

　　在这段文字中，倪元璐表面上称颂孔子及《易》，实际上却提出一个根本性的问题，即：在儒学传统之中，什么才是最终的权威？有没有确定无疑的、最终的对《易》的诠释？如果将既定的权威当作唯一标准的话，那么，孔子也将被视为僭越，因为他竟然敢对文王、周公所述加以增补。但是，对孔子之诠释的普遍接受表明，面对历史环境的变化，经典诠释的真实基础是高明的智慧，而非守旧不变。

　　此外，如果真是这样，人们也许不用再读孔子之后卷帙众多的注疏之作。孔子也许会被视作唯一可信的学习《易》的准则，而学习孔子的唯一可信的准则，则是推理和实践。因此，像孔子诠释《易》一样，倪元璐对孔子的诠释也绝不自以为是。

　　在《儿易》一书中，倪元璐基本上遵守了自己的诺言，述而不作，力求阐述孔子的本意。《儿易内仪以》中大量用以支撑自

---

　　①　这段文字载见《儿易内仪以》。本篇论文所用的版本，则载见于《倪文正公全集》，文集，卷六，页12—13。其英文翻译及部分特定词汇的罗马化，悉依李约瑟《中国科学技术史》（剑桥，1956年），第二册，页312—321。

己论点的历史事例，① 只有两处晚于孔子，其他全部是引自《尚书》、《诗》、《春秋》等书。《外仪》篇倒是有孔子以后的历史事例。但是，倪元璐所划分的这两种证据之间的区别，清楚地确定了两者的优先顺序。就孔子以后的历史事例来说，作为诠释经典的一个要素，它并非无关紧要；不过，它必须让位于作为基础的历史证据，以便判断何者才是理解孔子的所思所想。从这些方面来讲，倪元璐预见到了 17、18 世纪的思潮，即：回归孔子及其经典，而不再把孔子之后的哲学家当作真理源泉；强调使用史学，而不是理论思辨以及形而上学，作为一种手段来确定何者才是可信的孔子之教。

当这篇序言收入倪元璐初刊于 1772 年的全集之中时，影射说孔子似乎应该向文王和周公道歉的话被删除了。无疑，编辑者害怕这些话会因为不敬和大逆不道而招来谴责。然而，在晚明，类似的推论及怀疑论却并非没有前例。十六世纪末的李贽甚至更为大胆地质疑包括孔子在内的先贤们的神圣地位。②

传统《易》学研究中充斥着神秘象征主义和伪科学。这也是《儿易》一书所不能避免的（例如说苍天长宽合计 357000 里，即大约 136000 英里）。③ 而且，在每一段的最末，倪元璐

---

① 在《儿易内仪以》的数百个事例中，只是第 18 页提到吕后、武后和王安石，在第 58 页提及秦、汉、唐、宋。在《儿易外仪》中有更多的孔子以后的历史典故。然而，倪元璐援引这些事例，只是为了说明孔子本人或者他相信孔子本人的思想。

② 容肇祖：《李贽年谱》（北京，1957 年），页 8、35、61。

③ 《儿易外仪》，页 94。

都会转而诉诸正直的生活以及健全的政府。同样值得注意的是，倪元璐在序言中列举几种可以得到应用的卦，分别指向乐、历、兵、刑——而这正是用来管理传统中国的国家机器。在他的作品中，倪元璐还提出"效用"、"功能"、"切实"，把它们当作真理的标准。的确，倪元璐使用的乃是一种构建很完善的新儒学的公式——"体"和"用"只是同一个真理的两面。但是，我们不能不看到，当倪元璐以"体"来界定周文王、周公，以"用"来界定孔子时，他对后者的讨论，更为雄辩，也更充满激情。

在倪元璐看来，宇宙源于虚无。虚无产生万物。万物都是由某种原初的物质——"气"——组成的。"气"是11世纪的张载发展的一个概念，并且在晚明被广泛接受。气不但维持着人的生命，而且决定了他的能力和个性。这种原初性物质因此可以分成不同的种类。在倪元璐的著作中，就出现过"正直之气"、"淳庞之气"、"贞栗之气"、"贞刚之气"等。[1] "气"本无善恶；其道德属性似乎是取决于其内心的安排及平衡，和谐则气纯。在为崇祯皇帝起草的重新起用废籍的东林党人的一份制诰中，倪元璐写

---

[1] 《倪文正公全集》文集内经常提到不同种类的"气"。如"淳庞之气"见卷九，页1；"贞刚之气"见卷八，页13；"贞栗之气"则为蒋士铨引倪文璐语，载见蒋士铨所著《倪文贞公本传》，页2。需要注意，"气"分不同种类的概念使得倪元璐似乎接近于程颐之学，而不是程颢之学。在程氏兄弟之间，程颐强调质受之不同，而程颢不作这种区分。程颐开启出朱熹之学，而程颢则开启出陆象山和王阳明之学。参见狄百瑞《中国传统资料选编》（纽约，1964年3印平装本），第一册，页470—471、473、481、492、495、504、507—508、515。程氏兄弟所谓"气"是不同的概念，参见德克·博德（Derk Bodde）英译、冯友兰著《中国哲学史》（普林斯顿，1953年），第二册，页518。

道："朕诚欲建中和之极。……使诸种幻影之气化为彩云。"①

倪元璐 1636 年写作《儿易》时，他已不再经常使用"气"这个概念了。这个概念从此被"才"的概念所取代。从以下倪元璐作品中所摘取的段落，我们可以看到"才"是气或者生命力的表现：

> 才德之相贼，亦若水火也。作物之气，裂器以求棱。挹己之心，刑隔而保质。②

在这里，倪元璐所说的"德"，实际上是"功能"、"用"或者"将某种设施交由别人使用而不求回报的能力"的意思。我们看到，在倪元璐更早的文章中，他使用"德"这个词汇来表示卦的用途。在某一处，他把"德"定义为承受外来负担的能力。例如，世间的"德"就是从这种意义上严格分析而得出来的。马能够驮运重物，即是马之"德"。③

大体而言，"才"反映一个人追逐私利的强烈欲望和动力。宇宙正是靠着自己的"才"和资源而存在；同时，宇宙还将"才"赋予所有的事物，使它们得以生存。人也受惠于这种慷慨

---

① 《倪文正公全集》，文集，卷一，页15。（译者按：后半句始终无法查到原文。此处意译。）

② 《倪文正公全集》，文集，卷一一，页11。

③ 《儿易内仪以》，页2；《儿易外仪》，页28；按，葛瑞汉（A. C. Graham）把"德"等同于"内部的能量"（inner power）、"超自然力"（mana）。参见葛瑞汉《中国的两位哲学家》（伦敦，1958 年），页112。

的赐予。用倪元璐自己的话来说，就是：

> 人皆能自生，不教而知求男女也。皆能自养，不教而知谋饮食也。皆能自治，不教而知爱亲敬长也。①

人自然会敬其长，这在西方人看来也许是一个可疑的设想。然而，像许多其他中国学者一样，倪元璐对这个中国文化背景中很强大的因素明显是接受的，并把它当作为一种自然的本能。

像"气"一样，"才"本身并不邪恶。它们并不需要被压制。相反，它们应该得到提升，同时要通过学习来谨慎地加以校正。虽然"才"和"德"在倪元璐看来"亦若水火"，然而，从倪元璐的一元论出发，这两种东西也并不是由全然不同的物质构成的。实际上，"德"源出于"才"。人要有"才"，方可有"德"。承载外来的负担，需要有内部的力量。一个人只有具备了所需之能力，方可帮助别人。最有才能的人，才最可能提供更多的公共服务。倪元璐的另外一句话是这么说的："才者，冒德之称也。"②谈到政府官员时，倪元璐还说："即吏无才，谁德吏者？……夫才，亦德之辁轵矣。"③这跟他早先所说的"才"无善恶，或者说"才"的善恶取决于人的内心安排及平衡等逻辑，是相近的。这里，倪元璐强调，人追求私利的欲望不能说是有害或者有

---

① 《儿易内仪以》，页84。
② 《儿易内仪以》，页84。
③ 《倪文正公全集》，文集，卷四，页15。

益的，因为这取决于它向哪里发展。

"德"不仅是先天的，也可以由后天的努力而得到。冰变得更厚，冰的德就在增加，直到它可以承载马车。"君子以顺德，积小以高大者，以其积渐而然，不为逆施，故曰顺也。"① "德"之极即是"仁"、"义"。

在倪元璐那里，儒学价值跟更为广泛的宇宙秩序是密切联系的，甚或可以说是融入其中的。从倪元璐之有机的观点来看，人之"德"，跟马之德、冰之厚、地之厚是可以相提并论的。

然而，宇宙的运行，并不取决于"气"或者"德"，而取决于阴阳之动。盛衰消长的循环轮转，一刻不停。对于个人来说，宿命也还是存在的。"天地命之为英雄则英雄也，不繇豪举愤张而得之。"②

那么，人是否就应该屈服于命运而无所作为呢？倪元璐认为绝非如此。命运决不是绝对的。好的运气也会耗尽；坏的运气的影响，即便无法避免，也是可以将它降到最小。③《儿易外仪》开篇就说：

> 《易》者，救世之书也，不欲使人冥，萌闷端静而受祸福。命枢教转，命机教发，命易所以教变也。④

---

① 《儿易内仪以》，页2、52。
② 《儿易外仪》，页184。
③ 《儿易外仪》，页171。
④ 《儿易外仪》，页1。

但是，人所能做的也是有限度的。倪元璐建议说，随着宇宙之气的运动而掌握好一个人行动的时机，是很重要的。在万物舒展的时候，即便普通人也可以发挥其优点。在困难的时候，即便最具天赋的人也只能祈求免祸。① 同样，"圣人以天地恒多难，不必可冀无为之福；君子恒易退，不必能竟有为之才"。②

这样，倪元璐虽然强调人的自然禀赋，并且认为人的自然禀赋基本圈定了其道德潜力，但他却说这不是决定性的。换言之，在宿命论的大体框架之中，人仍然是可以行使一定的自由意志的。从以上所引述的话语，我们还可以得到另外一个结论，即：在倪元璐的思考方式下，宇宙运行跟人心是没有关系的；它的发展过程跟人有没有"德"是毫无关系的。因此，这就意味着的确存在两种系列的人的价值观：一套就是德，或者说就是倪元璐视为"本能的、自发的"儒家的价值观；另一套价值观涉及成败，虽然大体上是由"数"所决定的，但人们却至少应该尽最大的可能，以获得最大的成功，避免致命的错误。

因此，人会同时陷身于两种追求之中。一方面，人不得不循其自然之性，而作为回报他可以提升其精神价值；然而，另一方面，人又不能无视世俗的得失及成就。对人来说，世俗的成功本身也有其价值及旨趣。关于这一点，从以下《儿易》中的一段话就可以看出："易之所欲大见者，业也；业大见而易可以王天下。

---

① 《儿易外仪》，页 171—172
② 《儿易外仪》，页 1。

易之所不欲专居者，德也。德专居而易不过以御其忧患而已。"①

倪元璐用了4年的时间（1636—1640年）认真撰写《儿易》一书。据他的学生说，倪元璐对该书的计划和思考有10年之久。② 这也证实了我们的观察：倪元璐所奉行的总体上注重实效的、功利的财政政策，并不能仅仅被视为一个草率出台以应对当前情况的应急措施而可以忽视。这些政策直接源出于作者的信念，而这些信念在作者与《易》相关的著作中是有过表述的。

但是，生命旨趣的双重性所带来的自然而然的结果，便是两种旨趣之间可能互相冲突。在1628年写给朋友的一封信中，倪元璐谈起了崇祯皇帝："主上……而微窥睿意，尚似尊富强于仁义之上，则亦未有人委曲陈明者。"③ 另一方面，在前引1630年代写给梅之焕的一封信中，倪元璐却又表达了时下道德议论过多而事功关注者少的观点。

倪元璐在"德"与"才"之间所维系的那种晃晃悠悠的平衡，做起来比说起来更难，用作个人道德标准却比用作国家财政政策基础更合适。由于不愿意将私人道德和公共道德作严格区分，倪元璐不可避免地掉入陷阱之中。他经常会抛弃所有的用以解决政治问题的现实主义途径，回归到传统理念，认为重整道德是国家事务中的最重要的问题。从1644年年初——那时他虽然还在户部尚书任上却临时充任皇帝的讲官（他本人和崇祯皇帝都只

---

① 《儿易外仪》，页171。
② 此是王鲲所言，参见《儿易内仪以》，页1。
③ 《倪文正公全集》，卷一八，书牍，页13。

剩下 35 天可活了），一直到逝世，倪元璐仍然不断地在思考"德"的问题。在倪元璐讲论经典时，崇祯皇帝忍不住问道："今边饷匮绌，压欠最多，生之者众，作何理会？"对于这样的问题，倪元璐没有给出令皇帝满意的答案。最后，无论是作为学生的君王，还是作为帝师的户部尚书，都觉得尴尬。①

毫无疑问，倪元璐的一些经济政策是有益于贸易和投资的，从而也有益于资本主义。但是，对于道德重要性的压倒一切的信仰，表明倪元璐的新儒学外观和西方"资本主义"的典型要素相比，还是有着根本的不同。正如马克斯·韦伯所指出，"资本主义的精神"把攫取金钱当作终极目标，而不是把它当成做其他事情的手段，更绝不视此为邪恶；对于金钱的攫取，不会因为生活达到了满意的水平或者说达到了传统的幸福感的水平而停止。②在另一方面，倪元璐的"德"的概念，却要求每一个人追逐私欲的同时，在内心深处保有一个刹车。当他在家乡组织赈米的会社时，倪元璐也并不希望把利润转化为投资，从而增加会社的资本。他声称，每个捐献者每年所获的利润分红相当于 240 亩上等耕地的回报，而且捐献者能将这些投资传给他的子孙后代。这表明，当时那些利润是逐年分散给了各个成员的。③

倪元璐许多的主要政策，不仅不利于资本主义的生长，实际上还有害于资本主义的生长。例如，为应对浙江的水灾，他设计

---

① 《倪文贞公年谱》，卷四，页 25—26。
② 马克斯·韦伯：《新教伦理和资本主义》，转引自杨传广（C. K. Yang）对韦伯《儒教与中国》的介绍（纽约，1964 年），页 xvi。
③ 《倪文贞公年谱》，卷三，页 13；《倪文正公全集》，文集，卷六，页 19。

了所谓倪氏族约，要求所有成员每年将其收入的 4.17% 贡献出来。这些钱作为救灾物资，将用来赈济族中的穷人。这一族约的双重目的，是"一则使贫族不受赈于他人，一则使富族不报名于官府"。① 他的潜在的思考是，作为社会机体的家族必须是完整的、自足的，以便在其内部可以满足成员们的需求。倪元璐通过一种"家族官僚制度"来寻求满足家族成员需要的方式，完全是传统的——对自由经济的发展而言，这是一种消极的力量。②

这样，尽管倪元璐解决财政问题的途径是相对"现实主义"的，但是他远未获得一个政治家的实际成功，也没有为其社会思想奠定科学的基础。列文森在分析清初经验主义的失败后说，社会科学家通常是追随着自然科学家的脚步，所以不能奢望社会科学能超越自然科学而趋于成熟。③ 李约瑟认为，自然法则（Natural Law）和自然规律（laws of nature）之间的区别，是在苏亚雷斯（Suarez）、开普勒（Kepler）、笛卡尔（Descartes）（这些人生活、工作的年代，大致与倪元璐同期）的时代完成的，标志着欧洲科学史上巨大的突破，并最终使西方人在科学研究上超越了中国人。④ 倪元璐缺乏对科学知识的接触，而这是成为一个能干的社会科学家所必需的；不但如此，倪元璐还不能够在物体和概念之间作出区分，更不用说自然法则和自然规律了。像大部分中国学者一样，倪元璐没有任何逻辑训练，因此经常把一些随意

① 《倪文贞公年谱》，卷三，页 10。
② 马克斯·韦伯：《儒教与中国》，页 90、95f。
③ 列文森：《儒教中国及其现代命运》（伯克利，1958 年），页 7—14。
④ 李约瑟：《中国科学技术史》，第二卷，页 540—542。

的类推当作大前提，并以此推出结论。陈荣捷批评王阳明经常混淆真实和价值。① 我相信这一批评也适用于倪元璐。

在认清倪元璐的弱点的同时，我们却也不能简单地把倪元璐当作一个新儒家学者而忽视，或者否认他的声望——他比任何同时代的人都更清楚地认识到根本性财政变革的需要。倪元璐时代的大部分儒家学者，看不到朝廷面临的巨大困难。这种困难不仅仅来源于军费筹措，更来源于王朝的体制缺陷。② 帝国的整个财政机构太过陈旧，难以应对由全国性的紧急情况所引发的种种问题。许多国家制度，诸如盐税、军屯、漕粮，都太过时，也无助于资源的动员。所以，一方面是紧密而彻底的财政权力集中，另一方面却是资金的分散。名义上的体制，与实际运作之间差距甚远。税法难以得到执行。国内贸易和国际贸易没有得到提升，无法成为新的财政来源。倪元璐的改革范围虽然不广，也不完整，却至少代表着一些对现存制度的修补。他的计划，以及他的打算，虽然也是基于从上而下的预定的安排，也是围绕着静滞的农业经济而设计的，但却反映了一种要与传统的财政管理概念相决裂的趋势。

因而，对于倪元璐思想的考察，让我们看到倪元璐的"现实主义"如何能洞悉一些潜在的经济因素在晚明发挥作用，又是如

---

① 参见陈荣捷：《王阳明传习录详注集评》（纽约、伦敦，1963 年）的导言，页 xxxiii。

② 这些特征在我的论文《明代的财政管理》中有过讨论。该文曾提交 1965 年 8 月的明代政府研讨会，并收入贺凯主编的《明代的中国政府：七篇研究》（纽约，1969 年）。（编者按：该文已收入本书。）

何针对它们所造成的问题提出建设性的修补意见。另一方面，倪元璐的建议又远不是激进的或革命性的。他认识到个人利益是经济生活的基本动机，然而他又不能容忍任由人的自私动力应该充分发展的观念，也不赞成对中国社会的整个社会和道德架构予以修补，从而使个人获得更大的自由。因此，他的功利主义的运作，并没有超越儒家学者的有效政府管理的传统。即便倪元璐没有为明朝的灭亡殉节，他的"现实主义"或"功利主义"思想到清代也不可能造成一种迈向自由、科学思想的重大潮流。倪元璐的思想更为典型的结果与合乎逻辑的实行，最好的例证也许就是他的结局——愿意牺牲自己以体现儒学的价值。

原载 *Self and Society in Ming Thought*，by Wm. Theodore de Bary and the Conference on Ming Thought（New York and London：Columbia University Press，1970），pp. 415—449

16 世纪明代中国的军费*

I

16世纪中期，明帝国的军事力量陷入最低谷。10 年之间，能够率 10 万骑兵纵横于野的俺答汗，不止一次袭扰京郊。1550年，人们在北京城门上就可以看到四处飞奔劫掠的蒙古骑兵。然而，虽然有 6 省勤王部队的增援，驻防北京的军队却不敢出战。劫掠者可以随心所欲地进入内地，几乎不会遭遇任何抵抗，然后带着战利品回到边境。北京的驻防部队原本应该是一批随时做好

* 作者按：本文主旨与我关于明代财政的长期研究计划是密切相关的。在执行该计划的过程中，我得到了几个基金会及教育机构的无私资助。我会在将来一并表示感谢。然而，此篇论文的发表，我首先要向密歇根大学东亚研究中心表达我的感谢之情。1968 年夏季，该中心提供研究资助，使我方便接触其各种资源，从而能够完成现在这篇论文的大部分工作。我还要感谢那些曾慷慨给予我帮助的人。富路特（L. Carrington Goodrich）博士曾阅读过这篇论文的初稿，并提出了许多有价值的建议及修改意见。詹姆斯·帕森斯（James B. Parsons）教授从初稿中提炼出摘要，并替我在 1970 年旧金山的亚洲研究年会上宣读。

战斗准备的部队；它由 78 个京卫组成，按规定，总兵力达到 38 万人。①

数年之后，因为倭寇问题，南方军备不整的问题同样暴露出来。1555 年，谣传说一队倭寇深入到芜湖之后，掉头威胁南京。根据归有光的说法，南京"举城鼎沸"。但是，归有光后来又提到，所谓一队倭寇，实际上是一群与倭寇主力失散、不超过 50 余人的散兵游勇。② 谷应泰在谈及此事时记载说，67 名倭寇经行内陆数千里，杀伤无虑四五千人。③ 在 16 世纪中期，南京诸卫的军力，定制是 12 万人。

士兵们都到哪里去了？这个问题的答案，要到历史深处去寻找。在明代卫所制度长期衰败的背景下，南方及内陆省份退化得最为厉害。广西的军队数量在洪武时代是 12 万人，到 1492 年减少到 1.8 万人，仅剩原有人数的 15%。江西的南昌左卫，额定人数是 4753 人，到 1502 年军中现役人数仅 141 人，还不到原额的 3%。④ 浙江的金华千户府额定人数为 1225 人，到 16 世纪，营中仅剩 34 人，同样不到其满员状态的 3%。⑤ 1510 年到 1515 年间的

---

① 《世宗实录》（中研院史语所校印本；后文所引其他年代的《明实录》，悉据此校印本），页 6514；贺凯：《明代的政府组织》，《哈佛亚洲研究》，23（1960—1961 年），页 61。
② 《归有光全集》（国学文库本），页 95。
③ 《明史纪事本末》（三民书局），卷五五，页 597。（编者按：原文说倭寇数目为"六七十人"。）
④ 《孝宗实录》，页 1261、3424。
⑤ 《金华府志》（1578 年），卷二一，页 5。

兵部尚书王琼就说,到他那个时候,卫所军士逃亡十之八九。①
王琼的话并不夸张。

明代的作者们在谈及卫所制度衰败时,经常强调军屯的败坏。军屯败坏的原因,则又经常追溯到由蒙古人侵袭、军官侵占、种子及耕畜的缺乏等导致的边疆耕地的减少。这些推论是正确的。然而,它们却忽略了世袭军户制度的根本性缺陷。可以说,这项制度本身就是一个时代错误。当洪武朝建立军屯之时,并非所有身处于军队册簿内的家庭都是乐意的,因为很少有人愿意让自己的后代子孙永远服兵役。湖广、广东和山西的民户,尽管极不愿意,却也一古脑儿被编入军屯。原则上,屯军每人将授予 50 亩耕地。然而,我们从地方志中看到,授地 50 亩只是一种理想状态,而不是事实。在许多情况下,屯军只得到 20 亩耕地,有的甚至更少。而且,分配给屯军的耕地,又并不是都在本地,而可能散布于好几个县。士卒们服役没有固定的军饷。每个人每月发一石米、少量的盐,以维持其家庭。过冬的衣服,根据不同的供应状况,或者是做好的成衣,或是布料和棉胎。然而,在 14 世纪及 15 世纪初期,现役士兵的生活状况倒也不穷困。这很大程度上是因为皇帝会不时地"大赐"。尽管赏赐并无定期,然而,在那些年里,每个士兵每年得到 25 贯宝钞的报酬是比较常见的。这笔钱加上粮食配额,就可以使士兵的家庭得到充足的供应了。从《明实录》零散的条目中,我们能对这一时期朝廷发行的宝钞

---

① 吴晗:《明代的军兵》,《中国社会经济史集刊》,5:2(1937 年 6 月),页 169。

的数量有一个大致的了解。据估计，仅 1390 年一年，明太祖就印行了大概 8500 万或 9000 万贯宝钞，以应付各类开支。① 根据官方的兑换比率（一贯宝钞可以换一石米），这个数量相当于两年半的赋税收入。即使按照市场价格（四贯宝钞换一石米），这个数量也比半年的赋税收入要多。很明显，以没有准备金的纸币宝钞来支付军事开支，不可能是持久之策。

洪熙和宣德朝以后，宝钞贬值了 1000 倍。从那时起，皇帝就不再大加赏赐了。偶尔的赏赐，到此时也就没有什么意义了。1425 年的一道圣谕，减少了士兵们所纳的屯田子粒。之前，每位士兵要纳子粒粮 12 石；此后，每位士兵仅需纳粮 6 石。② 历史学家们引述此事，称赞仁宗和宣宗减免 50% 子粒的宽仁。然而需要注意的是，这道恤免谕令的颁布，恰是在不再准备大加赏赐的前夕。

建立军屯制度，原本是希望军队可以自给自足。然而，据我们观察，这一目标从来就没有实现过。从明太祖自己所写的《大诰武臣》中就可以发现，南直隶的两处军屯在实行军事屯田 20 年后，仍然不能实现自给自足。③ 永乐初年，据说河南的屯田军士甚至无法自供半岁之食。④《春明梦余录》列出了明朝前期拨给京卫的屯田。作者孙承泽得出结论说，即便在收成最好的条件

---

① 这是依据《太祖实录》内 69 条资料汇辑而成的，页 2981—3080。
② 《仁宗实录》，页 214；《春明梦余录》（古香斋袖珍本），卷三六，页 3；《大明会典》（1587 年），卷一八，页 13；《明史》（台北），卷七七，页 820。
③ 《明朝开国文献》（学生书局重印本），第一册，附录页 9。
④ 《太宗实录》，页 500。

下，卫所也不可能靠屯田自给自足。① 在 1425 年圣谕使每个士兵上缴屯田子粒减半后，整个军屯体制自给自足的可能性就更加微乎其微了。

在 15 世纪和 16 世纪初，朝廷没有对这种状况作足够的修补。供应不足时，军队只是简单地减少士兵的食物供应。士兵们的部分俸粮，还可能被折成宝钞，或者棉布、胡椒及苏木。折换的比率也随着不同的命令而变化不一。已经结婚成家的士兵，和没有结婚成家的士兵也是不一样的。每月一石米的供应，从一开始就不够，而折色又导致实际上是取消了俸粮。1468 年，一些士兵被告知说，他们的俸粮中的折色部分减少到每人只有 4 两胡椒和苏木，并且还要到遥远的仓库去领取。他们明确拒绝了这种支付方式。② 1489 年，山西的一位千户报告说，自己的士兵已经两年没有领过俸粮，六年没有领过棉布或棉花。③ 1511 年，明朝政府解决了河南士兵的俸粮拖欠问题，其中部分拖欠是从 1502 年开始一直积压到那个时候。延期支付的俸粮以每石 20 贯的比率折成铜钱，④ 仅相当于原有价值的 5%。

士兵们尽管完全不能得到报酬，或者得到少许报酬，他们中许多人却还要承担赋役。士兵应召入伍时，他要自己提供装备。那些安排去大运河运输漕粮的士兵，尽管可以从纳税者所交的加

---

① 《春明梦余录》，卷三六，页 2。
② 《宪宗实录》，页 1166。
③ 《孝宗实录》，页 579。
④ 《大明会典》，卷四一，页 17。

耗中得到一些津贴，却又有修缮漕船的责任。漕船每 10 年就要重修一次。为了应付这笔开支，通常每名运军每年要缴纳 3 到 4 两银子。① 总体来说，北方边境各军事单位的定量配给还比较正常，并且在 16 世纪也部分折银。然而，每个骑兵必须保证自己的马服役 15 年。除非战死，一匹战马如果不到 15 年就死了，它的主人就要按战马尚未服役完的年限来进行赔偿。由于士兵很可能没有赔偿能力，军队指挥部门总是会预先部分扣除整个军营甚至整个军团的配量。因此，损失赔偿并不是由单个士兵完成，而是从这笔存留资金中扣除的。② 士兵的待遇如此严酷，士兵大量逃亡也就一点都不奇怪了。

对那些得到 50 亩分地并从事屯田的屯军而言，子粒减免之后，每年向政府纳子粒 6 石仍是一个不小的负担。实际上，这样的税额，是农户们缴纳的正常田赋的 5 到 10 倍。后代子孙必须永远服役，也无法让人心情愉悦。而且，到明代中期，官方土地登记管理如此腐败，以至于屯田经常被耕种者出售或者抵押。③ 到这个时候，军户已转而从事其他职业去了。除非明代朝廷采取强有力的"清军"政策，否则整个军屯制度就不可能继续存在。士兵潜逃后，清军御史可以按清军册勾捕逃军的亲戚或者负有连带

① 参见我的博士论文《明代的漕运》（密歇根大学，1964 年；缩微胶卷），页 92—96。
② 谷光隆：《明代椿朋银研究》，《清水泰次博士追悼纪念明代史论丛》（东京，1962 年），页 165—196。
③ 魏焕：《皇明九边考》（1936 年重印本），卷一，页 25；卷一，页 26；顾炎武：《天下郡国利病书》（四部丛刊本），卷一三，页 71；卷二六，页 106—107。

责任的近邻。如果被牵连的相关人等同意出钱雇人，并出资为被雇佣的人完婚安置，让他顶差，勾军通常才算结束。① 但是，这一切是一个缓慢的过程。一次勾军刚刚结束，往往更多的军士却已逃亡。

到 16 世纪，如果一个卫所仍然拥有规定军士人数的 10%，就可以被视为是个异数了。北京周边 78 个卫，能给京城驻防部队提供的军士数量，不会超过 50000 到 60000 人，其中大多数后来成了宫殿建设的劳工，其他的则被分配到军队的马厩中做马夫，或被分给官府做侍从，乃至成为私家仆人。真正扛着武器的人，大概不到 10000 人，其中还有不少是被雇来代人服役的乞丐。②

北部边镇的情况稍微好一些。边镇通常能维持其规定的士兵人数的 40% 左右。在 1487 年孝宗登极时，新皇帝向边镇的每位士兵赏赐二两银子；这一次登极大赐共计赐银 615320 两。③ 因此，照这份官方的统计，前线服役的士兵大约有 30 万人。对于 2000 里的边境线而言，这些守卫力量是不够的。然而，由于防卫设施保养良好，军队数量虽然减少了，军事供应却比以前更多。

1449 年土木堡之变后，边境上所有屯种的士兵都被朝廷动员

---

① 关于"清军御史"，参见：贺凯《明代的政府组织》，页 51；贺凯《明代的监察制度》（斯坦福，1966 年），页 75—77。关于勾军的个案，参见：陆容《菽园杂记》（丛书集成本），卷一，页 11；吴宽《崔巡抚辩诬记》，载《吴都文粹续集》（四部丛刊本）卷一六；倪会鼎《倪文贞公年谱》（粤雅堂丛书本），卷四，页 22。

② 《宪宗实录》，页 4069；《世宗实录》，页 1899。

③ 《孝宗实录》，页 95。

起来。屯军们留下的耕地，则召民承佃。租税从每亩 0.015 石到每亩 0.03 石。这是让士兵耕种所得净利的 10% 左右。到 16 世纪中期，宣府镇所控制的土地中，有 80% 被出租，只有 20% 由军队自己耕种。① 《万历会计录》还提供了以下一些资料：在 1412 年，辽东的屯种收入为 716100 石，16 世纪初为 383800 石，而后者仅为前者的 53%；大同镇的屯种收入在 1442 年为 513904 石，1535 年为 112998 石，而后者为前者的 22%；宣府镇的屯种收入在 1448 年为 254344 石，1515 年为 69760 石，而后者为前者的 27%。② 这些资料没有更精确的信息。然而，这些数字之间的巨大反差足以表明：16 世纪前后，这些军镇的自给程度正持续衰弱。

随着其内部产出收入的下降，军镇的开支极大地增加了。自正统初年来，这些区域性军镇就不断地通过募兵来补充兵源。大约在 1500 年，一个通行的做法被采纳，即每个被召募的士兵将得到 5 两银子的奖励。另外，马匹及衣料也由朝廷供应。作为雇佣兵，被召募的士兵将稳定地得到报酬。在 16 世纪中期，大部分被召募士兵每年能得到 6 两银子。③ 《明史》编纂者估计，16 世纪初各镇士兵中约有半数是召募的士兵。④

边镇数量也在增加。1507 年火筛侵入宁夏，固原镇建立；

---

① 《万历会计录》（芝加哥大学，缩微胶卷），卷二三，页 7、22。
② 《万历会计录》，卷一七，页 5；卷二三，页 4—5；卷二三，页 147；卷二四，页 7、11。
③ 《大明会典》，卷四一，页 16、24。
④ 《明史》，卷九一，页 956；《明代的军兵》，页 221。

1541 年，山西镇建立，以应对刚刚占领河套地区的吉囊的威胁。这样，15 世纪的七镇，便扩大到九镇。①

无论是旧的军镇，还是新建的军镇，都不断要求朝廷增加军队。由于北京不可能向各镇派遣军队，这些要求基本上改为要求增加补贴。户部每年向边镇发去边饷，始于正统年间。但是，在 15 世纪，边饷的总量在 50 万两银子以下。② 然而，到成化、弘治年间，边饷的数量逐渐开始上升。最初，从北京解送的边饷分为两种，即主兵年例与客兵年例。从理论上说，主兵年例是用来支付那些原本属于该镇的士兵，客兵年例是用来支付由其他区域派来增援的士兵。然而，事实上到那时候，每个边镇都兵员不足。所谓增援士兵，很少会真正派到。然而，在嘉靖年间，除宁夏和固原以外，所有的边镇都有客兵年例。也许可以说，这一财政词汇不过是一种伪装，以便让朝廷能够接受以下现实：募军已逐渐取代了征兵，结果便需要更高的报酬。

1449 年以后，明朝军队没有再发动过攻击性战争。致力于防守的各边镇忙碌于修筑长城。系统的长城修筑始于 1472 年的延绥总督余子俊。③ 最初，边墙的修筑，只是将山坡垂直削平，在山谷间挖掘深壕，并通过夯土的工程将现有的堡、塞连接起来。后来，长城的修筑工程逐渐变得更为精细。很快，厚重的砖石结构出现了，带着雉堞的城墙竖立了起来，并且还增加了储备火器的

---

① 《春明梦余录》，卷四二，页 17、19；《皇明九边考》，卷六，页 13。
② 寺田隆信：《明代边饷问题的一个侧面》，《明代史论丛》，页 278。
③ 《宪宗实录》，页 2110、3471；《孝宗实录》，页 533；《国朝献征录》（学生书局），卷三八，页 69。

碉堡。这些防御工事历经成化、弘治、正德、嘉靖、隆庆年代，到万历初年，即 16 世纪 80 年代，已经持续了一个多世纪。在 16 世纪中期，修建防御工事的花费已变得十分惊人。例如，1546 年，为了修建宣府、大同等地的边墙，尽管劳役是征发而来且不用支付报酬，政府修筑每英里长城的花费仍达到 6000 两银子。[1] 1558 年，建设蓟镇段长城雇佣劳工所花费的劳力成本，是每英里 6357 两银子。一份奏疏表明，如果要征召劳工，承担这些劳役负担的人们实际所支付的则会是原有负担的 7 倍。也就是说，由于管理不善，劳动力的成本可能上浮到每英里 44500 两银子。[2]

随着不断增加的军费开支，朝廷陷入进退两难的境地。卫所制度虽然难以为继，然而却又不可能废除。根据王朝创立者的预想，军屯制度能够使军队自给自足，而政府发行的宝钞可以一直通行，为此田赋设定在一个很低的水平。商业税从来没有得到认真的考虑；中央政府和地方政府的财政之间，也从来没有清楚的划分。到 16 世纪，仍然没有由中央政府直接控制的区域性金库。赋税收入总体上来说是按一成不变的程序来分配或拨付，即每个财政部门将它们直接送到特定的支出机构那里，并认为收支就这样可以逐项抵消。那时，拖欠税收开始成为很普遍的现象。[3] 在这种时候，如果调整军事编制和重建军队后勤保障，就意味着一切都将重新开始：不但政府机器需要重新设计，而且主流意识形

---

[1] 按《世宗实录》内的资料估算，页 5800。
[2] 按《世宗实录》内的资料估算，页 7840。
[3] 参见拙文《明代的财政管理》，载贺凯主编《明代的中国政府：七篇研究》（纽约，1969 年），页 118、120—121。（编者按：此文已收入本书。）

态，即强调国家应当藏富于民的仁爱的、家长式统治的儒家原则
——这是从太祖时期就被明朝确认的基本原则——在这种背景下
也必须加以修正。的确，明代的皇帝及尚书们，借口祖制不可更
易，对改革总是表现出强烈的厌恶。在此当口，历史学家同样必
须清楚：传统中国，在一个王朝的中期进行改革，无论如何都不
是一件简单的事情。一个新王朝的开国君主所颁布的法律和规
章，却总是不能对幕后运转的社会力量给予足够的重视。那些诏
令，主要是建立在君主意志的基础上，而依靠着武力的剑而得以
执行。到王朝中期，帝国控制力已经削弱。在稍后的日子里改造
现行的制度，很容易加速毁灭的进程。在改革目标实现之前，任
何一种程度对控制的放弃，都仍然在严格掌握之中。因此，在那
个时代，在废除卫所制度方面没有进行任何尝试，也就毫不为怪
了。实际上，在1644年明王朝灭亡之前的几个星期前，户部尚书
倪元璐曾经最后一次提出废除卫所制度的问题。在人口册上，那
时候仍然还有170万个世袭军户。倪元璐建议，每一军户交纳
100两银子，以换取永久性地免除其军役。然而，这样的建议，
换回的却只是崇祯皇帝温和的申斥。[1]

在15、16世纪，北京试图修补残破的时局。因为无法以自身
具备的资源向边境军队提供稳定的资助，朝廷最初命令北方4个
省份增加供应。《大明会典》编辑时所收入的零散资料，使我们
可以得出以下结论：到1502年，山东、山西、河南和北直隶的人

---

[1]　倪元璐：《倪文正公全集》（1722年），奏疏，卷一一，页6—7。

们每年总共要向边镇递解 160 万石粮食，或者其他价值相当的物资；在 1578 年，4 省向边镇递解的粮食大约 330 万石；76 年间，增加了 100%。表面上，这些供应是从 4 省的田赋中抽取的，增加的部分也是从其他费用转化而来，因此除了运输费用之外，并不会对纳税者构成额外的负担。然而，《万历会计录》说："国初民运坐派山西，率多本色，正德初始全折征。"我们并不知道，在 15 世纪，折银的比率是多少？但是，《万历会计录》表明，1443 年折银的比率是每石 0.25 两；1457 年，即仅仅 14 年以后，折银的比率是每石 1 两。[1] 即便纳粮的部分数量保持不变，单从折银的部分而言，人们的实际支付也至少增加了 4 倍。在 1555 年，山西省向大同镇供应时，在每石一两银子的比率折算后，还增加了额外的"脚价"。[2] 这背后的理论是：纳税者支付银子而不是粮食，便节省了运费；这部分利益必须在必要的时候交给国家。这样一来，大同镇所得到的银两又增加了 20%。

正如我们此前所述，由北京送出的年例银也有所增加。1549 年后，年例银的总量从来没有低于过 200 万两银子。[3] 必须指出的是，在俺答汗危机及倭寇之患以前，朝廷增加军事供应的所有努力，都几乎只限于北部边境。因此，虽然不是非常有效，边境的几个军镇在半个多世纪里还是堪以抵御蒙古游牧部落的。相比而言，北京驻防部队的表现却惨不忍睹。还可以做出的一个概括

---

① 计算的基础见：《大明会典》，卷二六，页 3；《万历会计录》，卷二四，页 22。

② 《万历会计录》，卷二四，页 27。

③ 寺田隆信：《明代边饷问题的一个侧面》，页 278。

就是：直到那时，长江以南几乎没有什么国防。

II

16世纪50年代的紧急情况，迫使明代朝廷必须做出迅速而剧烈的反应。表面上看，最简单易行的方法就是宣布全面加征赋税。但是，这涉及许多明代特有的技术难题。尽管整个明帝国的税率都很低，但是税收义务的分配却极不公平。大部分府县所执行的，仍然是洪武时期所估定的税额。过去，也曾经有过微小的调整，然而却从来都没有尝试做一次全面的重新分配。而且，在近200年中，土地交易是以这样的一种方式运作：赋税责任实际上跟土地所有权是可以分离的。富有的土地拥有者，可以切出一小块土地用以出售。如果购买者愿意承担此前出售者所有土地额定的赋税责任中的更大部分的话，那一小块土地的售价会非常之低。相反，这个富裕的人还可以出高价来购买邻居的大部分土地，而只接受较少部分的税额。换言之，赋税责任是可以分割的，并不必然与所交易的土地面积成正比。我们相信，比起别的做法来说，这样的做法更造成了赋税的不公平。除非进行普遍的土地清丈，并且重新分配税额，否则，增加同一水平的赋税非常不受欢迎。不但经济落后的地区要承担不适当的赋税负担，而且那些已经承受重赋的贫苦农民也会发现自己无法再活下去了。明代朝廷不愿采取大胆的步骤来解决这一基本问题，就不得不接受不断萎缩的财政。这样，明代的政府财政就像一串大小不同、强度不等的链环；它的整体扩张能力，因此也就受限于其中最弱一环的承受力。这一描述不仅适用于嘉靖一朝，也适用于明王朝此后剩余的岁月。

1551 年，在户部尚书孙应奎的催促之下，明世宗命令加赋 1157340 两。加赋明确声称只是暂时的，"候边方事宁停止"。5 个北方省份、2 个南方省份，以及南直隶的 6 个府免予加征，增赋只针对帝国最发达的地区。① 到 16 世纪中期，国家额定的田赋总计为粮 2600 万石，加上加耗则大约相当于 2500 万到 3500 万两白银。如果考虑到加派区域的情况，以及加赋不到财政收入的 4%，1551 年的加赋即使不能说全然没有效果，实际上其效果也还是颇为轻微的。

其他筹措资金的手段，如增加两淮地区的产盐配额，估计总共能得到 30 万两银子。我们估计，部分暂缓送往北京的漕粮折成银两，大约也可以得到 100 万两白银。另外一部分田赋，尽管自正统年间以来就被折成 100 万两白银，并从此成了皇帝的个人收入，但在持续的紧急状态下，也暂时由皇帝转让给了户部。② 这几笔款项，使户部得到了 350 万两白银。加上户部接近 200 万两的正常收入，这些款项使明帝国得以度过这场危机。然而，所有这些收入从本质上来说是暂时性的；没有哪一笔钱是从新的税源得来的。所有这些收入都花费在北京以及北部边境上。为南方的抗倭战争筹集经费，就不得不设计完全不同的计划。

---

① 《明史》，卷七八，页 826；《世宗实录》，页 6604。
② 《世宗实录》，页 5339。

III

南方的资金筹措计划有以下鲜明的特征：首先，所有资金由
地方筹措，而不经户部操控；朝廷或者允许巡抚、总督自主行使
权力，或者根据督抚的请求授权他们征税。其次，所有的额外收
入，原则上应该与现行的财政收入分开；它们将被独立审计。第
三，收入的来源极为多样；它们由省级官员及军官管理，其总额
从未公开；甚至，监察官员的稽查也没能提供一幅真实的图景。
第四，许多在抗倭战争中派生的新的收入及加耗，还包括许多令
人讨厌的杂税，在战后再也没有废除。

跟北方相比，南方的军事形势有根本性的不同。南方根本没
有足够的现役部队。整个野战指挥部的建设不得不从零开始。甚
至，总督、监军以及总兵等都是在短时间内到任的。大多数士兵
现场召募。张经出任总督（1554—1555 年）时，新征募的士兵包
括广西、湖广的山民，南直隶的私盐贩子和山东的僧人。① 后来
召募的兵源，按籍贯彼此区分，如邳兵、漳兵、广兵、义乌兵。
另一方面，卫所军及民兵只扮演很小的角色。《绍兴府志》概括
这种情形说："卫者曰军，而募者曰兵。兵御敌，而军坐守。兵
重军轻。"在整个抗倭战争中，仅浙江一省就征募了 10000 名这
样的客兵，甚至还雇用了远航船。各个级别的官员们都在募兵。

---

① 黎光明：《嘉靖御倭江浙主客军考》（北京，1933 年），散见各处。

把总及把总以上官衔的军官，都可以征募"标兵"、"家丁"，组成自己指挥的精锐部队。① 环境对这种体制的不足有着决定性的影响。

在战争的早期阶段，原则上资金来自提编。"提编"一词，在英文中没有合适的对应词汇。"提"的意思是举起，"编"的意思是组织起来。"提编"的概念最初有点像美国的国家防卫联邦化。但是，明代中国的"提编"，绝大部分只是一个财政方面的词汇，而很少涉及人事。1554年，朝廷命令推迟南直隶所有的州县40%的民兵役，每位缓役的人为张经的战争经费缴纳7.2两白银。次年，皇帝谕令南直隶和浙江省每个县按其规模大小提供200名或300名民兵，供总督驱使。后来，该民兵役的义务大部分解除，改为每年每人纳银12两。此外，南直隶和浙江两个省的每一位服劳役者，也都要缴纳1两白银。② 随着战争的拖延，"提编"延伸到里甲和均徭。从洪武朝起，每10户为一甲，甲中的每户轮流一年为政府督催税粮，替十户当差。从1488年以后，督催税粮和差役被分开了。前者称里甲，后者称均徭。因此，每10年间，每户要承担两次各为期一年的役，一次提供税粮，一次承担差役，前后两次之间可以有4年的休息期。③ "提编"就是

---

① 《天下郡国利病书》，卷二二，页27、33、35；卷三三，页109。

② 《世宗实录》，页3237—3238、7241—7242。

③ 山根幸夫：《明代徭役制度的展开》（东京，1966年），页104—106；弗里泽·海因茨（Heinz Friese）：《明代的徭役制度：1368—1644》（汉堡，1959年），页97。值得注意的是，由于材料不足，梁方仲在1936年没能阐明均徭是里甲制的变种，参见梁方仲著、王毓铨译《中国税制中的一条鞭法》（马萨诸塞州坎布里奇，1956年），页4。

将那些按原计划将在次年服役的户提前到当年。然而，实际上既不用督催税粮，也不轮差役。所有的赋役义务，都折征成了银两。

在这场延长了的战争过程中，这些税款大多数都慢慢地转加到田赋之上。这些税款的摊派方法，在县与县之间、府与府之间都是不同的。最常见的模式就是丁四田六，即40%的财政负担是由当地登记在册的成年丁男承担，而另外60%由土地所有者承担。这种模式如今不是由中央政府的法律来规定，而是至少部分由省级官员实施，或者由总督们以军事法令的形式来实施。在其最高点的时候，浙江和南直隶两省的田赋加征接近50万两银子。① 这场战争之后，加征虽有减少，却也没有完全免除。②

因为这场战争，东南诸省的各种赋税如雨后春笋纷纷冒出。在福建省，寺田迄至当时一直免税；战争期间，为了应付军事开支，寺田也开始征税了。浙江会稽县的山地，战争前一向只征少量赋税，这时增加了税额。杭州城的商人和居民按照他们的店铺或住宅的房间数被征以"间架银"。广东省在主要桥梁征收通行税。顺德县征收母牛屠宰税。潮州府征收铁矿税。江西省南部边界征收食盐通行税。③ 沿海诸省的渔民也要缴纳新的税种；如果没

---

① 《金华府志》，卷八，页13；《天下郡国利病书》，卷三三，页109。
② 何良俊：《四友斋丛说摘抄》（丛书集成本），卷三，页196—197。
③ 《漳州府志》（1573年），卷五，页51—53；《会稽志》（哈佛大学藏1573年稿本），卷六，页3—4；《杭州府志》（1579年），卷三一，页16—17；《顺德县志》（1585年），卷三，页22；《天下郡国利病书》，卷二三，页60、62、76；卷二六，页94；卷二八，页8。

有纳税的收据，就不允许他们购买食盐。我们不能肯定说前面所提到的那些税种以前从未存在过；但是，根据地方志，这些税种的收入都被标明为"兵饷"。一些已经存在的税种，如地产交易的印花税、对酒和醋的榷税，也被地方官员改变用途，以应对防务开支。在 16 世纪最后 25 年里，福建月港最终向国际贸易开放。海外贸易所带来的收入，也是由军事官员管理：以船舶的载重能力即吨位为基础，征收"水饷"；对商品征收的进口税称为"陆饷"。① 这些税种的税率较低。即便合计每年月港的收入，也只是接近 2 万两白银而已。然而，这些收入通常是零碎的，管理也很分散，而且缺乏有效的审计。

倭寇平定之后，几个省的民兵部分被遣散。但是，在 1595 年，服役的民兵仍有 199650 人之多。虽然官方规定，允许每个民兵每年交纳 12 两白银即可解除兵役，然而，此前共同承养一个民兵的纳税者们，为雇佣一名代服兵役者却不得不支付 30 两银子。② 在 16 世纪末，即便他们交纳了 12 两银子，每年维持这样一支民兵队伍仍然需要将近 120 万两银子。这项负担在几个省的人口中摊派，倒也不是很过分。但是，由于民兵由地方官员管理，且缺少中央的监察，而它的维持又依赖于地方财政，所以，民兵所能做的只是保境安民，而不可能成为未来军事动员的核心力量。

---

① 张燮：《东西洋考》（丛书集成本），卷七，页 95—97。
② 梁方仲：《明代的民兵》，《中国社会经济史集刊》，5：2（1937 年 6 月），页 225、231。

在隆庆和万历时代，人们普遍要求解散客兵。文武官员们都曾经试图用卫所军取代客兵。但是，客兵却不可能完全解散。到16世纪末，浙江嘉兴府维持着陆兵一营五总。其中，募兵一总，民兵与卫所军各二总。嘉兴府还维持着一支1500人的水师。这支水师中，客兵是"耆舵"，而卫所军兵则是"贴驾"。1574年，1500人中，"贴驾"仅占300人。迟至1597年，水师中所有的战船都是雇来的。[1] 尽管战斗编队是由兵备道来指挥，然而编队难免要按地域来组织，而且由地方供应。毫无疑义，地方募集的资金现在变得不可或缺了。

IV

迄今为止，还没有关于16世纪明代中国的军费开支的总体估计。清水泰次和寺田隆信的研究集中于北方边镇的开支。然而，他们的注意力集中于户部每年送去的年例银，所以他们计算出来的军费水平只能是最低的。[2]

要弄清明代军费的开支水平，任务极其复杂。军费账目非常零散，资料并不总是完整的。另外一个障碍就是，明代的行政管理者从来就没有建立起一套统一的会计制度。所以，官方文件和私人文集中的数字，通常以不同的规格和标准为基础。结果，两

---

[1] 《天下郡国利病书》，卷二二，页27—28。

[2] 清水泰次：《中国近世社会经济史》（东京，1950年），散见各处；寺田隆信：《明代边饷的一个侧面》，页251—282。

套资料很难放到同一个平台上来进行比较。由于财政术语通常缺少详尽的解释，那些简单引用的数字特别可疑，没有多大用处。

在《明实录》中，我们找到了 20 条有关 1544 年户部发往北部各军镇边饷的资料。① 除正常的年例银外，还包括专门用于征兵、修筑边墙、购买军粮和马草及马匹的银两，总量约计 270 万两。盐引——它们可以让边境将领用政府的盐和当地商人交换钱款或粮食，则是在 1543 年提前就送达了。这些盐引的价值，接近 100 万两银子。我们必须记住，除户部以外，兵部和工部也会不定期地将白银送往边镇。如果再计算从北京实际送到的马匹、粮食、火器、衣服，边镇每年大约要花费北京 400 万到 450 万两银子。前面尚未提到，还有北方 4 个省份每年直接送往边镇的军事供应，包括白银、干草、棉胎和棉布。边镇在自己的管辖区域内也能赚点钱，并生产许多物资，其中包括辖区内平民百姓所上缴的常规武器。考虑到所有这些因素，边镇每年的维持费用保守估计可能要超过 700 万两白银。16 世纪 50 年代，北京实行募兵；南方各省推行提编之法。我们相信，明帝国每年的军事开支决不会低于 1000 万两银子。在军事活动频繁的年份里，军事开支很可能会更高一些。

万历初年，明朝与俺答汗达成议和协议，倭寇的威胁缓和了，军队的效率提高了。即便在这个时候，军事开支也看不到有下降的迹象。这时候，边境上建立起来的军镇已经进一步扩展到

---

① 《世宗实录》，页 5483、5486、5488、5490、5497、5502、5513、5547、5548、5556、5562、5566、5575、5577、5581、5595、5611、5624。

14 个。1576 年，户部对各镇岁用钱粮汇编了一个账目，主要包括四项：银、粮、料、草。这个账目复制在《实录》里，长达 21 页。① 这个账目列举每项的数量，只是没有计算其货币总价。开支各项是分别登录在各边镇之下，也没有合计的数字。我把这些数字相加到一起，再根据当时的通行价格将各种物品折算成银两。结果表明，它们的总价值约为 850 万两银子。这 14 个镇在 1578 年的所收款项也可以在《大明会典》找到，占据了 28 个双面页。② 在用同样方法对《大明会典》中的账目进行统计后，我发现它们的总价值也超过 800 万两银子。

明朝官员对于这样的军费水平并不习惯，往往感到非常震惊。从一个后来人的眼光看，我们能够理解这些开支只能是在意料之中。据 1572 年到 1577 年的兵部尚书谭纶说，在他那个时代，明朝军队的总人数是 84.5 万人。③ 我们假定大约有 50 万人驻守北部边境，并且最少有 10 万匹马。相对 16 世纪中叶而言，这意味着巨大的增长。自然，防守的经费无法限制在以前的水平上。而且，由于白银越来越广泛的使用，这段时期征募士兵所需要的报酬也在迅速增加。直到 16 世纪中叶，征募士兵每人每年 6 两银子就足够了。然而，到 16 世纪后期，一些征募士兵得到的报酬却是 18 两银子。这一标准逐渐被人们接受，并且延续到 17

---

① 《神宗实录》，页 1162—1182。
② 《大明会典》，卷二八，页 26—53。
③ 《皇明经世文编》（1954 年重印），卷三二二，页 15。

世纪。①

引起军费预算上涨的另一个因素，则是火器的使用。虽然明代军队从 15 世纪初就以使用火器而闻名，然而，火器的广泛使用似乎是较晚时期才发展起来的，最明显就是在 16 世纪后期。这段时间也正是广泛仿造葡萄牙大炮的时期。1498 年颁布的一条长期有效的法令曾一度限定火器的制造权归工部所有，而边镇不可以制造火器。到嘉靖朝后期，这条禁令逐渐被废除了。② 迟至 16 世纪 60 年代，京军所用的炮弹还都是填塞石子；1564 年，取代它们的便是铅弹；到 1568 年，便换成了铁弹。③ 1586 年，兵部派出一支检查团巡阅陕西的 4 个边镇。检查团很快就递交了报告。报告中列举了各镇现存的物资，其中有一些跟火器的使用有关。不幸的是，这份存货清单将铁、铅和石子混到了一块，使得我们没办法计算它们的价值。但是，仅仅其中一个边镇储有的铅、铁、石子等物资就超过 2000 吨。④ 所谓火器，明显包括化学方式推进而逐件射出的火箭或火球；每个边镇所积贮的火器，大约有 200 万件，或者更多。显然，新式武器改变了军费构成的性质。作为防御设施的战车的采用，发生于 15 世纪；但是，推动那些战车大批量部署的，却是 16 世纪后期的俞大猷和戚继光。⑤ 据

① 《明史》，卷二二二，页 2559；《明臣奏议》（丛书集成本），卷三五，页 673—676；《神宗实录》，页 11266。

② 《大明会典》，卷一九三，页 1、3—4。

③ 《大明会典》，卷一九三，页 5。

④ 《神宗实录》，页 3249—3253。

⑤ 《明史》，卷二一二，页 2462、2466。

工部称，在 1609 年，生产每辆战车需要花费 30 两银子①。这也是此前不会有的一笔开支。

16 世纪 80 年代，户部将每年送往 14 个边镇的年例银确定在 300 万两到 350 万两的水平上。② 边境上的总督们反复向北京请求增加饷银，得到的答复却是不会再有额外的资金了。即便在和平年代，维持一支 50 万人和大约 10 万匹战马的军队，每年似乎也需要逾 850 万两银子，或者为此目的而预算的等价物。边境经常发生小型冲突以及区域性战斗，为弥补由此带来的损失，这就需要更多的经费。除了来自北京的年例银外，边镇还依赖从地方上运来的物资以及在当地的征发。然而，这些物资和资金并不总能全额运到。我们可以理解，总督们的要求并无不当。

面对财政亏空，边镇不得不扩展它们的资源，以满足自身需求。账面上的记载，并不总是跟实际情况相符。财政规章也很少严格遵循。总督的个人手段成了管理中的关键要素。甚至在 16 世纪 70 年代，张学颜、梁梦龙、王崇古辖下的几个边镇总体上都有改善的迹象，但窜改财政报告的趋向就已经出现了。到 16 世纪末及其以后，情势不断恶化。明朝灭亡前夕，各边镇要求粮饷时，向户部提供的士兵和马匹数字，则极尽夸大之能事；同时在给兵部的报告中，各镇为规避战争的责任，却又将自己的士兵和马匹的数量大打折扣。在 1643 年，户部尚书倪元璐难以置信地

① 何士晋：《工部厂库须知》（玄览堂丛书本），卷八，页 84。
② 《明史》，卷二二四，页 2584；《春明梦余录》，卷三五，页 28；《神宗实录》，页 2853、3484、4331。

发现，两个镇合计虚报的士兵人数达到 130 万人，而这根本是不可能的！①

自抗倭战争以来，南方诸省的防卫设施及财政管理就牢牢掌握在省级官员的手中。供应军需的赋税收入，由各省巡抚、总督征收，并且由他们支配。这样的做法出现以后，也推广到没有受倭寇骚扰的地区。16 世纪 80 年代和 90 年代，云南省在边境与缅甸领袖莽应里（Nanda Bayin）作战。云南巡抚一再向北京请求援助。有一段时间，朝廷授权云南可以向四川"借"。1594 年，边境冲突仍在继续，云南巡抚最终得到皇帝的一道谕旨，其中部分文字这样写道："云南以后兵饷自处，不得再借。"结果，巡抚只得增加对云南采矿的征税，其税额从每年 5 万两银子增加到 8 万两。② 加税授权似乎由帝国政府严格控制；然而，北京对于此事及类似事项的控制只是名义上的。同样，四川省还在其辖境内对茶征税，以保障军事供应。③

因此，抗倭战争对明代的财政管理所产生的影响，可能比历史学家们通常所想象的要深刻得多。也许可以说，其实有没有倭寇并不重要，抗倭战争之前中国南方的军备失修，迟早会引发一些根本性的变化。另一方面，因为战争而引发的财政上的地方分权，也有悠久的历史渊源。在明朝建立之初，财政管理是以乡村商品经济的运作来设计的：赋税完全征收实物；政府在处理赋税

① 《倪文贞公年谱》，卷四，页 5。
② 《神宗实录》，页 4177；《天下郡国利病书》，卷三二，页 46。
③ 《大明会典》，卷三三，页 22；卷三七，页 2。

收入时则尽可能避免积聚过多的物品，因为这样的积聚将使它可用的服务设施变得很紧张；中央政府的控制很严格，但严密的控制仅限于财政上的指导，朝廷很少去处理实际的运作。实际上，在中央政府的命令下，每一个知府或者知县都似乎扮演着皇帝设在各地的低级出纳员的角色。在这种体制下，帝国的财政资源从来就没有真正地得到统一。相反，这种运作方式的特征是：许多缴纳而来的税收实物，每种总量却都很小，常常从国家的这一端挪到国家的那一端。16 世纪，随着军事危机出现，白银的广泛使用也同时来临。明廷既不愿意也没有力量进行根本性的改变，来适应新的环境。结果，新瓶装了老酒：除了运输途中的大量谷物换成了一包包白银之外，高度发达的货币经济之下，明代财政管理的基础却依然是早期实物经济的概念。信贷技术从来就没有在财政管理中得到应用。一旦军事开支增加对这种体制的压力，更进一步的地方分权就不可避免了。

我们认为，16 世纪开征的新税是正当的，征收税率大体上也是合理的。它最大的倒退，就是缺乏全面的规划和监管。授权地方官员开征新税，并且允许他们自己管理这些资金，其实是一种很危险的委托。管理的效率很低下；营私舞弊也无法根绝。在许多情况下，这样的征税挥霍了帝国的税收潜力，却只产出微小的收益。结果，地方主义进一步使中央政府丧失行动上的自主性；总的说来，这就取消了帝国财政的弹性。

V

在本文总结之前，我们先必须停下来讨论一下张居正的业绩。张居正是明代最伟大的政治家之一，主宰朝政 10 年。如果不讨论张居正的财政管理，我们这里讲述的故事就会不完整。在 1582 年张居正逝世前不久，北京的粮食储量可供逾 9 年之需，太仓老库的积银超过了 600 万两。太仆寺的积银也有 400 万两。同样，南京银库积银 250 万两。各省储积的钱粮亦很充足。在 16 世纪财政史的背景下有这样的丰功伟绩，是一个很矛盾的现象；从某种意义上来说，这也与我们前述种种议论表面上看来是相冲突的。

事实上，张居正的财政挖掘性建设正是在与俺答汗议和后不久就着手进行的，同时倭寇的威胁也消除了。张居正的政策目标是，在不减少政府收入的同时，大力削减政府开支。在他的命令下，所有不必要的、不紧迫的政府活动要么被取消，要么被推迟。政府的廪膳生员的数量削减了。负责采办的宫廷宦官，也被置于严格的监管之下。省级官员得到命令，要求节约劳役，总体上要降到现有水平的三分之一。帝国驿站系统提供的食宿服务降到最低点。然而，尽管有这些节省措施，平民百姓提供的服役却并没有减少。节省下来的，都交到了国库。罚赃、抄没、赎刑所得的收入，之前是漫不经心地加以处理，此刻却要经过细致的审计。赋税拖欠者，其中大部分是富裕的土地所有者，则会得到彻底的查处；他们的欠款也会认真追索。尽管张居正本人不愿意，但是在他执政期间，出售官职仍然在继续。厉行节约的举措还延伸到军队后勤方面。由于一段时期以来蒙古人得到安抚，边境守卒以及边界逻卒都减少了，因此也就节省下了额外的津贴，而且更多的士兵可以回去屯田。负责边镇的总督们得到建议，要求他们节省开支，其幅度接近由北京送来的年例银的 20%。分配到民户中饲养的军马全部出售，原先由马户承担的替代田赋的养马之役，改而折征货币。①

张居正解决财政问题的途径，虽然颇有成效，但也有明显的负面作用。国家财政积蓄的建设不可能永远持续下去，而它对于经济的不利影响根本无法测算。我们推测，作为一个具有相当远见的人，张居正实施这样的计划，也许是在为整体的财政改革做准备。但是，由于现存资料缺乏确切的证据，我们无法做这样有力的断言。我必须重申的是，在那个时代，朝臣中没有谁具备改组政府机构的权力；仅仅建议激进的改革，也都会招致弹劾。尤其是作为首辅大学士，张居正将自己的职责限于主要是为皇帝票拟诏旨。在他自己的办公室制订财政法律，则明显违反常规。的确，由于年幼的皇帝对张居正言听计从，张居正的确是在实际行使人事任命权。然而，在采取任何重大措施之前，张居正不得不

① 《明史》，卷二一三，页 2479—2482；《国朝献征录》，卷一七，页 60—108；朱东润：《张居正大传》（武汉，1957 年）在讨论张居正的财政管理时有许多错误。关于张居正的政治思想，参见罗伯特·克劳福德（Robert Crawford）：《张居正的儒家法治主张》，载见狄百瑞主编《明代思想中的自我与社会》（纽约，1970 年），页 367—414。

敦促他所信任的尚书或巡抚们呈递相关的奏疏。只有这样，他才能通过为这些奏疏拟旨的方式达到他自己的意愿。① 在写给漕运总督王宗沐的信中，张居正透露："仆今事幼主，务兢兢守法，爱养小民，与天下休息。诸大擘画，必俟圣龄稍长，睿明益开，乃可从容敷奏，上请宸断行之。"② 尽管有刻意过度谦虚之嫌，然而，从明朝的一般做法看来，这番言论多少还是反映了这位大学士的真实想法。

1580 年年底，张居正最终以皇帝的名义命令在全国范围内进行土地清丈。但是，到那时候，张居正本人也仅有一年半的时间可以活了。到他去世时，土地清丈工程并没有完成。在他下葬两个月之后，土地清丈在朝廷内外就引起了严厉的批评。迫不得已，明神宗授权各省官员调整各省的土地申报，以便平息那些反对之声。同时，另外一项清丈工程也被禁止。甚至在两年以后，土地清丈仍然是一个有争议的话题。有人建议说，所有 1580 年清丈期间的土地申报都应该宣布为完全无效，所有的田赋都应该回到原状。对此，朝廷的决定并不清楚。③

就我们所知，除了《明实录》中零散的和不完整的统计外，1580 年土地清丈的申报并没有正式刊行。1618 年明朝为了募集跟后金作战的经费而第一次对田赋加征时，税额仍然是以 1578 年的

---

① 参见《张太岳全集》（晚明刊本）、《张居正尺牍》（群学书社）、《张居正大传》。

② 《张居正尺牍》，卷二，页 23。

③ 《神宗实录》，页 2378、2530、2732。

土地数据,① 也就是清丈前的土地记录为基础。毫无疑问,张居正的努力彻底失败了。

这样说来,张居正对明代的财政制度并没有太大的贡献,尽管他曾有此打算,并且雄心勃勃。但是,我们也许可以相信,他在财政上的节约措施使明王朝的寿命延长了半个世纪。如果没有张居正时代的积蓄,所谓"万历三大征",即 1592 年到 1598 年援助朝鲜抗击丰臣秀吉的入侵、1592 年征哱拜、1594 年到 1600 年镇压杨应龙及其苗族部民的战争,就不可能如此成功地进行。换作 17 世纪,在几乎所有粮食和银两都已消耗干净而模式陈旧的、不堪重负的财政机器却又不得不承重更多之时,这样的成功不可能再现。

VI

总的说来,我们的结论是:16 世纪明代中国军费的上涨,很大程度上是由卫所制度的衰败造成的,而白银的广泛流通和近代武器的高昂费用所起的作用较小。当军屯的效率降到最低点之时,军队后勤本应全部重组。然而,朝廷回避了明显的改组,却摆脱不了财政的苦果。在 16 世纪末,每年最少 1000 万两银子的养兵费,大概再也无法回避。明朝的皇帝及大臣们,由于不能按合理的计划提供资金,只得转而靠临时的权宜之计来应付问题。

---

① 《神宗实录》,页 10862;程开祜:《筹辽硕画》(1620 年),卷一一,页 13、17;卷一五,页 41。

他们只是将危机留给继承者。

我曾经指出，明代世袭兵役制的性质是落伍的。然而，当我们从更宽阔的视野来回顾历史，我们必须承认这样一种事实：在传统中国，解决防务问题从来就没有简便易行的方法。鸦片战争以前，无论是在军事上，还是在经济上，中国从来就没有把自己和其他国家放在同一个竞争平台上。周边的国家太微不足道，不足以认真地当作对手。在这样的环境下，维持一支高水平军队的意义不大。强大的常备军不但是一种浪费，还可能削弱内部的安全。然而，北部边疆的游牧民族所构成的潜在威胁，总是难以预料，也不会让中国人放松警惕。处理这种特殊情况的最理想的途径，就是能拥有现代的动员技术，可以在情况紧急时将骨干部队迅速扩充为一支庞大的军队。但是，这样的动员技术显然超出了帝制王朝的组织能力。伴随此种动员计划，赋税收入的增加和缩减要能适应武器装备水平的起伏变化；对于一个以农业为主的社会而言，这样的财政调整是一项不可能完成的任务。古老的运输和通讯模式，也使它们难以实现。所以，通过调拨部分人口让他们既务农又当兵的军屯制度，是一个折中的弥缝之计。明朝的卫所起源于元代的类似措施;[1] 它的主要特征也为清代八旗制度保留。一种能够贯穿三个王朝、延续600多年历史的制度，其发展绝非偶然。

今天，我们的视野更具优势。我们可以看到：将游牧部落的

---

[1]　参见罗梅·泰勒（Romeyn Taylor）：《卫所制度在元代的渊源》，载见《明代的中国政府》，页23—40。

组织手段移植到农业中国，缺乏现实的可行性。职业世袭的原则，也不适应唐代以后已具有相当大程度的平等性和社会流动性的社会。然而，明朝和清朝的建立者们，却是看不到这一点的。他们所赞成的传统国家观念，就是把社会视作一个有弹性的实体，而只有通过天子的引导和施压，这个社会才可能有望臻于完美。因此，开国君主所颁布的基本法律总是强硬而严格，即便它们跟时代潮流抵触亦在所不惜。① 实际上，这样的教条在传统中国取得了一定程度的成功。在谴责世袭军户制度的同时，我们常常忽略这样的事实：明代卫所制度和清代八旗制度在衰弱之前，各自都曾经有效地运转了大约 100 年；只是到最后，社会力量才设法击败了帝国制度。当此之际，朝廷所遇到的不再仅仅是军事问题，而且还有财政问题。继军事危机而起的财政困难，制造了一个在中国历史上不断重现的奇怪现象：王朝初年，新生的军事力量及其较低的维护开支，使有征税能力的政府不需要太多的税收；然而，到王朝末年，政府需要大量资金时，却又没有了征税的能力。

在考察了晚明的财政困难后，我们认为应该摒弃重赋导致明朝灭亡的传统观念。明朝的失败，原因在于朝廷没有能力将帝国的资源动员起来。我们曾经考察过这段时期 102 个州县的田赋情况。结果我们发现，在 1618 年前，一个县合计的赋税，再加以各种加耗，很少超过该地区估测谷物产量的 10%。此后一直到王朝

---

① 参见路易斯·加拉格尔（Louis J. Gallagher）：《16 世纪的中国：利玛窦日记（1583—1610）》（纽约，1953 年），页 43。

末年的累计加赋，也绝不致使这一税额翻一番。但是，由于我们前面已经谈到的赋税摊派在不同个人之间的不公平，我们确实不能弄清那些纳税最多的纳税者要承担多大的财税负担。迄今为止，我们甚至找不到一个这样的典型案例。

在晚明，赋税结构极其混乱。土地名义上分为田、地、山、塘等类型，又按沃瘠程度分出不同等级。不同地区的等级和类型又有差别。在许多县，这些等级与类型交叉，就形成了数十种类型。① 然而，类型尽管复杂，却不一定真实反映了土地的沃瘠程度。额外之税也多种多样，每县不下 12 种。在正赋以外，还要征收草、棉布以及其他物品。为弥补粮食损耗和运输费，则又有加耗。当赋税折银时，为熔化银子也要加钱。劳役和其他杂役改为折征，分摊到土地上。军事供应和民兵役也是少不了的。此外，每个县都可以额外加征，以弥补该县其他税种的损失及拖欠。有些加征是按正赋的一定比例征收；有些加征则是按土地亩数来加征的，却并不管土地的分类。有些加征的赋税，数量极其细微。最极端的是，一个县内某个加征税种的总收入可能不到 5 两、10 两银子。因此，征收的税率也总是精确到每石粮食或每两银子的小数点后 10 到 12 位。想一想如此笨重而复杂的赋税表格，要是能根除营私舞弊简直就是奇迹！虽然一条鞭法使赋税得以简化一些，然而，与一些历史学家们的想象不同，一条鞭法并不是一次彻底的改革。在大部分县，一条鞭法只是简化了征收程序，而没有改变赋税结构。即

---

① 何炳棣：《明初以降人口及其相关问题：1368—1953》（马萨诸塞州坎布里奇，1959 年），页 102—153。

便采用一条鞭法，许多县的税单仍然保留着各种各样的条目以及混乱的税率，只是每个单个的土地所有者的赋税总额合并了而已。

改革缺失的背后，是否该由心理惰性对此负责呢？心理惰性只能负一部分责任。要查明什么对这种荒唐可笑的赋税结构担负责任，我们不得不再次追溯到明朝初年。由于一厢情愿地想象军队可以通过屯垦实现自给自足，明朝的田赋从一开始就征收得太低。甚至当时的评论者，也认为明朝的田赋远低于宋朝的水平。① 明太祖的设计，实际上是一种很简单、人力很少的行政管理：征收较低的税赋，再缩减政府功能，使得朝廷维持一个小型官僚体系成为可能。在 1371 年，全国所有的省级官员及地方官员，总计只有 5488 人。② 甚至到明朝后期，整个文官政府可能也不到 15000 个职位。③ 不够充分的行政管理人力，迫使政府将士绅纳入，让他们充当乡村社会的领袖。因此，地方赋税征收就托付给了大地主们；地方争端也是由乡村的老人处理。这种设计，既是出于现实的考虑，也适合传统的意识形态。在通讯不够发达的时代，地方政府人员过多，对于中央政府来说不是什么好事。如果省级官员有足够的办事人员、精细的办公功能，他们就可能构建自己的地方权力，从而对帝国统治形成挑战。另一方面，最小化的行政管理，使帝国政府可以保持其单一的统治结构，并且确保

① 《姑苏志》（1506 年），卷一五，页 1；《金华府志》，卷八，页 40；《徽州府志》（1566 年），卷七，页 1、4。沈德符：《野获编补遗》（扶荔山房本），卷二，页 37。

② 《太祖实录》，页 1176。

③ 贺凯：《明代的政府组织》，页 70。

皇帝的控制。同时，士绅的参与也符合儒家教条，因为儒家教条一直认可有文化的人就是要统治没有受过教育的人。这种安排长期形成的后果，便是乡村士绅们处处受益。较低的税率，更容易使大批土地集中到他们少数人手中；作为政府辅助人员的地位，也使士绅们在某种程度上能支配地方官员。在 16 世纪后期，在这个体制下，士绅们已经获益了 200 多年。地方官员也开始在地方志中抱怨，指责士绅们阻碍了他们的赋税管理。[①] 这样的发展，使帝国政府无所不能的权力变得只不过是一场泡影。只是在任意处置某个倒霉的个人时，帝国政府还是无所不能的；然而，要是统一执行赋税法律，帝国政府的能力便极其不足了。我们有充分的证据相信，在明朝后期，没有地方士绅的赞成，赋税方面的规章不可能行之有效。即便是张居正的土地清丈，也因为地方士绅的阻碍而失败了。

在进行这项研究的同时，我们开始对中国历史的复杂性有了充分的认识。我的研究是从一个有限的领域，从讨论一个较短的时间段内的、特定的话题开始的；然而，在研究过程中，我们发现有必要重新审视整个明朝的历史。一个技术性的疑问，可能引导着我们漫游无数的穷街陋巷，包括人性、统治思想、官僚组织和社会习惯。传统的意识形态与现实关注纠缠不清，很难彼此区分。所以，尽管我们的目的只是要叙述明代，然而在历数这些复杂性之时，我们却难以抑止地想以下面一段提醒的话来结束本

---

① 《常熟县志》（1539 年），卷二，页 42；《汶上县志》（1608 年），卷四，页 4；《天下郡国利病书》，卷二二，页 30。

文：今天，所有的这些复杂性在中国依然大量存在，依然呈现在我们自己的眼前。

原载 *Oriens Extremus* （Hamburg，Germany），17：1/2（Dec.1970），pp. 39—62

明代的财政管理 *

　　用一篇论文概述一个绵延270余年的帝制王朝的财政史，并非易事。尽管如此，对明代财政史作总体性考察的尝试，却是越来越值得去做。这样一种基础性概述的缺乏，对学习明代经济史的学生们来说是一种严重的障碍。明代的官僚以及现代的学者们，总是割裂地看待每一个财政问题，所以他们往往将明代的财政管理分解成为不同的主题。他们的作品也很少会互相参考。在大多数情况下，一个要素与另外一个要素之间的相互影响，则全然被忽视。在当代人的作品中，我们也找不到将财政管理作为一个整体而进行的全面而综合的研究。对那些能很好地适应现代历史研究中特别受到重视的专业化需求的学者们来说，这也许是一件值得庆幸的事情。然而，缺乏对整体运作状况的认识，就很难

　　* 此文的写作，笔者得到了南伊利诺斯大学的无私赞助。内子格尔（Gayle Huang）帮助核实文中数据，并将英文稿加以润饰。

评价其各个部分的功能。卷帙多得可怕的资料以及明代政府组织中隐含的诸多微妙之处造成了另外一种令人误入歧途的障碍。它们使得学者更不愿意深入探寻他们专业领域之外的遥远角落，因为这样的探索一旦开始，就会永无止境。因此，我们是在冒险——不知不觉中受到原始资料中相互割裂的观点的影响。

无论从什么样的标准来看，玛丽安娜·丽格（Marianne Rieger）都可以称得上是一位勇敢的历史学家。30年前，她已试图着手描绘明代财政管理的轮廓。她的努力给我们提供了一个明代赋税及其管理的术语表，还提供了许多附有注释的评论。她所提供的一般性概念，直至今日依然是很有用处的。但是，她对明代财政运作的诠释，却多半已经过时，或者已经被时下的研究推翻。此外，她的成果还只是局限于对明代财政结构作表面的观察，而对明代财政机构的功能运作却很少发表意见。①

本文致力于将这种尝试往前推进几分。我的目标分为两方面：一是要考察明代的财政制度及其用途，再则是要探讨17世纪初财政危机的根源。在我看来，这两个主题彼此之间是密切相关的。研究其中一个，几乎不可能不触及另外一个。我的报告将试图涵盖明代财政的正式结构及功能措施两个方面。当然，我的研究结论也不过只是一个初步的轮廓而已。我从来都不敢幻想下面的分析是彻底而全面的，也不敢幻想这样的分析永远都不会被修正。不过，我还是希望，这样的一个轮廓的勾勒，能对时下研

① 玛丽安娜·丽格：《明代的财政和农业：1368—1643》，《汉学》，XII（1937年），页130—143，235—252。

究明代政府及明代经济史的学生们有一些参考价值。

传统理财思想与措施的影响

在传统中国，治国之术与儒家人本主义是密不可分的。除非它被认为与古典精神保持一致，否则没有哪个政权能够赢得公众的支持。对于"仁"的关注，总是先行占据着官僚们的内心世界。明代的行政管理者，尤其愿意让他们的政策及程序屈从于德治政府的概念，有时候不惜以损害合法性及行政效率为代价。在那些由明代官僚所撰写的无数官方文件中，我们很少发现作者们会以一种实际而直接的方式来处理问题。相反，我们发现，即便是讨论财政问题，官方的记录也总是演绎成长篇大论，而其关键论点也多服从于道德考量。这种普遍的态度，对明帝国的财政管理来说是一种重大缺陷。以下一些例子，可以帮助我们阐明这一点。

1521 年，邵经邦被任命为工部主事，前往内陆港口荆州征税。商税本应该按商品的价格以一定的税率征收，然而，明代朝廷却依然每年给各个港口分配定额，基本上作为征税的大致目标。三个月后，邵经邦所征之税完成了税额。因此，他便停止征税。那一年中剩余的另外几个月，商船停靠该港口，不再纳税。[①]
1565 年，另外一位征税者杨时乔在杭州创建一种信任制度：税收

---

① 《明史》，卷二六〇，页 24。

的估定，完全取决于商人自我申报，而不进行任何官方监管。①
在我们今天看来，这两位官员在征税中都是犯有渎职和追求个人
声望的罪行。但是，在当时，人们不会这样指控他们。相反，明
代的历史学家们称赞他们，认为他们就是向人们广布皇恩的模范
官僚。

1590 年，北京宛平县知县沈榜发现，京城中活跃着一个诈骗
团伙。嫌疑犯伪制数颗官印，以相当于正常契税一部分的价格出
售伪造的房屋过户的契尾。北京的许多居民，都跟这些诈骗分子
们有过交道。结果，税契大为减少。在嫌犯被捕后，沈榜贴出公
告，要求那些购买假契尾的人补交长期以来漏缴的税款；对于那
些没有主动补缴的人，他将处以沉重的罚金。年底之前，巡视北
城的御史便弹劾沈榜，说他乃是"贪臣"。这份弹章还指责说，
沈榜"科罚横行"，不应该对"愚民可悯等事"滥施刑罚。另外
一位奉命调查此事的御史澄清了之前对沈榜"贪婪"的指控，因
为沈榜没有企图从中牟取私利。但是，分析到最后，这位御史也
还是指责沈榜执法过严，背离了儒家仁治政府的观念。②

由于赋税被视为"民脂民膏"，明朝官员对政府经费特别关
注。对于准确性的追求，经常达到一种不切实际的程度。作为一
项原则，政府收支被分解成精确到小数点后十多位的数字，至少
账面上如此。北京宛平县 1592 年的正赋，详列在官方的报告之

---

① 《明史》，卷二二四，页 21。
② 沈榜：《宛署杂记》（北京：1961，重印），页 86—90。

中：3668.7526548666125 两银子。① 1620 年的《徽州府赋役全书》列举了该府每丁科银 0.1054117712 两。徽州府冬麦的税额，如果要折成货币支付，就依照每石 0.3247275302 两银子的比率。② 这种极累赘的方法，在整个明代都很普遍。满洲人入关以后，有一段时间里他们也遵循着同样的做法。直到 1685 年，康熙皇帝才最终宣布，小数点后 4 位数以后的细小数据应该被省略。③

从理论上说，作为官僚体制中的一员，乃是一种荣誉，而不是一种寻求物质补偿的机会，其中所含的责任多于特权。人们也希望学者官僚们能过一种清教徒式的俭朴生活。由这一原则出发，明代官僚的薪金水平设计得非常低。例如，户部尚书每年可以得到的薪水是米 732 石。薪水的数量逐渐下降，到官僚体制的最低级成员为每年 60 石。④ 最后，薪水还部分以实物支付，如棉布、胡椒以及贬值的宝钞，使政府官员所得到的实际工资进一步下降了。因此，帝国官僚的薪水在国家开支中仅占极小的一笔。⑤ 1578 年，由国库开支的京官们的俸粮和薪水，总计还不到 50000 石米和大约 44000 两白银。⑥ 1629 年的一份奏疏声称，除了数量不定的付给留居京城的皇室成员的禄米以外，每年维持京城所有

---

① 沈榜：《宛署杂记》，页 48。
② 《徽州府赋役全书》（1620 年编纂；国会图书馆缩微胶卷），页 4。
③ 《清史》（台北，1961），II，页 1464。
④ 《明史》，卷七二，页 11；卷七二，页 13。
⑤ 对于明代官员薪水的出奇之低，许多历史学家都有过评论。参见《明史》，卷八二，页 16；赵翼：《廿二史札记》（丛书集成本），卷三二，页 686。
⑥ 《明史》，卷八二，页 20。

衙门的花费总计约 150000 两白银。① 这一数量，尚不到国家总开支的 1%。

传统人本主义的理想主义精神，并不经常能够得以实现，因此就不得不接受针对既定规则的妥协及幕后操作。前述对官僚的薪金支付规模，显然是导致明王朝后期许多非常态的做法以及官员腐败的重要原因。从许多被检举的官僚家中抄出巨额财产，清楚地证明高级官僚们正在以非法或部分非法的收入来补充其微薄的薪酬。实际上，在明代财政管理中，包含着两个很值得我们注意的、不可调和的极端：原则上不折不扣地遵从严格的秩序，而事实上却是越来越多的对该原则的侵犯。

明代的大部分国家制度，传承到明朝后期时，就派生出了许多习惯做法，但从不创造新法。一项重要的先例一旦由皇帝确立，它就具有某种继任者们应该加以遵循的效力。由于明朝官员接受静态经济的概念，他们想当然地认为：祖宗所创立的财政政策同样适用于他们自己的时代。除非在特殊的情况下，他们会尽量避免偏离从前的做法，而政治家们也很少敢提议对现行制度进行全方位的革新。虽然偶尔会有即兴而作的微调，但那也只是完美制度的暂时性替代做法而已。极为讽刺的是，随着时光的推移，这样的作为权宜之计的修正也会获得尊重，并且像之前的先

---

① 孙承泽：《春明梦余录》（古香斋袖珍本），卷三五，页 15。（编者按：查北京古籍出版社 1992 年出版的点校本《春明梦余录》，卷三五页 575 有"崇祯二年仓场侍郎南居益奏查京支出数"，在京各衙门并顺天府宛、大二县"每岁支银十四五万余两"。）

例一样得以遵循。《大明会典》（明朝的社会状况汇编）收录了大量这样的先例。其中，财政管理的许多条目彼此之间是不统一的、不连贯的，甚至是相互矛盾的。所以，缺乏阶段性、系统性的改革，仍然是明朝政府最根本的缺陷。它的根本制度是严格构建而成的，以至于无法适应任何环境的变化。

户部及户部尚书

在明代，户部尚书很少是政策的制定者。大部分时间里，他只是皇帝的财政顾问。他被授权监督日常的财政事务；但是，如果涉及任何哪怕只是轻微偏离既定程序的活动，他都必须得到皇帝的批准。虽然只是向皇帝提出建议，户部尚书却又难以免除罪责。刘中敷在 1441 年被逮入狱，仅仅是因为他请求将御马分牧民间。这一项并没有什么坏处的建议，被视为足以冒犯皇帝而遭弹劾。法司建议对刘中敷及户部侍郎处以死刑，因为他们竟敢变乱"成法"。刘中敷得到了英宗皇帝（1435—1449 年、1457—1464 年在位）的宥赦，但却被命拿着长矛在宫门守卫，16 天后才复任尚书之职。① 这个例子表明，户部尚书们的行事自由是受到严格限制的。

在明代的 89 位户部尚书中，25 人致仕，22 人调任他职，16 人免职，7 人死于任上，7 人因病或守制离职，3 人被处决，2 人

---

① 《明史》，卷一五七，页 8。

罢黜削籍，1 人流放，1 人擅自离职，1 人死于战场，1 人在明朝灭亡时自杀殉国；另外 3 人没有说明，因为从现有的资料无法确定他们离职的缘由。① 对这一名单的分析进一步证实，户部尚书十分依赖于专制君主的主观意志。

明朝的开国皇帝明太祖（1368—1398 年在位）是位冷酷无情的专制君主。为他效劳的 12 名户部尚书中，只有 3 人体面地离职。其余的或者被投入牢狱，或者被罢黜、流放乃至杀头。而且，比起行政才能来说，明太祖似乎更看重户部尚书的谨小慎微。在朱元璋统治期间，出任户部尚书之前必须在户部任职多年，而且公认精通各类细节，已成了一种惯例。郁新在 1393 年擢任户部尚书，是因为他在应对皇帝询问时能够对赋税、人口的各种重要统计数据随口而出。② 户部尚书要注重细节的要求，此后似乎也一直存在。1441 年，前述那位倒霉蛋刘中敷，因为在应对皇帝咨询时没能记起瓦剌入贡的马、驼数量，而被处以死刑。③ 另一方面，夏原吉（1402 任户部尚书）和王琼（1513 任户部尚书），因为他们准确可靠的记忆而被称赞为明敏杰出的管理者。王琼尤其能够记忆各仓所积以及向各地驻军供应的准确数字。④

---

① 《明史》卷一一一列举了 91 位户部尚书。然而，其中有两位从未履任。这使得真正履任的户部尚书人数下降到 89 人。《明史》有其中 51 位户部尚书的传记。龙文彬《明会要》（台北：1956 年重印）提及杨思义（1368 年任）及滕德懋（1370 年任）也出任过户部尚书（第一册，页 514），但是《明史》关于户部尚书的列表中却没有他们两人的名字。

② 《明史》，卷一五〇，页 1；龙文彬，《明会要》，第一册，页 515。

③ 《明史》，卷一五七，页 8。（编者按：《明史》原文："瓦剌入贡，诏问马驼刍菽数，不能对，复与玺、璿论斩系狱。"）

④ 《明史》，卷一四九，页 5；卷一九八，页 8。

明成祖（1402—1424 年在位）戎马一生。他的户部尚书夏原吉，任期长达 20 年，又伴随他出入疆场，从而得到足够信任，成为首席顾问。然而，1421 年，仅仅因为试图劝说明成祖不要亲征大漠，夏原吉就被逮捕，从此失宠。① 也许，整个明代一朝，发挥了突出的主动性并且充分履行了职权的户部尚书只有郭资一人。据说，郭资曾数次拒绝奉行明仁宗（1424—1425 年在位）的蠲租之诏。② 郭资之所以敢于不服从皇帝，很大程度上是因为郭资在仁宗做世子时曾经辅助过他。另外，仁宗是一个特别能容忍而且温和的君主。明宣宗（1425—1435 年在位）继位以后，郭资再次被任命为户部尚书。1432 年，明宣宗抱怨说他减轻人民赋税负担的诏令一再不被户部理睬。③ 这件事似乎表明，这位高层政治家郭资，依然能自主地掌控户部的事务。但是，郭资违抗皇命，并没有扩大户部的权威。1451 年，金濂试图效仿郭资，但没有成功。那一年，景帝（1449—1457 年在位）诏减天下租赋三分之一。金濂则显然想尽快使国家财政走上正轨，解释说皇帝的诏令只是针对实物税，并且决定那些折银征收的赋税不在减免之列。他下达给各布政使司官员们的指示还没来得及生效，金濂就已经银铛入狱了。④

---

① 《明史》，卷一四九，页 6—7。
② 《明史》，卷一五一，页 6—7；参见：卷八，页 6。
③ 顾炎武：《日知录》（万有文库本），第四册，页 50。
④ 《明史》，卷一六〇，页 5。（编者按：《明史》原文："初，帝即位，诏免景泰二年天下租十之三。濂檄有司，但减米麦，其折收银布丝帛者征如故。三年二月，学士江渊以为言，命部查理。濂内惭……遂下都察院狱。"）

15 世纪中期以后，户部尚书们的遭遇似乎要好一些。随着文官制度的成熟，户部尚书的任命只授予给那些颇有资历的人，通常是那些能力得到普遍公认的巡抚或总督。虽然整个明代一朝，户部的官员们都可能被判处死刑，此后却再没有施加于帝国的首席财政管理者身上。甚至，皇帝也很少命令将户部尚书投入监狱。在 1521 年明世宗即位以后的 46 位户部尚书之中，11 人以致仕结束任期，14 人调任他职，7 人辞职。虽然有 9 位户部尚书被正式解职，然而我们只知道王杲（1547 年任）和毕自严（1633 年任）任户部尚书时曾经下狱。① 这样的一份记录也许会留下这样一种印象，即认为明代晚期占据户部尚书一职的人更得到皇帝的礼遇，户部尚书为皇帝效劳的同时，有了一定程度的尊严。然而，户部的权力却几乎没有增加。

　　宦官权力在武宗统治期间（1505—1521 年）及其后的稳步上升，是明代历史上为人熟知的现象。随着越来越多的宫廷宦官接受采办的任务，监督劳役与物品供应的分配，宦官与户部之间的利益冲突就不可避免了。一位户部尚书时常会发现，能否保住自己的职位取决于自己是否愿意与权阉合作，向他们妥协，并且顺从他们。许多户部尚书，包括几位看起来是按照正常的行政程序而致仕的户部尚书，实际上都是因为反对向负有特定使命的宦官拨款而被迫离职的。在与宦官的斗争中失败以后，秦金、马森、汪应蛟分别在 1527 年、1569 年、1622 年致仕，毕锵在 1586 年辞

---

　　① 《明史》，卷二〇二，页 7；卷二五六，页 7。关于毕自严入狱，还可以参见蒋平阶《毕少保公传》（清初本），页 22。

职，王遴在 1585 年调任他职。①

明代晚期日益加剧的朝官间的党争，对户部的运作也构成了障碍。明代的统治制度要求皇帝接见大量的朝廷官员，既包括高级官员，也包括低级官员。数量庞大的监察御史、按察官、各部官员，乃至郎中、员外郎，都可以向皇帝呈送奏疏，内容巨细无遗。几乎每一个人，不管他擅长什么，现任何职，都可以对财政政策提出抗议和批评。这样的批评通常由日渐发展的党争所引发的个人好恶而激起。奏疏中所表达的观点，常常反映的只不过是党派的、教条的争论，毫不理会财政的技术细节。按规定，户部尚书要对所有这样的指控作出回应。1578 年殷正茂请求致仕，1611 年赵世卿擅自离职，两人都是党争的牺牲品。②

对财政管理作这样的批评，其负面作用显而易见。要求最高财政管理者对来自各方面的指控作出回应，会消耗他大量的精力。在 1629 年至 1633 年间任户部尚书的毕自严，被他的传记作者描绘成整日忙于撰写自己的奏章，一天要写好几千字。③ 在毕自严留下的资料中，我们很少见到这位户部尚书以清晰而专业的术语讨论问题。在他的作品中，语气始终是在辩解，而讨论的主题则五花八门。这无疑反映了那个时代的通行做法。曾在明代最后一朝崇祯朝（1627—1644 年）后期出任户科左给事中的孙承泽

---

① 《明史》，卷一九四，页 15；卷二一四，页 7；卷二二〇，页 9—10；卷二四一，页 11。

② 《明史》，卷二二〇，页 24；卷二二二，页 26。

③ 蒋平阶：《毕少保公传》，页 26。

发现，那些由他所在的户科交给皇帝的奏章，与 17 世纪 20 年代后期的数量相比，增加了 50%；而与 17 世纪第一个 10 年的数量相比，则增加了 70%。最后，虽然自己是一个职在进谏的官员，孙承泽却观察到："夫议论日多，则事功自应日集……启事日多，则人才愈锢。此其病在议论多，虚饰亦多也！"①

明朝户部的组织，按我们的标准看来，可以说其人员不足已达到不可救药的地步。尚书之下，有两名侍郎。但是，这些职务还通常授予那些承担着特定任务的人，如总督仓场、漕运总督、负责向东北地区提供军事供应的总督粮草。通常，户部尚书之下没有任何执行官员，没有审计官员和会计人员，也没有全职的仓库管理人员，更没有预算人员。户部尚书直接与户部 13 个司的郎中打交道。② 即便在组织机构表中为户部尚书安排了"司务"和"照磨"等职，这些官员也很少充当助理秘书的角色。当户部尚书倪元璐提拔一位聪明但当时寂寂无名的学生来做司务，并且还给他配备了 5 个吏员来负责日常事务时，这样的举措被认为是一件新鲜事。③ 每个司设有 3 到 4 名文官，但是这些职位并不总是满员。即使所有的职位都没有闲置，占据这些职位的人通常也被派往各省担任实职，而长期不理部事。在 16 世纪 70 年代，户部的官员们甚至不用到公署报到。他们只是名义上拥有户部的职位，而不用做任何事情。这样的任命，只是让他们可以得

---

① 孙承泽：《春明梦余录》，卷二五，页 27。
② 参见鹿善继，《认真草》（丛书集成本），卷一、二。鹿善继在 1619 年掌管户部河南司及广东司。
③ 倪会鼎：《倪文贞公年谱》（粤雅堂丛书本），卷四，页 8—9。

到进一步升迁而已。在大约 165 名低级吏员的协助下，各司的郎中承担着繁重的户部事务。直到 1572 年至 1576 年间王国光任户部尚书时，他才命令所有的户部官员每日入署治事。① 甚至在 17 世纪第一个 10 年，户部各司的郎中都是空缺的，尚书李汝华不得不自己剳管数司。② 在这样的情形下，户部完全没有足够的人力来制定总体预算，协调不同部门的活动，乃至汇编现有档案。

财政运作之缺乏中央计划，最后变得非常明显。整个户部事务的执行，主要是按照不同的目的将某些特定的税收予以标记，让收支情况逐项相抵。由内陆各港口的商税所获得的收益，将送到某个官方船厂，以备造船。从某个特定的府征收来的田赋，将送到某个具体的边镇。省际之间的现金来往，通常由递送人员和相应的负责接收的官员来执行。这个系统就像安装在一块主板上的无数个线圈，而操作主板的却又是线圈自身。随着时间的推移，这一系统变得特别麻烦，尤其是在产生了新的开支，而资金流向又有必要变更的时候。1592 年，北京宛平县的知县声称，按照中央政府的要求，他需要将银两分别送往 27 个仓库和部门。然而，涉及的资金总量却还不到 2000 两白银。绝大部分的项目，所涉银两不到 50 两，有些只是 1 两或 2 两。③ 户部的每一位官员都被安排去监督相应地区这样的现金流程。可以想见，这些官员很难对这些现金往来有清晰的概念，更别说对支出的效率进行评

---

① 《明史》，卷二二五，页 3；龙文彬，《明会要》，第一册，页 521。

② 例如，李汝华做尚书时即剳管户部河南司。参见鹿善继《认真草》，卷一，页 7。

③ 沈榜：《宛署杂记》，页 49—50。

估了！

明代的财政制度没有清晰区分国家收入与地方收入。所有的赋税收入都归朝廷。哪些钱用于朝廷开支，哪些用于地方开支，皆无章可循，哪怕是泛泛规定的原则也没有。资金归类的名词，如"起运"、"存留"，从字面上讲就是"支付完毕"和"留在原处"的意思。前者指那些送往缴税地以外的仓场的款项，而后者则指留在当地分配的款项。通常，"起运"资金指定用来支撑京师及帝国军队的开支，并且为各种各样的国家工程提供经费，而"存留"资金可以视为主要被当作地方经费和地方积蓄。但是，划分界限并不是如此确切无疑。从一个县"起运"的资金，出了县界以后，可能供应给府、省，用于地方救荒。相反，"存留"资金有时候却被用于朝廷开销。例如，北京的大兴、宛平二县的知县，都有责任为京城每三年举行一次的科举考试提供金钱、饮食和文具。由朝廷进行的活动，而让地方买单，这便是一例。①更过分的是，"起运"及"存留"以外的剩余部分，只能按皇帝的旨意来使用。全国无数仓场内的积存，理论上来说都是朝廷的储备。整套制度，就是要求中央政府在财政运作方面对地方政府作极其细致的指导，而这使得有效的财政管理几乎是不可能的。

户部从来没有编制过对地方财政有指导性的预算。在明朝初年，朝廷的确曾经要求过几个省呈送次年的收支预算。然而，预算控制从来没有发挥效用；在某种程度上，这是因为地方官

---

① 沈榜：《宛署杂记》，页146—147。

员同时兼具赋税征收者和经费消费者的双重身份。在那些偏远的省份，往往在该财政年度已经过去 2/3 的时候，预算报告才刚刚送达朝廷。在 1513 年以后，年度财务报告没有继续下去，取而代之的是十年一度的报告。① 但是，这样的报告只不过是粗略的估计而已。1583 年后，各省、府递交的十年一度的报告中，还要求包括劳役折银及其开支情况。这些报告后来便成了所谓《赋役全书》。② 在国家层面上，则有《会计录》之编纂。尽管这些手册卷帙众多，提供了大量的信息，但是，其资料却从来就没有按合乎逻辑的、完整的方式加以编排。各种各样的物品，如谷物、棉、麻、丝织物、椰枣、芝麻，都混在一块。各种款项，包括银两、按串论的铜钱、政府发行的已经贬值的宝钞，从来就没有转换成一种共同的标准而加以合并。开支的小项，往往分得极细，如渡船的维修费、政府印签使用的朱砂颜料以及逐日里开支的更夫的工钱。即便有今天的商务设备的帮忙，我们也会感到这些数字实在难以驾驭，因为无论转换率还是单位、度量都根本不清楚，更别说还有那些额外之征和运输费用。在 17 世纪初之前，明朝官员能够理解他们所得到的财政信息手册，并且对它们做出合乎逻辑的解释吗？我对此十分怀疑。1632 年，户部尚书毕自严曾经给庄烈帝朱由检进呈过一份备载全国各地逋赋的奏疏。从现在的影印版看，逋赋的名单

---

① 《大明会典》（万有文库本），卷二九，页 867。
② 关于《赋役全书》的起源，参见毕自严 1628 年的奏疏，载见孙承泽《春明梦余录》卷三五，页 24—28。

在小册子中占了4页半。在众多的条目中，毕自严提请皇帝注意吴县所拖欠的用以折抵该县每年向朝廷进贡的蜂蜜的款项，其总价值不到28两银子。尚书向皇帝报告这种小事，发生在一个全国逋赋高达数以千万两计的时候!① 总体而言，我们可以说，这样的行为是明代基本的财政体制所带来的自然而然的结果。在这种体制下，集权的户部所进行的，却是零散的管理。由于管理者的眼界始终有地域的局限，并且冥顽不化，他们所能做的，就是倾向于不断强调那些细小琐碎的事情。

这种财政管理体制最大的弱点，就是很少有官员能够做出总体的评估和预测。事实上，明代官员通常都不愿意去预想将来可能遇到的问题，也不愿意做庞大的预算。他们更愿意静静地等到赋税拖欠或财政亏空真正发生后，再尽其所能寻求补救的措施。

在明朝的政府机构中，北京的几个部、司、监以及南京的相应机构，都有它们自己独立的收入。这些收入，是从特殊的商税、固定的田赋、役的折色等项目中获得的。我们后面还会更详细地谈到这些。在此，我们要提到的是，即便是有作为国家财政管理者的权限，户部也控制不了那些由其他部门自主收支的资金。

对于上述种种体制性的缺陷，明代人并非全无所知。明朝最后一任户部尚书倪元璐就是一个在财政方面有着非凡洞察力

---

① 《崇祯存实疏抄》（影印本，1934年），第一册，页100。

的人物。在他掌管户部期间，倪元璐显然曾尝试多种改革。①
他曾经在呈给皇帝的奏疏中建议，国家收支应该合并，统一支
配。在 1643 年下半年，他还准备了一个军事预算，预算中每年
的军事开支为 21221486 两白银。计划收入是 15845027 两白银，
缺口将有 5376460 两。为弥补政府赤字，他还准备恢复发行宝
钞。② 同时，他还主张财政职权的集中、实物税彻底折银、恢
复南北海运、自由贸易、废除 "解户"。然而，所有这些建议
都来得太迟了：次年明王朝崩溃，而倪元璐本人也以身殉国。

国家税收的主要来源

田赋

明朝的绝大部分收入源自田赋。这一点我们可以想象出来。
然而，明朝从来没有建立起一套连贯一致的田赋征收制度。源自
土地的税收，有一些略显混乱而且彼此间可以换用的名称，如
"租赋"、"粮"、"科"。它包括一般性的田赋、与土地相关的役、
军屯子粒以及官租。明王朝苦心经营起了一套规模壮观、组织严
密的行政机构，却从来不愿意花钱雇人来管理田赋。从王朝最初

---

① 关于倪元璐改革的细节，可参见拙著《倪元璐：新儒家官僚的 "现实主
义"》，载见狄百瑞主编《明代思想中的自我与社会》。（编者按：该文已收入本
书。）

② 倪元璐对发行纸币的态度并不清楚。其子倪会鼎说倪元璐对于发行纸币
并不热衷。但是，顾炎武却说倪元璐 "必欲行之"。参见倪会鼎《倪文贞公年谱》
卷四，页 23—24；顾炎武《日知录》，第四册，页 103。

军事征服的岁月起，田赋的征收就是交由所谓粮长来执行。粮长把交来的粮食送到明朝的各处战略要地。这种征收程序，尽管源于战时的政策，却在整个王朝统治期间保持有效。①

明太祖朱元璋很明显曾经打算确立统一的田赋税率。但是，即便在他统治的洪武时期，他也没能成功做到这一点。随着时间的迁移，中央政府对于现实的赋税征收的控制越来越弱。每一个府、县，都有不同的税额。从理论上讲，这些税额应当随着定期的土地普查而不时做出相应的修正。但是，由于土地普查很少进行，因此税额也就成了恒久不变的了，至少是半永久性的。一位清代学者曾经指出，从 1391 年到 1533 年，河南有两个县——西华和虞城县，其新垦的耕地分别是原有耕地的 10 倍和 17 倍，但它们的税额却从未增加。② 有些府、县在统计中将数亩土地计算为一个纳税亩，使纳税者的纳税土地数量减少，从而获得隐性收益。这种做法从明朝初年以来就司空见惯。③ 1580 年 12 月，在精明的政治家张居正的督促下，全国性的土地清丈得以施行。清丈的目的，就是要消除弊端和不规范的做法。④ 政府决定，在全国范围内普遍实行标准亩。然而，这项工程最终远没有达到它的目标。张居正在 1582 年逝世。土地清

①　关于粮长，可参见《明史》，卷七八，页 7、14；龙文彬：《明会要》，第二册，页 953—956；关于这一问题最全面的研究，是梁方仲的《明代粮长制度》（上海，1957 年）。
②　顾炎武：《日知录》，第三册，页 63—64。
③　关于明代纳税亩与实际的"亩"的区别，参见何炳棣《明初以降人口及其相关问题：1368—1953》，页 102—123。
④　《明神宗实录》（1940 年影印本），卷一〇六，页 2—3。

丈的最终结果，看来是既没有汇总，也没有公布。但是，即便是这样一种不尽彻底的报告，从中我们依然能看到，有几个省的耕地数量在此前是极大地少报了。最明显的是，清丈之前贵州的应税土地是 186000 亩，而清丈之后报告上来的应税土地是 328000 亩，表明增量超过 70%。① 类似的是，清丈之前山东省的耕地数量为 76300000 亩，清丈后为 112700000 亩，增加了近 50%。② 面对逐年逋赋，朝廷也只是接受了新的土地数字，并没有调整这两个省的税额。记载还表明，土地清丈之后，只有湖广、北直隶的几个府、山西的大同和宣府两镇按增溢后的田亩数加赋。③

　　在政府的财政管理中，税额制度的影响很深远。它使政府从土地上所能得到的收益受到限制，给这种收益设立了一个上限。在明朝后期，政府不得不在全国范围内进行疯狂搜刮。然而，向土地追加田赋，即额外加赋，却很艰难。当中央政府试图重新考虑按照增加后的人口和耕地来调整税额时，地方官员交上来的却只是该地区更早时期的数字，将之作为当前的报表。在那些人口和经济活动实际上处于停滞状态的地区，情况同样变得糟糕，因为中央政府不再有能力来减轻他们的赋税负担了。

　　在 17 世纪以前，田赋始终稳定地以多少石粮食作为基本的征收标准。如果将《大明会典》零散的资料汇集起来，我们可以

---

　　① 《明神宗实录》，卷一二六，页 3—4。
　　② 《明神宗实录》，卷一一六，页 3。
　　③ 《明史》，卷七七，页 7。宣府、大同两镇的溢田，大约是早期估额的 1/3，参见《明神宗实录》卷一二〇，页 3；卷一二六，页 1。

得到的结论是：1393 年的田赋总额是 29776426 石，1502 年为 26792259 石，1578 年为 26638412 石。[①] 后面两个数字也许估计得稍低，因为在明朝后期有些税种不再以粮食计算，而是征以其他实物。但是，这些税种的征收，多半是基于各地的土产，数量也相对较小（它们跟那些和本地实际物产全然无关的折征相比是不一样的）。我的计算表明，在 1578 年，这样的税收不会超过田赋总量的 2%。

在税额体制之下，县是赋税征收的基础单位。粮长通常也是由知县任命。即便在省、府一级，也会有一些官员被任命为赋税征管者。他们的主要职责就是协调和监管。最基础的财政责任，则落在了知县的身上。明朝后期，行政官员不断因为征收赋税上的失职而被惩罚，而知县是最为倒霉的。另一方面，省级长官、知府似乎也有某种未加明确规定的赋税管理的权力。他们通过颁发行政命令，可以规范或调整辖区内的征税程序。所谓一条鞭法，即 16 世纪后期将田赋、杂税、劳役合并的做法，大部分都是由知府发起的。这些官员并不能改变各县的赋税配额。但是，在许多情况下，他们有将不同种类的赋税分配到下属几个县的主动权（有关税种的差异，见下文）。这样，尽管各县名义上的税额没有改变，但各县的赋税负担却得以重新分配。如此颁布的行政命令，在执行了相当可观的一段时间后，常常会融入当地的历史中，并且获得习惯法的效力。这也清楚表明，明代的赋税管理并

---

① 《大明会典》，卷二四，页 627、641—644；卷二五，页 669—673。

不统一。

　　由于许多原因，田赋的计算更为复杂。首先，在大部分情况下，正赋之外会有一些加耗。由于纳税者要将粮食运到朝廷设置的仓库，而这些仓库往往在数百里甚至数千里之外，因此便出现了加耗。除非赋税被归入到"存留"的项目之中，而这样的话纳税者才可能自己运输，否则他们就不得不依赖粮长或者特定的漕军来运输。无论依靠粮长还是漕军，运输费和劳务费都得提前支付。加耗的实际数量，取决于路途的远近、路面上的危险程度、路途中间的转运次数。例如，对于源于长江中下游流域而要送往北京的谷物而言，正常情况就是在原有税额之上加耗80%。有些情况下，加耗的量可能要超过正赋。①

　　赋役折成银两或其他实物，并没有使赋役征收程序得以简化。赋役折银，没有统一的折率可以遵循。相反，每一次赋役折征都是作为一个独立的事例来处理，既要考虑原有正赋属于"存留"还是"起运"以及其相关的运输义务，也要考虑折征时粮食的价格和运输的费用。只有等到折征起效后，折征的折率才会永久应用于这一特定的税种。扬州府的地方志表明，在16世纪50年代，该府送往北方的谷物可以折银，每石折银0.7到1.2两，其间差异是由相继不断的折征命令所造成的。② 然而，有时候，朝廷会完全放弃上述所有考虑而武断地设定一个折率，而这种折

---

　　① 关于加耗，参见《大明会典》，卷二七，页797—800；《明史》，卷七九，页3—5；谷应泰：《明史纪事本末》（万有文库本），卷二四，页27—28。
　　② 顾炎武：《天下郡国利病书》（四部丛刊本），卷一二，页95。

率的应用仅限于折征之命所规定的某些赋役。在 1436 年，就发生了一个很典型的案例。英宗皇帝下谕，从几个省征收来的大约 400 万石税粮，包括广东、广西、福建所有"起运"税粮，以及浙江、江西、湖广、南直隶南京附近的部分田赋，将永久性地以每石 0.25 两的折率折征。这一折征实施后，每年有 1012729 两白银，后来被定作"金花银"，成了皇帝私人开支的收入。[1] 金花银有什么样的意义？这一点我们稍后再加讨论。从赋税管理的角度看，这一系列安排中最令人讨厌的特征是，折征总是零零碎碎地完成；多少次，稳定的赋税结构因为那些临时的决定而发生改变！执行上的不连续性，也在纳税者们之间制造出了许多不同种类的田赋。14 世纪末长江流域的米价大约是每石 1 两白银，但到 16、17 世纪则滑到了每石 0.5 两、0.6 两。[2] 然而，有些纳税者却仍不得不以每石 1.2 两白银折征，交了应付赋税的两倍还多；有些纳税者却只要按每石 0.25 两白银折征，只交了应付赋税的一半。

与人们想象的相反，田赋折征所得并且能由北京户部支配的银子，相对来说只有很小的数量。这从表 1 可以得到解释。值得注意的是，大部分供应和资金被标明为"存留"，或者被直接送到边镇或南京。剩下的送往京师的，只占所有赋税收入的 1/3 略

---

① 关于金花银，可参见《明史》卷七八，页 3—4；《大明会典》，卷三〇，页 878；龙文彬：《明会要》，第二册，页 1082；堀井一雄：《金花银的展开》，《东洋史研究》，五卷二期（1939 年 11 月）。

② 这是基于不同资料内不同记录得出的。价格肯定有时候会有波动。在湖广，1600 年前后收成较好的年份里，米价低于每石 0.35 两白银；但其他地区在粮食紧缺时，米价可能翻上一番或者三倍。总体来说，米价保持着相对的稳定。

多一些。送往帝国粮仓的 400 万石粮食（许多学者称之为"漕粮"）之中，只有小部分作为薪水发给京官，大部分发给了京军、建筑工人、宫中的膳夫、艺人等等。多出来的部分，才构成京中的仓储。在 16 世纪 80 年代，中央政府每年的实际开支在 220 万到 260 万石之间。① 光禄寺每年需粮 21 万石。② 当时的明朝宫廷，运作起来就像是世界上最大的杂货铺和餐厅。在 1425 年，皇宫内有 6300 名膳夫。③ 到明朝末年，膳夫的人数更多。除了要分发酒肉，宫中还时不时地给官员赐宴，并且把宫中的杂物定期分给宦官。从送往光禄寺的酒坛数量以及宫中食盐的消费量看，估计宫中每天要为 10000 到 15000 人提供膳食服务。④ 这个数字还不包括由太常寺管辖的名目繁多的祭祀。由于值勤宫中的侍者数量众多，棉布和其他供应另需 90 万石。据估计，大约在 1600 年，宫中可能有 70000 名宦官和 9000 名宫女。⑤ 此外，有时也给士卒们定量供应棉布。正如前文谈到的，400 万石谷物折征成金花银，成为皇帝的个人收入。在每年折征的 100 多万两金花银中，皇帝将其中 10 万两发放给高级武官，其余银两则任由皇帝赏赐或采办，户部无权干涉。⑥ 这样，

---

① 参见我的博士论文《明代的漕运》（密歇根大学，1964 年），页 108。

② 《明史》，卷七九，页 10。关于分配到各省的配额，参见《大明会典》，卷二六，页 738—776。

③ 《续文献通考》（上海，1936 年），页 3085。

④ 工部所属的工厂，每年要烧制 100000 只酒坛送到内府，参见《大明会典》卷一九四，页 3918。宫廷用盐量每年估计为 10 万斤或近 70 美吨。参见《明神宗实录》，卷二六，页 8。

⑤ 贺凯：《明代传统国家》（特斯康，1961 年），页 11。

⑥ 《大明会典》，卷三〇，页 878；龙文彬：《明会要》，第二册，页 1082。

户部可以支配的仅仅是余下的 37 万石粮食所折征的银两。在 1578 年，以总体每石 0.7 两计，这项收入是 247613 两银子。① 但是，也就在同一年，神宗（1572—1620 年在位）却下谕说此后户部每年要再给皇帝 20 万两白银，以弥补宫廷开支。② 这实际上又挤占了户部这项最后的财源。

表 1 1578 年的田赋收支（单位：石）

收入		
夏税		4600000
秋粮		22000000
总计		26600000
支出		
标为"存留"的资金和供应		11700000
由纳税者直接送往边镇		3300000
送往南京		1500000
送往北京		9530000
纳于国库的粮食	4000000	
光禄寺及其他机构所耗粮食	210000	
折成棉布或其他宫中供办	900000	
折成金花银	4050000	
其他永远折征的田赋	370000	
杂项（宗室俸禄、皇室造办挪用）		570000
总计		26600000

---

① 该项计算是基于《大明会典》零散的资料上完成的，卷二六，页 738—776。

② 《明史》，卷七九，页 15。

然而，从 16 世纪后期账面上反映出来的，却是户部从田赋中收到大笔的款项。这些收入又是从哪里来的？这些钱的来源有两个。一方面，它包括纳税者直接送往边镇的供应，每年大概330 万石，在 1487 年、1492 年折银；① 在 1558 年后，尤其是1573 年诏令后，这些银两大部分由户部经手。② 这些银两一经缴纳到户部，就立即送往相应的几个边镇。因此，其间户部的角色，不过是一个程序上的中转站而已。另一方面，户部的收入还包括即将缴入国库的 400 万石税粮（漕粮）中的一部分。在 17世纪中叶，北京的粮仓储备足以应付超过 10 年以上。在户部尚书王杲和漕运总兵官万表的建议下，不定期的折征得以实施，其折征配额在数省间轮换。③ 此后，每年送往北京的漕粮很少能达到 400 万石的标准。在大部分情形下，送到北京的漕粮不到 300万石。④ 另外 100 多万石粮食折征所得的银两，在不同的年份间各有差异，因为折率经常为减轻受灾地区的赋税负担而调整。有时候，部分赋税会因为饥荒而蠲免。据估计，户部从不定期的折征中可以收入 50 万两白银。需要强调的是，这笔钱是户部从正常田赋中所得到的唯一一笔主要的款项。

另外还有一项国家收入虽然也来源于土地，却是单独核算。这就是按赋税项目上交的供动物食用的草料。草料最初在 1370 年向南京附近诸府征收。这笔赋税以每百亩 16 束草的基本税率向

---

① 《明史》，卷一八五，页 1—2；龙文彬：《明会要》，第二册，页 1067。
② 《大明会典》，卷二八，页 836—848，随处可见。
③ 黄仁宇：《明代的漕运》，页 105—106。
④ 黄仁宇：《明代的漕运》，页 310—313。

土地所有者征收。这项税种的征收，稍后推广到浙江、山东、山西、河南和北直隶。① 1578 年的记录表明，朝廷从该税种中得到了折征的 338419 两白银，以及纳税者实际交付的 9602305 束草。② 如果实物缴纳的部分同样以当时通行的每束 0.03 两银子的折率折征的话，大概还能再多出 288069 两白银来。因此，这项收入总价值超过 626488 两银子。即以草料的折征部分单独而言，亦构成户部所收入白银的 10% 到 15%。虽然看起来有些烦碎，草料之税却成了国家财政的实质性收益。

役包括劳役、兵役、弓兵、皂隶、站铺以及向多个国家机构提供物资供应等义务。它最初是从明初正常的田赋中独立出来的。但是，16 世纪以后，役又开始跟田赋重叠，甚或融入其中。役的运作方式，在不同的地区是不同的，并没有标准的程序可供遵循。例如，以劳役一类而言，其最基本的征税单位——丁，意指强壮的男性。然而，随着役逐渐折征货币，"丁"这个词汇也不再有其原始的意义，而成了一个没有准确定义的、有弹性的财税单位。有些地区向相对较少的"丁"征税，但是对每个"丁"征税较高；另外一些地区向更多的"丁"征税，而对于每个"丁"征税相反也就较轻。过去以丁为单位向男性人口征以一定额度的人头税的方法，在许多地区仍然还在继续。然而，当折征不足以应付不断上升的所需劳役开支时，通常就会通过在正常田

---

① 《大明会典》，卷二九，页 873。
② 这是以《大明会典》中零散的资料为基础的，参见卷二六，页 738—776。

赋之外加征来弥补其不足。当 1584 年广东顺德县发现原有的丁税不足以应付开支时，它并不是去提高折征的货币收入，而是创造出额外数量的"丁"，规定每 50 亩应税土地另计为 1 丁。① 随着时间的推移，从土地上征收来的役银，逐渐超过了按人头征收的部分。② 17 世纪初期，在北直隶的香河县，60% 的劳役是按土地征收，而只有 40% 是按人口征收。③

推行一条鞭法，也不能消除标准的多样性。所谓"条鞭银"，最初是想通过简单的支付方式来促使土地所有者承担其赋税义务；但是在大部分情况下，这一目标并没有得以实现。许多地区在统一征收外，仍保留下一些税目。而且，条鞭之法只是部分地整合了赋税征收，并没有能够改变赋税结构。换句话说，对于每一位纳税者来说，不同的征收名目被整合到一张单子上，但不同的税收条款却并没有得到简化，更不用说完全取消了。在税单上，以石为单位的基本田赋，跟以丁为单位的役总是区别开来的。在有些县，这两个大类之下，还保留着大约 20 个小目，而且每一项都有相应的折率。

通常，人们会认为役是一种地方税。这种想法只是部分准确。役是由地方征收，并解释其征税理由；中央政府事实上不对役进行直接控制；大部分役银是存留下来，以应付地方开支。从这种意义上来说，役是一种地方税。但是，在运河经过的那些地

---

① 《顺德县志》（1585 年），卷三，页 24。

② 梁方仲：《明代户口田地及田赋统计》，《中国近代经济史研究集刊》，3：1，1935 年 5 月，页 61。

③ 《香河县志》（1620 年纂修），卷四，页 3。

方，由役征来的钱款，同样也要用于雇佣那些维护大运河及操作运河上各道闸门的劳工。国家驿站中应役人夫的报酬，同样也是由役折变来的款项支付。实际上，每个县都不得不将役的收入支出一部分，按计划购买物资贡献给朝廷。这类贡献项目中，比较常见的是向太医院进贡草药，向光禄寺进贡地方野味，为兵部提供棉衣。一些地区还向朝廷进贡毛笔、扫帚。地方进贡的数量是巨大的，而名目实际上数不胜数。17 世纪初，即便不计算运输的花费，这些物资的价值也接近 400 万两白银。①

总体来说，江南各府、县的役，比长江以北诸府、县要重。这表明，南方地区的军役负担更重，而且地方政府也更复杂一些。在我选作样本的 30 个府、县中，许多北方地区的役，大概相当于田赋的 30%；然而，在南方，役相当于田赋的 50% 或 60% 的情况，也是很常见的。但是，江北、江南也有几个县，如山东汶上县、浙江昌化县、广东顺德县，所征之役与各地田赋相当，甚至更高。②

盐课收入

源于盐的国家专卖的那部分收入，构成国家财政的第二大项。在专卖制度之下，全国所有的盐产区分成 13 个都转运盐使

---

① 这一计算是基于《春明梦余录》中所抄录的一份户部奏疏，卷三五，页21。

② 《汶上县志》（1608 年纂修），卷四，页 3—10；《杭州府志》（1579 年纂修），卷三〇，页 44；卷三一，页 65—70；《顺德县志》，卷三，页 21—22。

司和盐课提举司。① 每一个机构都有其产盐配额及行销区域。从事盐业生产的家庭，即灶户，在各自的地区都是登记在册的。按照法律，那些家庭的每个成年男子，每年要上交3200斤盐，也就是每年缴纳2美吨的盐。在明太祖统治时期，额盐总量设定为459316400斤，约合306000美吨。②

盐的实际生产过程，基本上不需要政府监管。灶户们有自己的居所。在非晒盐的盐产区，政府还为他们配备了铁釜。燃料是从指定的"草场"收集而来，有时还要到沼泽地去采集。作为对灶户们的补贴，政府授权都转运盐使司和盐课提举司，每400斤盐给工本米一石。③ 但是，这一政策从来没有充分执行。从一开始，政府就是以钞代米。随着宝钞的贬值，这一补偿实际上已然停止了。然而，煎盐的灶户们却可以获得另外的鼓励，例如可以开垦公共荒地并获得税收的减免。灶户购买工具，政府有时会给予补贴。有时候，为了减轻灶户的负担，政府也会迫使盐商做点贡献。到明朝末年，灶户的生活，似乎主要是依靠他们自己生产的配额以外的余盐。④

在明初100年内，朝廷是在定量分配的基础上直接向公众出

① 《明史》，卷八〇，页104；《续文献通考》，页2955—2958；《大明会典》，卷三三，页925—945；贺凯：《明朝的政府组织》，《哈佛亚洲研究》（1958年），卷21，页46。

② 这一计算的依据见：《明史》卷八〇，页1—4；《续文献通考》，页2955—2958；《大明会典》，卷三三，页925—945。

③ 《明史》，卷八〇，页7；《续文献通考》，页2958；《大明会典》，卷三四，页947。

④ 《明史》，卷八〇，页7—8、11；《续文献通考》，页2958、2960。

售食盐。食盐的出售是由政府专卖的。直接出售或许仅仅能部分满足公众的需求，因为分配到农村地区的食盐量（每人每年2斤2盎司）几乎是不够的。另一方面，食盐的销售价格（每斤盐一贯宝钞）看来也过于昂贵了。随着政府发行的宝钞继续贬值，朝廷在1474年停止了食盐销售。当然，从平民百姓那里征得的食盐销售收益，并不会因此而停止。而且，这笔收益被恬不知耻地称作"食盐钞银"，并在中央政府和地方政府之间分成。① 实际上，这是由于朝廷不再直接销售食盐，转而向民众征收一种新的人头税。1578年的记载表明，每年有80555两白银作为"食盐钞银"缴入国库。②

国家生产的盐实际上大部分售给了盐商。明朝初年，开中法已经以某些形式实施。盐商按要求向朝廷设置的边镇提供粮食。粮食送到后，政府就颁给商人们盐引；凭借盐引，商人们可以到盐产区购买食盐。通过这种程序，政府不仅解除了自己运输的负担，而且使国家财政有了保障军需的渠道。③ 15世纪后期，用货币购买盐引的做法取代了开中法。16世纪，为解决边境地区的军需供应问题，开中法曾部分恢复。④

由于大批灶户经常因为贫困而逃亡，好几个产区的盐产量并

---

① 顾炎武：《天下郡国利病书》，卷三六，页50；卷三八，页38、39；卷三九，页74、93；卷四〇，页41。

② 这一计算所依据的资料，参见《大明会典》，卷二六，页738—776。

③ 《明史》，卷八〇，页5；龙文彬：《明会要》，第二册，页1051；《续文献通考》，页2958、2964；《大明会典》，卷三四，页949—951。

④ 《明史》，卷八〇，页7—11、14；龙文彬：《明会要》，第二册，页1055。

不总是达到预定额度。此外，政府倾向于滥售盐引。结果，许多商人在交纳钱款或运送完谷物之后，却发现他们不得不为那些尚未出产的食盐等候良久，有时候一等要等上几年，甚至几十年。最初，政府的盐引是不可以转让的；盐引必须由交纳钱款或谷物的商人本人兑领；如果盐商本人在盐引尚未兑领之前去世，盐引常常就会充公。① 这让商人们备受打击。同时，由于每年的盐产量都只能应付此前发放的盐引，国家财政依旧枯竭。

1440 年，朝廷采取了一种新的措施。政府将每年所产的食盐分为两类：其中 80% 被称为"常股盐"，剩下的 20% 则被称为"存积盐"。表面上，前者是用于正常流通的，而后者是储积以备急用，如应付紧急军需。但是，存积盐设立之初，就开始可以开中了。由于开中存积盐不需要等待，所以它的售价也就更高。在 16 世纪中期，常股盐降到仅占每年盐产量的 40%，而存积盐则增至每年盐产量的 60%。② 这样，此后食盐的大量出售，总是使政府陷于违背契约的境地：现场交易变成了将来才能兑现，而兑现的日期却又反复拖延。在食盐的销售过程中，预支将来出产的盐是经常性的。有时候，都转运盐使司为了增加收入，甚至会强迫已购买存积盐的盐商从将来的常股盐中再购入一部分。

当然，更复杂的是余盐的运作。随着 16 世纪人口的增长及灶户的增加，食盐的需求以及食盐的产量都在稳步增加。然而，

---

① 《明史》，卷八〇，页 6—7；盐引只能在极为严格的条件下由近亲继承，参见《大明会典》，卷三四，页 952。
② 《大明会典》，卷三四，页 947；《明史》，卷八〇，页 8。

由于管理缺陷，每个都转运盐使司或盐课提举司的盐额却并不能相应增加。这便造成了数量极大的余盐。余盐的数量有可能达到正额的两倍。按照明朝初年的规定，政府应该要求灶户交出余盐，而作为补偿，每 200 斤余盐支粮 1/4 石。既然政府无力付给灶户报酬，余盐也就无法征集。然而，灶户们却不能将余盐自由地向公众出售。只有当某位盐商从政府部门购买了一定数量的官盐，他才可能获得允许进入指定的盐区，向灶户购买一定比例的余盐。其比例或者与官盐相当，有时则是官盐的两倍。① 食盐经过巡检司时，盐商要呈缴许可批文，并缴纳一定的费用。这笔费用，事实上成了一种特许权税。在 16 世纪后期的淮河流域，特许权税的税率是每 200 斤盐纳 0.8 两白银，即大约每美吨纳银 6 两。②

如果朝廷能够满足于以固定税率对不同数量的盐进行征税的话，事情也许就会简单得多了。但是相反，朝廷同时还要求从这项收入中获得固定数量的白银。"余盐银"的定额，被分配到几个都转运盐使司或盐课提举使司。因此，每位管理盐务的官员，就不得不强迫灶户们生产更多余盐，以完成余盐银的定额。在许多情况下，为了完成这项额外之征，各盐区反而在正额生产管理上开始营私舞弊。③ 随着盐业管理制度的颓败，私盐日益猖獗。一些有势力的商人，从原来合法的盐商处购买到贩卖余盐的特许证；有些商人则把特许证反复使用多年而不上缴。很明显，其中

---

① 《明史》，卷八〇，页 11—12；《大明会典》，卷三二，页 909。
② 《大明会典》，卷三二，页 908。
③ 《明史》，卷八〇，页 15；《续文献通考》，页 2962。

有许多人还进行武装走私，或者与私盐贩子沆瀣一气。

食盐的管理细节过于复杂，很难在本篇概述中予以全面展示。但是，我们一点都不怀疑，明朝对盐的管理，意味着是官僚制经济最恶劣的典型之一：国家想垄断盐的生产，却不愿意有一丁点的投资；国家想直接将盐售与消费大众，却又不愿意设置一个集中管理的分销机构；在跟盐商打交道时，政府也很少忠实地承担应尽的义务；负责盐政的官员急功近利，全不顾将来，也不顾市场状况；保证食盐专卖的法律很严厉，但却很少能得到执行。在明武宗统治年间，宦官及勋臣滥用职权，实际上已毁坏了整个食盐专卖的运作。尽管后来的盐政管理者们进行过各种改革，食盐专卖已不再有坚实的基础了。

必须注意的是，食盐的专卖是有巨利可图的。1527 年的一道奏疏表明，在毗邻盐产区的南京，盐的零售价格大约是每美吨 25 两银子。① 然而，盐的生产成本，即便以政府设定的每 400 斤一石米计算，每美吨也到不了 2 两银子。从各种资料以及当时人的估计来看，我认为：到 16 世纪末，全国每年的食盐总产量不会少于 100 万美吨。如果能有效地进行管理的话，单单从食盐专卖所得到的收入就可以解决明朝所有的财政问题。

尽管灶户和盐商要承受种种弊政和不确定性，明代的食盐生产和销售却开始出现了资本化过程。当时的材料不时地提到"富裕的盐生产者"。他们中间，有人是由原来的灶户转变而来的，

---

① 此奏疏引自《香河县志》，卷一一，页 11。

有人则是纯粹的外来者。他们通过不同的资源积聚资本，并且能够利用其财富买下一些官方登记在册的灶丁。作为盐的生产者，他们及其雇工并不用缴纳田赋，但需要承担与他们应该完成的盐额成一定比例的役。额外的"草场"，也可以出租获利。随着家庭财富的增长以及活动范围的延伸，他们成为较早的"场商"。1830年，场商们控制着东部海岸线盐业的一半。① 至于食盐交易，最初是出现了非正式的"专卖权"。到15世纪中期，"盐引"开始在商人们之间买卖。② 到1617年，批发经销商的"专卖权"得到了官方的确认；凡未列名于官方登记"纲册"的人，不得从事淮河流域的食盐批发贸易。③ 当然，大部分盐商都列名于官方登记册之中，享受食盐销售的特权，并且随后积累下惊人的财富。这一点也不奇怪。因此，今天看来，食盐的专卖只是让所有人掏钱，而使少数一些人富了起来，却并没有使国家获得它所应该获得的利益。

1578年的账目表明，13个都转运盐使司和盐课提举司共计

---

① 何炳棣，《扬州盐商：18世纪中国的商业资本研究》，《哈佛亚洲研究》，17（1954年），页132。

② 此论基于朱廷立《盐政志》（1529年纂修）所引1468年的一道奏疏，见卷七，页3。藤井宏认为所谓代销权源于官僚的腐败。那些贿赂了负责官员的人可以获得比守法商人更优越的贸易优先权。然后，那些人会将他们的销售配额卖给后者。参见藤井宏《占窝的意义及起源》，《清水泰次博士追悼纪念明代史论丛》（东京，1962年），页551—575。

③ 《明神宗实录》，卷五六八，页6—7；《续文献通考》，2970—2971；孙承泽：《春明梦余录》，卷三五，页46—48；何炳棣：《扬州盐商》，页136；欧宗佑：《中国盐政小史》（万有文库本），第35页。《明史》亦有简短的相关条目，参见卷八〇，页16。

产盐486764200斤，约合324000美吨。① 这个数字，跟早期的数字相比，只有很小的增加。但是，我估计13个都转运盐使司和盐课提举司的余盐银总计收入达到了1200363两，其中983320两送往北京，余下的217043两送往几个边镇。② 从17世纪初户部尚书李汝华给神宗皇帝上的一道奏疏中，我们可以看到，包括食盐、粮食、宝钞在内的每年榷盐收入，价值超过200万两白银。但是，李汝华却也承认说这个目标从来就没有完成过。③ 另外一种资料表明，在1606年，都转运盐使司和盐课提举司都只完成了产盐配额的一半。④ 1607年和1621年，朝廷颁布命令，免除迄至当时的13个都转运盐使司和盐课提举司的食盐欠额。⑤ 有证据表明，直到17世纪初，每年食盐专卖的收入依然只是将近120万两白银而已。其中，实际送往北京的可能是100万两。其他收入，如由开中之法而送往边镇的粮食，是零星送去的，并没有太大的意义。还有一些时候，当年的收入会超过正常水平。然而，这通常会导致次年的拖欠，或者次年更低的产出。

---

① 这是从《大明会典》中杂乱的资料中得出来的。参见《大明会典》卷三二，页903—924；卷三三，页925—945；《续文献通考》，页2955—2958。两种资料之间有细小的差别。

② 这个计算是根据注①的两种资料得出来的。

③ 孙承泽：《春明梦余录》，卷三四，页45。

④ 《明史》，卷八〇，页16；《续文献通考》，页2970；《明神宗实录》，卷四三九，页1。

⑤ 《续文献通考》，页2970—2971。

商业税

对大部分明朝人而言，海外贸易是非法的。海禁政策使明朝帝国政府不可能从进出口获得收益。但是，内陆关税却是政府收入的主要来源。关税是通过杭州附近的北新关、苏州附近的浒墅关、淮安、扬州、临清、河西务、北京的崇文门以及九江等钞关征收的。① 除最后提到的港口九江外，其他所有钞关都在大运河沿岸。这表明大量商品是经由大运河这条南北干线来运输的。

内陆关税起源于一种通行费。税额的估定，最初是按船的大小方广而定，并不向货物征税。② 这种税只能用宝钞支付。后来，税额估定延伸到了货物。在 16 世纪中期，钞关税兼征白银和宝钞。然而，到 16 世纪末，钞关税以银支付已经成了惯例，而宝钞和铜钱仅构成其中很小的一部分。③ 钞关税的征收税率及征收程序被细致地编成条例。仅临清钞关出版的条例，就有 105 页、1900 条。④ 但是，同时代的资料却显示，实际征收跟条例规定相距甚远。朝廷首先设定这几个钞关每年的税额，实际上等于要求负责官员保证有一定数量的收入，因此无法期望那些官员同时能

---

① 《明史》，卷八一，页 17—18；《续文献通考》，页 2931；《大明会典》，卷三十五，页 977；应该注意的是，最初北京城的崇文门并不是一个内陆关税征收点。崇文门所征收的，更多的是被看作是一种营业税收入。然而，崇文门最终实际上成了内陆关税体系内的一部分。崇文门的收入是随着其他内陆钞关的收益一起核算的。参见《明史》，卷八一，页 20—21；《续文献通考》，页 2935、2937；孙承泽：《春明梦余录》，卷三五，页 42。

② 临清和北新关例外。参见《明史》卷八一，页 17；《续文献通考》，第 2931；《大明会典》，卷三五，页 980—981。

③ 《大明会典》，卷三五，页 977—978。

④ 张度编纂：《临清直隶州志》（1782 年），卷九，页 2。

够严格遵守既定的税率。①

在 1599 年，8 个钞关的税收总额是 342729 两白银；1621 和 1624 年，税额分别增加到 374929 两和 479929 两。1629 年，税额增加了 10%。1630 年，税额再增加 20%。到 1640 年，每年税额总计增加了 20 万两。② 但是，到那个时候，运河沿岸区域极为破败，政府机器也毁坏殆尽，实际上能不能完成税额的一半都很令人怀疑。

明朝还在全国征收商税，主要针对小港口及陆地运输的商品。明朝初年，超过 400 个宣课司、宣课局遍布全国；负责的官员是由朝廷派遣的。在 15、16 世纪，许多司、局被合并或裁撤。到 17 世纪，全国仅剩下 112 个宣课局。③ 商税的征收便适时由地方官员接管。在许多情况下，府的推官或者县的主簿兼任征税者。由于销售税征收的应用标准不一，从这个来源获得的财政收入很难估计。我个人的计算表明，大约在 1500 年左右，每年商税总量相当于 138000 两银子。1578 年，商税收益接近 150000 两银子。④

与钞关税不同，商税很少送往中央政府。朝廷有时会要求某些宣课局将少量款项交付不同的中央机构。另外，这笔收入还用

---

① 关于负责官员的玩忽职守，参见黄仁宇《明代的漕运》，页 178—183。
② 《续文献通考》，而 2937—2938；孙承泽：《春明梦余录》，卷三五，页 42；《明神宗实录》，卷三七六，页 10。
③ 吴兆莘：《中国税制史》（上海，1937 年），第一册，169。
④ 这个计算是以《大明会典》为基础，参见《大明会典》，卷三五，页 1014—1018。

以补贴宗室的禄米。但是，此类支付通常只是几百两银子，而且并不常见。① 收入的剩余部分，是保存在县或者府里，用于地方开支。总体来说，商税的管理是最具有地方分权特点的；其收益也是最少得到有效的稽查。所以，这项税源对于国库的贡献微乎其微。

其他收入

在明朝，工部也征收一种特殊的货物税。被税物品包括木材、竹、铁、麻、石灰石、桐油等。在明初，这些税是以实物征收的；征来的物资，送到政府掌管的船坞中。由于政府的造船项目是由工部监管的，而造船的收入和开支通常认为是可以互相抵消的，所以账目并不由户部稽查。15 世纪以后，关税的征收改而折银，但其收益仍然是由工部控制。② 从这项税源所得的资金，通常在每个季节被分配到几个造船所。整个帝国有 13 个抽分局（其中有 4 个邻近北京，南京、淮安、真定、兰州、广宁、荆州、太平、芜湖、杭州各 1 个）。我们只知道，在 17 世纪初期，杭州、芜湖、淮安等三个较大的抽分局的每年总收入是 44510 两银子。③

为水利工程筹集的资金以及从公共荒地开垦中得来的收益，也同样是由工部管理。前者由工部都水清吏司管理；后者由屯田

---

① 此类交纳在《大明会典》中有记录，见卷三五，页 1014—1018。

② 关于货物税的征收，在周一龙《漕河一瞥》（1609 年编纂；国会图书馆胶卷）中随处可见。

③ 关于抽分场，参见《明史》卷八一，页 15；《漕河一瞥》提到过抽分的数量，见卷一一。

清吏司管理。① 整个明帝国的水利工程，都是由中央机构负责。但是，各省各府却要提供劳力和物料，而且每年皆有定额。由于地方所承担的役通常是折成货币支付，从这些收入中募集到的资金将交给工部。荒地开垦的收入，被指定用以装备皇室成员们的冠冕，为宫中提供木炭，以及支付其他几种杂项开支。② 17 世纪初一位工部官员提供的未经编辑的资料表明，为水利工程筹集的资金每年总收入是 139150 两白银，开垦荒地所得的总收入为 117355 两白银。③ 但是，实际中这些资金很少像规定中所说的那样严格归入到中央的管理之下。在大部分情况下，地方层面的征税者通常是吏胥；他们定期将资金送往相应的机构，有时并不向工部报告。有一个例子，北京附近某个府的征税者连续 6 年私吞税款，直到这种资金盗用被发现为止。④ 在明神宗统治时期，这些款项中的部分还被挪作他用。例如，来自浙江的用于水利工程的资金和来自安庆府的垦荒所得的资金，就被改变了用途，用以资助皇室丝织品的生产。在其他一些时候，这些钱可能改而用以支付皇室的采木。⑤ 尽管来自这些收入的部分钱款被送往北京，但是，这些收入的总量却并不大，也不是经常性的。不过，在 1600 年，工部看起来是能够自给自足的，其收入仍然足以应对其

---

① 何士晋：《工部厂库须知》（玄览堂丛书），卷九，页 41—45；卷一二，页 41—47。

② 《明神宗实录》，卷三七三，页 8。

③ 这些未加整理的资料源于何士晋《工部厂库须知》（玄览堂丛书本），卷九、卷一二。

④ 何士晋：《工部厂库须知》，卷一二，页 48。

⑤ 何士晋：《工部厂库须知》，卷九；《明神宗实录》，卷三七三，页 8。

各司、库的开支。在那时候，工部剩余的钱款偶尔会移交给户部。在此之后，工部自己也开始有经常性的财政赤字，因此还不得不向别的资源去"借"，主要是向太仆寺借。

太仆寺控制的资金为帝国提供了一个很重要的资金储备。这些资金来自平民应服劳役的折银。在明朝初期，全国有许多民户被安排去为政府饲养10万匹军马。从这10万匹马中，每年要交付2万匹马驹。1466年以后，这种马驹的交付被取消了；政府改而命令马户按每年定额，以每匹马12两银子的折率纳银。这样，太仆寺每年就有24万两银子的收入。[1] 太仆寺再用这些钱来购置马匹，以备军需。但是，实际上太仆寺很少用钱去买马。所以，这笔钱款的积蓄就不断地增加。大约在1580年，太仆寺存银超过了400万两。[2] 这笔积蓄在16世纪末期慢慢地被消耗掉了，而首先就是户部、工部及光禄寺接二连三的"借用"。在17世纪20年代，由于折银比率的提高，太仆寺的这部分收入增加到每年35到43万两白银。[3] 但是，到那时候，这些钱一收上来便被花了个干净，而纳税者的滞纳也开始出现。

此外，明朝政府还有几种杂项收入。在明朝后期，北京、南京附近的国家牧场出佃给平民所获的租金，每年是8万两白银。[4]

---

[1] 孙承泽：《春明梦余录》，卷五三，页3。
[2] 《明神宗实录》，卷三八三，页12；《明史》，卷二一六，页16。
[3] 《明熹宗实录》（1940年影印），卷七，页25；卷三二，页5；《崇祯实录》（1940年影印），卷五三，页9。
[4] 《明史》，卷八二，页19；孙承泽：《春明梦余录》，卷三五，页8。

1578 年，查抄和罚没为政府提供了 17 万两白银，① 在 1580 年则为 128617 两白银。② 各种杂役的折征，黄历的出售，以及帝国祠庙的收入，在 1600 年前后产生了 12.5 万两白银。③ 这样，每年的各种杂项大约价值 35 万两白银。

在列举这些杂项时，我还省略了几个皇庄所征收的租税。这些租税被送往皇宫之中，成了皇太后的开支账户。我也没有提及供应皇家马厩及动物园的项目所折征的银两。这些钱并没有改变用途。在我的分析中，也没有将茶叶生产的税收茶课包括进来，因为这批以实物征收的税用在边境地带的茶马贸易了。这项研究也没有谈论国际贸易，因为国际贸易在明朝的财政管理中的意义相对较小。大批量的海外贸易，是掌握在海上走私者手中的。当国际贸易在 16 世纪后半期最终合法化，远洋运输是很庞大的。1594 年，当福建月港向海外贸易开放时，该港所征的关税就达到了 29000 两白银。④ 这笔资金被用于地方军事开支。但是，朝廷几乎很快就回到其排外政策上来。朝贡贸易的实施，并不带有财政的目的。实际上，进口货物，特别是胡椒和苏木，被朝廷用以赏赐官员和宗室。皇帝也不得不回赐给朝贡使节们大量的礼物。在 17 世纪大规模宫廷建设进行之时，朝廷还向文武百官及富商

① 《明史》，卷八二，页 20。
② 孙承泽：《春明梦余录》，卷三五，页 10。
③ 这是我的估计。根据是《明史》卷八二，页 20。
④ 顾炎武：《天下郡国利病书》，卷三八，页 33—34；卷三九，页 100—101；关于月港开港，参见佐久间重男：《月港二十四将》，《清水泰次博士追悼纪念明代史论丛》，页 389—419。

们征收一种名为"助工"的强迫性捐助。在 1625 年，助工所获白银为 831457 两。① 这同样应该视为非正常的收入。

小结

我们总结一下就可以发现：从 1570 年到 1600 年，户部所得到的正常的款项相对维持在每年 260 万两白银的水平上。这个总数，是将表 2 中各个款项相加而得出的。

表 2　估计户部可收入的款项，1570—1600 年（单位：两银/年）

田赋折银	500000
马价折银	330000
食盐钞银	80000
出售盐引所得收入	1000000
内陆关税	340000
各种杂项	350000
总计	2600000

这些可收入的款项，在整个时间段内是相对稳定的。对于大部分研习明史的学生们来说，这也许有点奇怪，因为他们能够从当时的不同的资料中找到跟这一估计相差甚远的数据。事实上，我曾经将 9 套这样的数据作过比较，每一套数据都提到户部每年

---

① 《明熹宗实录》，卷六二，页 5。

的收入。这些数据，从 230 万两到 540 万两不等。① 然而，之所以有这些差异，是因为使用的统计方法的不同。一些资料得出了较高的数据，是因为把几种经由户部操作但并不由户部收取的款项包括进去了，如归属皇帝的金花银、由纳税者直接送往边镇的年例等等。本质而言，在可感知的数量上，帝国的收入既没有增加，也没有减少。我非常确信这一点，因为在这个时间段里明代的财政结构并没有重大的调整。在这段时间里，财政方面的变化，仅仅是征收程序的一些调整而已。

1590 年前的财政管理

在前面几部分中，我强调说明王朝的财政管理从属于意识形态的原则；户部的人员配置也极为不足；户部尚书缺乏执行任何政策的足够的自主性；国家财政过于严格地束缚于各种开支，财政计划因而没有自由伸缩的空间。然而，我们还是必须认识到：饶是如此，明王朝建立的财政机器却依然能运行 200 年之久。也只是到了 16 世纪末和 17 世纪初，明代的财政问题才变得不可救药了。

明太祖、成祖在位期间，是以剑来统治国家的。当时帝国的

---

① 关于这些资料，参见：《明史》卷八二，页 19—20；《续文献通考》，页 3086；《明神宗实录》卷二〇，页 8；卷一四四，页 4—5；卷二三四，页 3；卷四一六，页 13；《大明会典》卷二六，页 738—776；孙承泽《春明梦余录》，卷三一，页 32；卷三五，页 8—10。

权力正处于最高点；许多管理政策都是借着军法的气势而得以执行。整个帝国所有人口都登记在册，每个家庭都永久地限制于所登记的处所及职业。有时候，皇帝还下诏实行席卷大批人口的强迫性移民。由于江南的大土地所有者是唯一可能抵制帝国权力的经济集团，明太祖借口他们此前支持过自己的敌人而抄没了这一集团的大量土地。[1] 虽然抄没并没有认真地执行，这些土地的合法拥有权也依然暧昧，但那些土地所有者却不得不缴纳沉重的赋税。在有些情况下，每亩土地每年缴付给政府的赋税要超过 2 石——这大概是绝大部分肥沃的土地每年 2/3 的产量。[2] 我们说不清楚这种重赋到底是皇帝设定的田赋，还是一种惩罚性的税收。然而，这种含糊不清，在明初并没有太大的影响；只是，到明代后期，当中央政府已失去了其权力与活力时，这才变成了一个令人伤脑筋的问题。

朝廷的征敛，并不只限于正常的田赋。朝廷还通过采办获得物资及劳役。军事供应如弓、箭、冬衣，宫廷供应如蜡、茶、新鲜食物、染料、木炭、木材、纸和药材，都是由民众提供的。基本的金属，包括铜、铁，或由政府开采，或从民间征集。这实际上使政府的运作成本降低了很大一部分。[3]

在明朝初年，国库每年所获的白银仅有 30 万两。[4] 但是，即便是这一点点的白银收入，也是不必要的，因为那时贵金属是禁

---

① 《明史》，卷七八，页 4；龙文彬：《明会要》，第二册，页 1009—1010。

② 《明史》，卷七八，页 4。

③ 黄仁宇：《明代的漕运》，第五章。

④ 《明史》，卷七八，页 3。

止在私人交易中使用的。朝廷也很少向谁支付黄金、白银。朝廷的开支，就是把它可以支配的数百万石粮食分发下去，并且在粮食之外还补充发放一些宝钞。宝钞既不能自由兑换，也没有贵重物作为准备金。明代到底有多少宝钞进入流通，从来就没有记录。我们只知道到 1450 年，宝钞已贬值 1000 倍。[①] 也许值得注意的是，财政上的不负责任从明朝初年就开始了。只是，在明朝初期，朝廷有充足的可以调配的财政资源，以应对其财政问题。那也是为什么明朝人经常怀念这段时间的原因。明朝的人说，那段时期"府县仓廪蓄积甚丰，至红腐不可食"。[②] 在明朝人看来，这是最让人欣悦的一种情形。

明朝中期的前段，即从 1425 年到 1505 年这 80 年，是一个继续巩固及重新调整的时期。明代许多的财政制度，是在这段时期里才获得其永久性的特征。在那 80 年中，中国经历了一个较长的和平与繁荣时期。即便蒙古军队在 15 世纪中期曾反复侵扰明朝的北部边境，甚至在 1449 年俘虏了英宗皇帝，战争却并没有严重破坏明代国家的经济。15 世纪 50 年代，黄河成功地得到了治理，而这一工程的完工却也并没有花费太多的国家资源。朝廷的专制主义，在这个时期也变得稍为缓和。受惠于帝国收入的充盈，这段时期的财政管理控制普遍有所放松；朝廷对纳税者也多有宽恤。那种把政府发行的宝钞当作唯一合法的价值衡量标准的

---

① 杨联陞：《中国的货币与信用》（马萨诸塞州坎布里奇，1952 年），页 67。

② 《明史》，卷七八，页 3。

政策，已经被证明是无效的，而这个政策的实施在 15 世纪 30 年代就已行不通了。①

1415 年，连接北京和长江的大运河恢复通航。1431 年和 1474 年的诏令，规定税粮运输由行驶于运河水道的特殊的漕军接管。② 此后，南方的纳税者就将他们的税物送到长江以南，并被征以加耗。1436 年，金花银制度化了。正如前面所提到的，结果，400 万石税粮按比较低的折率永久折银。仅此一项措施，田赋总量就减少了十分之一。

影响更为深远的是江南地区田赋税额的急剧减少。明太祖虽抄没了这一地区的许多土地，然而土地所有者仍握有不少地产。随着帝国权力开始衰退，这些土地所有者开始公开抗拒支付高昂的赋税。仅苏州一府的赋税拖欠，在 1430 年就高达 800 万石。为此，朝廷委派周忱加侍郎衔"巡抚"江南地区。在接下来的 21 年里，周忱实际上成了这一地区的巡抚。在周忱的建议下，江南地区几个府的田赋被大大地减免。③

这里涉及一个很有争议的问题。在我看来，随随便便的观察，是不足以解决这个问题的。许多明朝人叫嚣着，抗议加征于东南诸府之上的赋税，其中一些抗议很明显是为地方利益代言。他们经常指出说，苏州一府的赋额就高达 270 万石，而这比几个

---

① 《明史》，卷八一，页 4。
② 黄仁宇：《明代的漕运》，页 67—68；参见：韩丁（Harold C. Hinton）《清代的漕运体制》，《远东季刊》，11：3，（1952 年 5 月），页 342；星斌夫《明代漕运研究》（东京，1963 年），页 64—68。
③ 《明史》，卷一五三，页 10。

偏远省份的田赋的总额还要多。他们还辩称，在明朝的 159 个府中，苏州府的重赋是最不公平的一个案例。但是，在进行此类抗议时，他们却没有提到：15 世纪苏州府的人口，占全国人口的 3.84%；这样的人口数量同样超过了他们所引述的几个边远省份的人口总和。① 而且，苏州府位于高度发达的区域，还从许多政府水利工程中获益。从生产力方面看，苏州府的土地也是全国产量最高的地区之一。大部分地主属于士绅阶层，有支付能力。此外，他们对土地的占有，对于明王朝而言是具有挑战性的。近来，有关江南重赋的议题，已经引起了许多学者的兴趣。这些观点尽管各不相同，但是，却没有哪位学者对那些应为赋税滞纳负责的地方士绅表示同情。② 当时人的一份资料甚至表明，赋税滞纳的根本原因是"豪户不肯加耗，并征之细民"。③

周忱的处理方案，似乎让地方精英得到了安抚。苏州府的赋额减少了 72 万石，降为 205 万石。不仅如此，不少于三分之一的赋额将以金花银方式支付，而其特殊的折银比率可以使纳税者获益。④ 类似的减免还惠及邻近的几个府。赋税的征收程序也有所改变：地方征收的比率有所调整，从而使承受着高额税率的纳税

---

① 这个计算是以《大明会典》为基础的，见卷一九，页 498—516。

② 如要列举其中一些的话，可参见：傅衣凌《明代江南市民经济试探》（上海，1957 年）；周良霄《明代苏松地区的官田与重赋问题》，《历史研究》，第 10 期（1957 年），页 65—66；朱东润《张居正大传》，页 175—177、307；李剑农《宋元明经济史稿》，页 207—208。传统的史料，可参见顾炎武《天下郡国利病书》，卷六，页 94；卷七，页 4；卷八，页 52。

③ 《明史》，卷一五三，页 10。编者按：原文后有"民贫逃亡，而税额益缺"。

④ 《明史》，卷七八，页 5；卷一五三，页 11。

者的负担略有减轻。① 经过此次安抚，赋税滞纳的现象似乎消失了。然而，几十年后，江南地区拖欠的赋税数量又变得很庞大。这个问题，终有明一代都折磨着明朝的赋税管理，而且到清代也依然未能解决。② 近来，历史学家似乎都同意说，在这个问题背后，根本性的问题是在这一地理范围内的土地集中。拥有土地的士绅，凭借他们稳定上升的财富，敢于抵制看起来无所不能的帝国权力。③ 这样的抵制在明朝初期已经开始，而随着王朝的衰弱，这种抵制也就变得更为明目张胆了。

向地方利益让步，严重削弱了朝廷自身的财政资源。而且，某地的税额一旦减少，就不大容易增长到以前的水平了。我的计算表明，在 15 世纪，江南地区 4 个关键性的府，即苏州、松江、镇江和常州 4 府的赋税减免总计接近于 100 万石。如果再考虑到存留部分通常是以较低的比率折征，且因此也会带来一定的税收损失，那么，帝国收入的净损失总价值将超过 190 万两白银。④

朝廷的宽宏大量，并不仅限于赋税征收领域。此前，分配到军屯的成年男性需要将他们所有的余粮交给国家，而 1425 年的诏令却使他们只需要交纳一半的余粮。这道诏令尽管是仁慈之举，却似乎持久地削弱了军需供应，因为其造成的收入损失根本就无

---

① 何良俊：《四友斋丛说》（丛书集成本），卷三，页 169；《昆山县志》（1576 年纂修），卷二，页 22。

② 瞿同祖：《清代地方政府》（马萨诸塞州坎布里奇，1962 年），页 133。

③ 参见页 203 注②。

④ 此数据乃是比较 1391 年和 1502 年的统计资料而得出，参见《大明会典》，卷二四，页 627—628。

法从其他财政收入那里得到弥补。晚明的作者们也将这一措施视为军屯制度崩溃的重要一步。①

在明中期前段时间，国家唯一开征的新税收，就是创自 1429 年的钞关税。钞关税和商税在不久后就开始稳定地增长。然而，增加这些税种，目的不是为增加财政收入，而是试图强化宝钞的流通。在 15 世纪 50 年代，推行宝钞的政策放弃了。大约同时，钞关税便也减少了，按原先税率的三分之一征收。②

总体而言，有一点是清楚的：在明朝中期前段时间，朝廷自愿减免了许多来源的赋税收入。这并不是缺乏财政控制力的表现。相反，诏令的颁发和政策的出台，展示了朝廷在财政控制方面的自信。当时，帝国的军事力量稍有削弱，中央政府的权力也不再不受约束，但是明王朝的财政状况却很不错。这基本上是因为在正常的环境下，明朝的统治机器不需要什么维护。大量的地方资金、充足的物资及劳役，足以用于应对日常的政府运作。尽管有前述种种赋税减免，帝国的收入仍然是每年皆有盈余。在 15 世纪末，户部太仓库的存银据说超过了 800 万两。③

15 世纪，中国逐渐由谷物经济转入到货币经济。人们越来越多地使用白银作为正常的交换媒介。在 1487 年到 1496 年之间的 10 年，政府收入中的两个主要项目都可以折银，而这是发生在明朝最有影响的两位户部尚书——李敏和叶淇——掌管财政管理期

① 孙承泽：《春明梦余录》，卷三六，页 3—4。
② 《明史》，卷八一，页 17—18；《续文献通考》，页 2931—2932。
③ 《明史》，卷七九，页 14。

间。李敏任户部尚书期间，北方诸府向边镇的军事供应改而折银；叶淇出任户部尚书期间，则建议在盐的专卖中以银代粟。[1]但是，终有明一代，田赋税额基础性的核定却始终是以粮食来计算的，甚至也从来没有过要将所有的缴纳折成银两的建议。而且，折银收入的逐渐增加，并不意味着国家财政的拓宽。相反，每次折征令下达后，国家收入总值似乎还在下降。

1505 年到 1590 年也许可以称作明代中期的后半段。在这一阶段，中国的经济增长明显大跨步前进。东南地区的急剧增长，更引人注目；特别是棉纺织业、丝织业、采矿和冶炼业、陶瓷业的扩张十分迅速。[2] 国际贸易尽管在官方看来属于非法，实际上却在地方政府的纵容之下进行着。[3] 伴随这种普遍的繁荣，人口也迅速增长。然而，内陆却没有整体受益于这种经济发展。中国的西北部甚至遭遇一些消极的后果。西北地区没有什么可供输出的产品。该地区出产的羊毛制品，在潮湿的南部中国用途并不广泛。因此，西北地区的地毯制造业，也就无法催生大规模的贸易。

---

[1] 《明史》，卷一八五，页 1—3；龙文彬：《明会要》，第二册，页 1053—1054。

[2] 傅衣凌：《明代江南市民经济试探》，随处可见；宫崎市定：《明清时代苏州轻工业之发达》，《东方学》，第 2 期（1951 年 8 月），页 64—73；西嶋定生：《中国早期棉业史研究》，《东洋学报》，31：2（1947 年 10 月），页 262—288；尚钺：《中国资本主义生产因素的萌芽及其增长》，《历史研究》，1955 年第 3 期，页 89—92；刘炎：《明末城市经济发展下的初期市民运动》，《历史研究》，1955 年第 4 期，页 29—59。

[3] 倪元璐：《倪文正公全集》（1772 年编纂），奏疏，卷九，页 5。关于日渐活跃的贸易活动，亦可参见《明史》卷八一，页 23；《明神宗实录》，卷二一〇，页 7。

同时，西北各个省份没有什么粮食剩余，又不得不从外面购买生活必需品，例如盐、茶、纺织原料等，从而严重地消耗西北地区流通的白银。到16世纪末，西北地区的经济衰退越来越明显。①

明代朝廷要面对的主要财政问题是双重性质的：首先，随着军屯制度的持续衰退，军队所需要的越来越多的供应，都得由平民提供；此前，这些军事供应还绝对只限于北部诸省；现在，北方诸省却再也不能承受不断增加的负担了。其次，国家开支持续膨胀，南方的财赋收入却因为深植的地方利益所进行的抵制以及地方官员缺乏热情而得不到显著增加；地方官员遵循着他们传统的线性思维，认为税额的任何增加都是邪恶的，与他们的仁治政府的理念不相容。

16世纪中期大批出没于东南沿海的倭寇的侵袭，迫使明代朝廷作出了几种调整。抗倭战争依靠的是地方资源。为应对紧急情况而征收的40万两白银，分摊到几个受倭寇侵扰的省份的田赋上。② 其他的地方税收也有所增加，以供应新组织起来的民兵。抗倭战争胜利后，一些加征停止了，但是许多项目，尤其是那些合并到条鞭银中的项目，则继续执行。③ 从那个时候起，民兵组织成了东南地区重要的地方制度，而这几个省也有了更大的财政

---

① 当时许多人提到过西北地区剧烈的经济衰退。其中，顾炎武曾作出过最有说服力的描述，并提供了一些分析。参见顾炎武《亭林诗文集》（四部丛刊本）卷一页13以及其他文章；倪元璐也曾有过类似的观察，参见倪元璐《倪文正公全集》奏疏，卷六，页2。

② 《明史》，卷七八，页10。

③ 顾炎武：《天下郡国利病书》，卷三三，页118；《金华府志》（16世纪后期编纂），卷八，页13。另外，许多地方志都曾提到这一点。

自主权。

海盗问题尚未解决，蒙古部落领袖俺答汗却又开始侵入西北边境地区。从 1550 年到 1570 年的几十年间，俺答汗的入侵演变成了严重的危机。其时恰逢明朝北部边疆处于衰弱状态之际；入侵者一次次的攻击使情形更加恶化。为此，中央政府不得不供应额外的食物和白银。即便在危机过后，维持军队所需的高额费用却仍然持续不变。

山东、河南、陕西数省以及北直隶的 11 个府提供的装备北方边镇的供应，似乎在 1502 年就已经接近 160 万石，到 1578 年则总计达到 330 万石。① 此外，朝廷还不得不从自己的收入中抽出部分，送到边镇充作军需。16 世纪 20 年代以前，这些年例银每年均不超过 50 万两。② 1549 年，也就是仅仅 30 年之后，送往边镇的年例银就达到了 3178354 两。③ 1578 年的账目则表明，每年由北京发出的年例银达到 3186348 两，而且另外还有源自盐政收入的 645015 两银子。④ 两项合计，年例银超过了 380 万两。毫无疑问，国库每年必然是亏空的。

表 3 列举了 1577 年、1578 年、1583 年、1593 年及 1607 年由太仓掌握的总收支情况。（注意：这些数字包括金花银、北方数

---

① 这一计算是基于《大明会典》的，参见该书卷二八，页 839—861。
② 孙承泽：《春明梦余录》，卷三五，页 18；《明史》，卷二三五，页 14—15；王世贞《凤洲杂编》（丛书集成本），卷一，页 3。
③ 这一计算是基于王世贞的《凤洲杂编》，卷一，页 3—9；王世贞的资料据说是来源于户部的文件档案。
④ 这一计算是基于《大明会典》的，参见该书卷二八，页 839—861。

省的军事供应的折征部分；因此这些数字显得比我此前对这段时期所得出的太仓年均收入 260 万两的数字要稍微大一些。)

表 3　太仓的盈余和赤字（单位：两）①

年份	收入	支出	盈余或赤字
1577	4355400	3494200	+861200
1578	3559800	3888400	−328600
1583	3676100	4524700	−848600
1593	4512000	5465000	−953000
1607	3800000	4200000	−400000

有一点很清楚，在 16 世纪 90 年代，每年将近 100 万两的财政赤字很常见。而且，由户部掌握的用于开支的那些银两中，似乎超过 90% 是被送到了边境地区充作军事开支了。

到 1590 年以前，明代财政管理一个值得注意的特征是：面对不断膨胀的开支，朝廷很少尝试增加赋税收入。除了前述为了抗倭战争的 40 万两额外加征的银子以外，我另外找到的仅有的一次额外加征是发生在 1551 年，也就是在俺答汗入寇的高峰时期。那一年，南方各省诸府的田赋加征总计为 120 万两白银。② 一般

---

①　1577 年和 1578 年的数字是以张居正的奏疏为基础，参见孙承泽《春明梦余录》，卷三五，页 31—33；1583 年的数字是以孙承泽的《春明梦余录》为基础，见卷一四四，页 4—5；1593 年的数字是以《明神宗实录》为基础的，见卷二六二，页 7—8；1607 年的数字是以程开祜《筹辽硕画》（1620 年纂修）为基础的，见该书卷八，页 27。
②　《明史》，卷七八，页 10。

来说，要弥补财政赤字，要么是调拨各省仓储之积蓄，要么是动用太仓储银。在 1588 年，太仓储银仍然维持在 600 万两的水平。[1] 太仆寺储银也大约达到了 400 万两。各省的地方储银合计也有几百万两。[2] 只要现存的储银足以平衡赤字，眼下就不会有财政崩溃的危险。只有当所有储银都被耗尽，真正的危机才会出现。真正的危机，最终在 16 世纪的最后 10 年到来了。

1590 年后的财政管理

明神宗（1572—1620 年在位）的漫长统治时期，尤其是 1590 年到 1620 年这段时间，在各个方面都是明朝的关键时期。许多传统历史学家指责，明神宗本人应该对他那个时代中国所出现的所有问题负责。的确，明神宗的慵懒与奢侈，也许足以让任何一个朝代崩溃。[3] 明神宗没有做过任何事情，以便让国家财政恢复正常。相反，国家的财富经常被他用来满足他的个人欲望及嗜好。国家收入中大约 100 万两的金花银，无法满足明神宗的花费。甚至，早在 1578 年，他就已经专横地将他的个人使用经费增加到 200 万两白银。[4] 此后，连区分国家财富和皇帝个人收入的

---

[1] 《明神宗实录》，卷一七八，页 22。
[2] 《明神宗实录》，卷三八三，页 12；《续文献通考》，页 3086；顾炎武：《日知录》，卷五，页 5—6。
[3] 关于明神宗个性的很精练的一段分析，可参见贺凯《晚明的东林运动》，载见费正清主编《中国的思想与制度》（芝加哥，1957 年），页 133—134。
[4] 《明史》，卷七九，页 15。

掩饰也被抛弃；在无数次情况下，大批的款项从太仓库转移到了宫中。专门用于水利建设的资金，被改用于为皇宫生产丝织品。南方诸省所缴纳的田赋，则被用于宫殿建设。明神宗知道，臣民们不可能对他肃然起敬。于是，明神宗选择对臣僚们不加理睬。他拒绝接见大臣，并且任由重要的官职空缺不补。甚至，在包括户部尚书赵世卿在内的几位高级官员未得允许擅自离任时，他也不加过问。政府文件经常被搁置宫中而得不到处理，即便是对皇帝大加讥刺的进谏也从无下文。明神宗的玩世不恭实在太过分了。他不愿意重组官方的财政机构，反而把自己信任的宦官分派到几个主要城市充当税使，实际上是抛弃了正常的政府机构。税使所做的事情，不过是回避正常的官方渠道，进行聚敛。任何政府系统，尤其在以圣君统治为根本的传统中国体制下，在皇帝这样长时间的胡作非为之下，不可能不受影响。即便如此，把明神宗的不负责任当作明朝衰弱及最后灭亡的主要原因仍是大错特错。我们必须认识到，甚至早在其开始走向混乱之前，明朝政府机器就已经存在着断裂和变形。

中央政府缺乏获得更多资金的能力，仍然是一个显而易见的弱点。甚至，在 1618 年开始连续加征田赋之前，税收滞纳已经累积得非常惊人了。1593 年的一份奏疏表明，在 1586 年和 1592 年之间，全国的税收拖欠总计达 7461100 两银子。[1] 另外一份资料揭示，1615 年的田赋拖欠达到了 2365400 两。接下来两年，即

---

① 《明神宗实录》，卷二六一，页 1。

1616 年和 1617 年的拖欠，加起来又是 2869410 两。① 这样一来，当政府决定着手额外加征之时，其实它甚至连正常的赋税都无法收取。其他的政府收入也是如此。虽然我们缺乏所有的详细数据，但曾经有资料提到：在 1601 年，额定为白银 342729 两的钞关税，仅获得 26 万两。② 正如本文前面所提到的，在 1606 年，来自盐的收入也只达到官方盐额的一半。

赋税滞纳，绝不是因为明神宗的治国无方，而是明朝统治制度的产物。实质上，明朝的统治制度授予了地方士绅极大的专断权力，让他们统治乡村社会。赋税管理从未有效深植于乡村社会。所以，当国家权力衰弱，乡村社会就完全落入代为管理的阶层之手，成为其牺牲品。赋税负担再也无法均匀摊派下去。未经授权的征税行为越来越普遍。一条鞭法，即省级官员在 16 世纪为合并和简化混乱的劳役及征收程序而推行的改革，在很多情况下最后却带来了更多的弊端。③ "且折色物品太繁，有时多至数十种。彼此间折纳的比率，更极复杂之能事，即问吏胥等辈亦不知之，但由彼辈任意索取。"④ 除所有这些因素以外，朝廷不时蠲免赋税的仁爱政策，也进一步损害了其财政管理。本着高贵仁爱之精神，皇帝会在他登基、册立太子或者出现其他吉兆之时发布

---

① 《明神宗实录》，卷五七〇，页 15—16。
② 《明史》，卷八一，页 20—21。
③ 孙承泽：《春明梦余录》，卷三五，页 24—25；《明史》，卷七八，页 14—15。
④ 梁方仲：《中国税制的一条鞭法》，王毓铨译，页 14（马萨诸塞州坎布里奇，1956 年）。（译者按：此段文字原见梁方仲《一条鞭法》，《中国近代经济史研究集刊》4：1，1936 年 5 月。）

诏令，将某个特定时间之前的未完赋税予以免除。人们或许推论说，这样做不过是一种高姿态而已，因为所免除的赋税也许根本就无法收取回来。尽管如此，这样的诏令却明白无疑地鼓励了赋税拖欠。有好几次，地方上的赋税已经征集完毕，款项也正在送往京城的路上，这时候免除天下赋税的诏令发布了。因此，粮长们就在途中收回了所有的赋税，将这些钱私吞，而真正的纳税者们根本就没有得到赋税宽恤的恩惠。由传统历史学家所编纂的资料清单表明，全国性的赋税蠲免在明代出现过 27 次。这样的蠲免，有 19 次是由明神宗之前的皇帝们所颁布的。在明神宗统治的 48 年中，他自己颁布了 6 次蠲免之令。剩下的两次，是在明神宗以后的时期内颁布的。①

16、17 世纪军事开支的增加，与政府效率没有直接的联系。17 世纪以前，明朝的大部分士兵来源于军户。政府以粮食支付饷粮及津贴。1600 年以后，募兵取代了征兵。大约在 1620 年，步兵的基本报酬每年是 18 两银子。② 当士兵由原驻地移居到战区，他还会得到一份被称为"安家费"的津贴，每人约 5 到 6 两银子。此外，士兵走后留下的家庭每月可以得到 0.6 两银子。③ 到明朝末年，现役军队通常超过 50 万人。在 1642 年，额定的军队人数达到了 1238524 人。④ 这样，仅军队的基本薪水一项，就超

① 龙文彬：《明会要》，第二册，页 1018—1020。
② 《明熹宗实录》，卷七〇，页 18—19；《明神宗实录》，卷三六，页 649；卷五八四，页 10；《明臣奏议》（丛书集成本），卷三五，页 673—676。
③ 《明神宗实录》，卷五七一，页 4；卷五八四，页 10。
④ 《明清史料》，乙编（上海，1936 年），第五本，页 424。

过了 2000 万两白银。

17 世纪，一匹战马值 12 两银子。我的计算表明，每月养马的费用不可能低于 0.8 两银子。随着火器在战场中的广泛应用，军需供应也变得更为昂贵。工部报告说，1618 年到 1621 年的 4 年中，有 1134 门火炮、1253000 发各种各样的炮弹、250 吨硫磺送往辽东一带的野战部队。另外，还送去了 261589 副铠甲。[1]

1618 年开始的对后金的战争，很轻易地便撼动了王朝的统治基础，因为这场战争恰巧发生在明帝国财政状况处于最低点的时期。此前 16 世纪末所进行的"万历三大征"，实际上已经将北京的储银消耗殆尽。针对蒙古将领哱拜的战争始于 1592 年；同年，日本武士丰臣秀吉侵略朝鲜；明朝军队在朝鲜半岛迎击日本入侵者，而战争持续了 7 年之久。更为重要的是，朝廷还不得不另外再派一支远征军前往西南地区镇压反叛的土司。三大役的军费开支总计达 1200 万两。这在明朝是一个空前的数字。[2]

镇压南方土司杨应龙一战的开支，大部分是由湖广、四川两省提供。[3] 在援朝战争期间，朝廷向北直隶、浙江的田赋加征了一种特殊的附加税。[4] 其余的战争经费，都是从国库的积蓄中获取的。一度高达 800 万到 1000 万两的太仓储银，到 1618 年便下

---

① 《明熹宗实录》，卷一五，页 13—14。
② 《明神宗实录》，卷四四一，页 19。
③ 李化龙：《平播全书》（丛书集成本），卷一，页 18；卷六，页 361—362；程开祜：《筹辽硕画》，卷三，页 68。
④ 《明神宗实录》，卷二五四，页 5；顾炎武：《天下郡国利病书》，卷三三，页 118。

降到了 12 万两。① 太仆寺的储银，到 1603 年也减少到只有近 120 万两，② 到 1607 年更被消耗到 27 万两。③

很有讽刺意味的是，当国库实际上已被掏空之时，皇帝控制的钱财却仍是相当地富足。在 1618 年受到后金攻击后的关键几个月中，明神宗仍然将内东裕库的金银留置宫中。为此，许多历史学家都觉得明神宗难以原谅。这些银两是金花银积攒下来的。作为皇帝的个人积蓄，这批储银的数量从未公开宣布过。在明军初战失利后，各部尚书、都察院都御史、各省巡抚，甚至退休的军队将领、国子监的学生们，都向皇帝请求将这笔银两发往辽东。④ 明神宗嘲弄地回答说，他根本就没有这么一笔银子。在 1619 年，户部尚书李汝华给皇帝上了不下 6 道奏疏，请求从皇帝的个人积蓄中暂借 200 万两银子。⑤ 只有两次，皇帝打开了自己的钱包：1618 年，他将 10 万两白银交付户部，次年给了 396173 两白银。⑥ 然而，1620 年夏天神宗死后 3 天，内东裕库就发出帑金 200 万两

① 程开祜：《筹辽硕画》，卷七，页 17。

② 《明神宗实录》，卷三八三，页 12。

③ 《明神宗实录》，卷四三七，页 6。

④ 他们的奏疏载见于程开祜编纂的《筹辽硕画》。

⑤ 这些奏疏见于程开祜编纂的《筹辽硕画》卷二六，页 28—31；卷三〇，页 8—12；卷三一，页 10—12；卷三二，页 25—27；卷三二，页 37—39；卷三三，页 17—20。亦可参见《明神宗实录》，卷五八〇，页 13。

⑥ 《明神宗实录》，卷五六九，页 12；卷五八〇，页 24。程开祜：《筹辽硕画》，卷四，页 46。

以供军需，① 3 个月后又从中发出了 180 万两。② 在 1621 年年初，熹宗即位后，50 万两白银再次从皇帝的个人账户中划出，用以支付军事开支。③

17 世纪早期辽东的危机，并没有因 400 万两金花银的及时发放而得以化解。必须牢记于心的是：到 1618 年，辽东的行政和军事管理者已经失去了对乡村人口的控制。军队再也不能获得实地的补给。每一吨军事供应物资，包括粮食、草料、棉衣以及装备，都必须从内地运输而来。朝廷对这样的运作模式根本就没有准备。从内地到边境的供应路线，长期以来没有得到重视。如果用牛车进行陆上运输，费用将会惊人地昂贵。1619 年，朝廷在天津卫设立督饷部院，并且发现海路运输可以将运输费用降至每石 1 两白银。④ 但是，负责军事供应的都御史却报称，如果要使辽东军队得到充足供应，他需要 4000 艘远航大船，而当时可用之船仅有 700 艘。⑤

可悲的军事供应状况，在 1619 年辽东经略熊廷弼的笔下有具体的描述：

> 辽东买一弓二两，一矢五、六分，更无买处。至于衣

---

① 《明史》，卷二一，页 12；《明史稿》（文海出版社），卷一，页 104；《明通鉴》（中华书局），卷七六，页 2955，谈迁，《国榷》（北京，1958 年），卷八四，页 5156、5158。

② 《明光宗实录》（1940 年影印本），页 26。

③ 《明熹宗实录》，卷一，页 2。

④ 《明史》，卷二五六，页 8。

⑤ 程开祜：《筹辽硕画》，卷四四，页 46。

甲、撒袋、鞍辔、皮绳诸物，日日装束，时时追逐，补绽缝
破，无事不贵。每见军士赔办器物，典卖行囊，身无寸绵，
裸体穿甲，心如刀割，而恨不能以身代也……①

　　军队身处边远地区，而环境如此痛苦难熬，极容易招致灾难
性的后果。当士兵们的军饷迟迟未发，军纪会荡然无存，叛乱就
会爆发，大规模逃亡也会出现。1619 年便有一例：1000 名士兵中
700 人脱队逃跑，整支部队一夜间化为乌有。② 骑兵们屠宰他们自
己的马，目的是为了可以不参加自杀式的骑兵冲锋。③ 士气处于这
样的低点，明朝军队不得不承受更多的失败了！然而，后金军队却
获得了消化和巩固他们的征服果实的机会，增强了自身的力量。对
此，明朝不得不动员更多的军队，结果又需要更多的军事供应，这
一连串的事件变成了一种恶性循环。

　　军事开支持续上升，直到明朝灭亡。在明朝的最后 10 年，朝
廷面临内忧外患的双重威胁。在很大程度上，战争开支是通过不断
增加田赋来弥补的。朝廷在 20 年内曾 7 次为应对紧张局势加征田
赋；而且，每次加征都是在前面累计加征的基础上再行加征的。加

　　① 程开祜：《筹辽硕画》，卷四四，页 24。
　　② 程开祜：《筹辽硕画》，卷四四，页 29。
　　③ 钱穆：《国史大纲》（第二版，上海，1947 年），第二册，页 587。

征的时间及数量如下：①

1618 年	每亩 0.0035 两白银
1619 年	每亩 0.0035 两白银
1620 年	每亩 0.002 两白银
1631 年	每亩 0.003 两白银
1635 年	在正常田赋上加征 1/10
1637 年	对在册土地每亩加征 0.0048 两白银；对之前的未税土地每亩征 0.01409 两白银
1639 年	每亩 0.01 两白银

这样，到 1639 年，总计的加征为每亩 0.0268 两白银以及基本税额的 1/10。基本税额的确定实际上很困难。大部分情况下，加上加耗，基本税额接近每亩 0.05 两白银。在按最高税额征收的情况下，每亩 0.5 两也很常见。因此，如果按前一种情况计算，

---

① 这些税率出现在：《明史》，卷七八，页 11—12；《续文献通考》，页 2794—2795。龙文彬《明会要》亦载有相同的信息，参见该书第二册，页 1033—1034，然而其数字跟前两种资料所载有细微的差别。原始文本记载的不清晰，曾使我一度相信，1637 年的加征——每亩 0.0048 两及每亩 0.01409 两白银——是两次连续的加征，一个紧接着另一个，且都是针对所有的应税田地的。感谢杨联陞教授指出，由于没有产生远超所汇报的数量的收入，每亩 0.01409 两的税率不可能统一推行过。我相信我现有的解释——对此前在册土地定以每亩 0.0048 两白银的税率——能明显得到这些资料的支撑，参见，《明史》卷二五二，页 2；《续文献通考》，页 2975。但是，每亩 0.01409 两的税率被应用于迄至当时尚未征税的田地，也未得到当时资料的证实。《明史》卷七八（页 12）提到每亩 0.01409 两的税率，但没有谈及它是如何应用的。《明史》卷二五二（页 2）及《续文献通考》（页 2975）提到对此前未税的田地征税，但却没谈及税率。我只是把这些点滴证据联系到一起，也认识到我的诠释是有疑问的，并且希望接下来的研究者能对它予以纠正或调整。

加征总量是每亩 0.0318 两白银；如果按后一种情况来计算，加征的总量是每亩 0.0768 两白银。

从管理的观点看，这一系列加征最让人讨厌的特点是它的零碎性。然而，这也许是不可避免的，因为这个国家、它的财政机器及其官僚的心态对于任何重大决策都缺乏准备。朝廷命令加征，只是为环境所迫。即便到那个时候，加征仍然是不情不愿的。而且，国家的赋税征收能力也很值得怀疑。事实上，逐年加征的后果，同样是各省的赋税拖欠以及大量未征收的赋税。明朝政府官员和军队将领留下了一卷卷文件，谈到那些危急年代里的军队饷银拖欠、军事供应不足以及资金解运延期等等。看起来，在 1620 年以后，士兵饷银被拖欠 6 个月以上的时间已经是司空见惯。考虑到明王朝所面临的全国性危机，缓慢而低效的财政动员带来了严重的后果。由于至关重要的困难局面没有能够在一开始就得到恰当的应对，问题变得越来越糟，而姗姗来迟的补救办法只是带来了越来越多的代价。很明显，在明朝的最后 3 位皇帝中，没有谁具备力挽时局的能力和性格。明光宗（1620 年）仅仅统治了一个月的时间。明熹宗（1621—1627 年）则是一个低能儿，任由权阉魏忠贤管理政府，而官僚们却被无望地卷入到党争之中。最后一位皇帝庄烈帝（1627—1644 年）则冲动而多疑。他处决了许多位兵部尚书和现场指挥作战的督抚。在中国，一个已经建立的王朝，总是会在危急时期展现出惊人的持久力。数以百万计的人们的坚定的忠诚，会提供一种独特的力量之源，从而使王朝克服迫在眉睫的危险。然而，在 17 世纪上半段时间，明朝的中央领导阶层如此彻底地败坏自身的名誉，使得这种忠诚也开始失效。

然而，从王朝的财政史看来，个体角色的重要性不应该被过分强调。明代财政制度之所以崩溃，是由其背后许多活跃或蛰伏的因素的聚积效应导致。本质上，200多年的财政管理，就是遵循着这样的一种模式，即没剩下什么自由活动的空间。同时，人口的增长、从谷物经济到货币经济的发展、不同地域间经济发达程度的不平衡、近代战争所带来的高额军费开支、对于合理的运输体系的需求——所有这些是明朝的创立者没有预见或没能预见的——都要求朝廷采取更大胆的步骤，使它自己能适应于新的活动领域，承担新的财政责任。然而，明代朝廷没有对这些需求作出反应。

在许多历史学家看来，17世纪的田赋加征有点"过高"，并将此视为导致王朝灭亡的主要原因。① 毫无疑问，对于已然超负荷的财政机器来说，田赋加征确实增添了新的、额外的紧张；同时，加赋也给某些纳税者带来了难以承受的负担。然而，加赋是否超过了全体国民的支付能力，依然是一个值得讨论的问题。我越是考察细节，就越不敢相信那些税率过高的说法。那些田赋加征，从来不是未经适当考虑而冷酷无情地向人们征收。在1618年第一次加征中，贵州省是免征的。即便其他各省及地区以每亩0.0035两银子加征，朝廷也还是命令每个地区可以做出调整，以适应各地的情况。② 全面加征的目标以1578年的在册土地为基

----

① 像许多历史学家一样，王毓铨也谴责这种加征。他说："中国的农业经济被强加在农民身上的特殊的田赋将血吸尽。"参见王毓铨《中国历史上的田赋增加与王朝灭亡》，《太平洋事务》，1936年6月，页201。

② 程开祜：《筹辽硕画》，卷一一，页15。

础，设定在 200 多万两白银。① 在第二次、第三次加征中，有更多的免征。结果，当累计加征的税率达到每亩 0.009 两时，1623 年的账目却表明，这些加征的收入是 4491481 两。② 这意味着，这些税率只应用于不足 5 亿亩的土地，而当时登记在册的土地却是超过 7 亿亩。1635 年的加征，仅仅是为镇压内部叛乱而从 5 个中部省份收取，而且最初的加征是从基本税额超过 10 两白银开始加征，后来才发展到只要超过 1 两白银即可加征。③ 1637 年的加征，税率是每亩加征 0.0048 两，结果收入为 1929000 两白银，④ 意味着该税率只推行于约 4.02 亿亩应税土地，即当时登记在册的 7.83 亿亩土地的 51%，同时朝廷还明白宣称"灾处免征"。⑤ 明朝的田赋数据既不会如此详尽，也不会如此一致地加以记录，所以，我们无法得出这一阶段的一个平均数。但是，正如前面所提到的，在基本税额上加以相当于每亩 0.05 两白银的加征，则可以被视作比较典型的案例。如果再加上按土地征收的劳役及其他义务，则每亩或许又增添了 0.03 两银子。前面提及的 7 次加征，共计每亩加征了 0.0318 两，使田赋加征总计达到了每亩

① 《明神宗实录》，卷五七四，页 14；程开祜：《筹辽硕画》，卷一一，页 13—17；卷一五，页 41。

② 这一计算是以陈仁锡《皇明世法录》（台北，1965 年重印，卷三四）为基础的。值得注意的是，《明史》（卷七八，页 11）和《续文献通考》（页 2794）都声称总额是 520 万两。但是，陈仁锡所做的详细账目是从户部的档案中抄来的，看起来也很完整、连续。

③ 卢象昇：《卢忠肃公集》（1755 年编辑），卷四，页 3；《续文献通考》，页 2795。

④ 《明史》，卷二五二，页 2；《续文献通考》，页 2759。

⑤ 《续文献通考》，页 2795。

0.1118 两白银。在中国的中部及南部，这大概是每亩中等肥沃的土地年产量的 10% 到 15%。从 17 世纪的标准来看，这个税率固然是有点高，但却也不是不可忍受。

在 7 次加征之后，每年的田赋总量目标大约是 2100 万两白银。① 在这一总量之内，可能有 212 万两是从重新登记的土地、土地交易税以及节省地方政府开支等几个方面获取的。② 在任何一年，田赋的直接收入都不可能超过 2000 万两。但是，即便是这样一个目标，也是无法实现的。我无法找到任何证据，证明田赋总额能够完成。相反，我从各种关于赋税滞纳的奏疏推断：如果任何一年的收入能够接近预定税额的 70%，该年的赋税征收就算是很成功的了。在 17 世纪 40 年代，每年的实际征收能否达到预定税额的一半，也极为可疑。这些证据使我相信，国家的资源其实并没有耗尽；相反，根本性的问题是，中央政府没有能力将国家的财政力量动员起来。明朝人对这一状况并非全然不知。给事中吴执御说："臣窃谓天下之民未尝穷，而天下之财未尝尽也，惟主计者自为穷之、尽之之计。"③ 1624 年到 1633 年间的户部尚书毕自严也记载说："凡此广浩繁项，不可枚举，孰非赋自地亩？则计岁入太仓、岁充边饷者，真无异马体之毫末也！"④

2100 万两白银是个什么样的数字？简单来说，2100 万两白

---

① 1641 年的田赋总额是 21330735 两，参见孙承泽《春明梦余录》卷三五，页 12；这一数字来源于户部的档案。
② 这一计算是以陈仁锡《皇明世法录》为基础的，参见页 958—996。
③ 孙承泽：《春明梦余录》，卷三六，页 48。
④ 孙承泽：《春明梦余录》，卷三五，页 29。

银，仅仅是 17 世纪中期维持 50 万人的军队一年所需的经费。在那时候，每个士兵每年的饷银和口粮价值为 18 两白银；给 50 万人的军队开饷，需要 900 万两。保守估计，军官的饷银大概为 200 到 300 万两白银。余下的 800 或 900 万两，用来维持军队所需的战马、兵器、服装、装备、运输，恐怕不是十分充裕。如果像何炳棣教授所预测的那样，中国那时候的人口已经达到了 1.5 亿人，[①] 那么，供养这样一支中等规模的军队不应该有问题，因为 300 个人才供养一个士兵。

事实上，继起的后金或清朝即便是为维持其正常的政府运作而征收的赋税，根本就不比明朝低。这一事实证明晚明赋税过重的观点就更站不住脚了。诚然，1644 年满洲人控制中原之时，他们很快就宣称废除所有的田赋加征，并且将商税及钞关税减半。但是，实际上，大量的白银仍继续流入国库之中。推测起来，在清朝初年，也就是在必须要镇压南方忠于明朝的抗清力量之时，国库收入很大程度上是通过战时的抄没和追赃而获得的。对此，当时人的材料并没有细节性的描述。然而，在 1651 年后，政府文件中就有不少有价值的统计。以下我列举了此后三年的总体财政状况：[②]

---

① 何炳棣：《明初以降人口及其相关问题：1368—1953》，页 3—23、277。
② 《大清世祖实录》（伪满洲国"国务院"影印本，1937 年），卷六一，页 6—7；卷七〇，页 31—32；卷七九，页 23—24。

1651 年	粮食收入	5739424 石
	白银收入	21106142 两
1652 年	粮食收入	5628711 石
	白银收入	21261383 两
	榷盐所得额外收入	2122014 两
1653 年	粮食收入	5672299 石
	白银收入	21287288 两
	榷盐所得额外收入	2128016 两

在 17 世纪 80 年代，粮食收入更进一步增加到 700 万石，白银收入达 2700 万两，而榷盐所得达到 270 万两。① 而且，清人还不断进行计划外的征税。1650 年，为建设承德避暑山庄，在正常田赋之上加征了 250 万两，以募集资金。② 1661 年，当国库再度入不敷出时，又在正常田赋之上加征了 5771000 两白银。③

清人基本上没有对前朝遗留下来的总体财政架构进行改革。注意到这一点是很有意思的。地方层面的赋税管理，也仍然处于士绅的影响下。④ 清朝虽然曾经命令全国土地清丈，但却没有认真地推行。⑤ 但是，之前在明朝由不同部门负责的几种款项，到清朝后则转由户部掌管，而地方层面上的各种征收项目亦稍稍进

① 王先谦：《东华录》（上海，1091 年），康熙朝，卷四二，页 0。
② 王先谦：《东华录》，顺治朝，卷一五，页 1。
③ 《大清圣祖实录》（伪满洲国"国务院"，1937 年），卷四，页 9。
④ 这从官方奏疏中可以看到，参见《大清世祖实录》，卷一一八，页 8；卷一一九，页 13。
⑤ 1665 年，安徽巡抚力谏停止清丈，认为清丈只是引发了混乱，参见《大清圣祖实录》，卷一五，页 5—7。

行了合并。这样，清朝实现了某种程度上的财政统一。

新政权一建立，赋税滞纳的问题就再一次出现。然而，新王朝在执行其赋税法律方面似乎更强硬。一份报告表明，在1661年的江南地区，有13517人因拖欠赋税而被指控。这些人据说皆为"文武绅衿"。然而，清朝皇帝指示对那些人照例议处。[①]

现在看来，有两件事情是很清楚的。首先，在17世纪，中国的经济活动水平已达到一个高度。因此，国家财政也应该水涨船高，跟上步伐，而赋税的增加就成了正常而又不可避免的结果。其次，即便新的赋税负担完全加征于农业经济之上，全体居民仍然有能力缴纳。明廷在其末年的失败，很大程度上是源于其执行赋税法律及控制地方弊端的无能。这种无能导致了财政赤字。

明朝末年的历史，一页页读来极为可叹。在北部中国相继被盗匪蹂躏和入侵的满洲军队劫掠之后，北京的朝廷越来越迫切地需要来自遥远南方的供应。然而，稳定而充足的供应，却遥不可及。在1644年年初，军饷拖欠累计已达到几百万两白银，而来自南方的赋税却只有几个数万两银子的小包裹而已。在户部尚书倪元璐的逐日报告中，他告诉庄烈帝说，这些数量极小的、零散的资金正在送往北京的途中，并给出了每笔款项到达的大致时间。这些文件，反映了皇帝及其主要财政管理者极度的焦虑![②] 此时，国库实际上已然空虚。由于征收不到足额的米，作为替代，户部

---

① 《大清圣祖实录》，卷三，页3。
② 倪元璐：《倪文正公全集》，奏疏，卷一一，页11。关于税银由南方送达北京的困难的描写，可参见《明清史料》乙编，卷十，页948、977—978、987。

尚书购买了几吨各种各样的豆子。① 在北京被围时，守军已经 5 个月没有领到军饷了。连炊具都没有的军队，却还被要求履行责任。每个士兵发放了 100 文铜钱，被告知说他们可以自己去购买食物。此时，士气和军纪陷入到最低点。一位将领报告说："鞭一人起，一人复卧如故。"② 至此，明朝即将灭亡一点也不令人奇怪；让人感到惊奇的反而是：明朝竟能一直存而不亡，直至斯时！

结论

然而，所有这些讨论都将说明什么？从这段财政史中，我们又能学到什么？

通过前面诸页汇集的那些资料，我希望我已经描摹出了明代政府机器运转的基本轮廓，尽管我的观察仅限于财政管理。

明太祖创建的政治体制的基本原则中，没有经济核算和平衡或契约调整的位置。因此，帝国的稳定全部依赖于政府的控制能力。被统治者对王朝的认同，则仅仅是来源于官方的僵硬的儒学意识形态。这一基础性的设计，使得后来的皇帝及大臣们失去了调整的能力。然而，在前近代，如果不是缺乏足够的统计及其他控制手段、让人满意的交通和通讯设施、有效的行政管理人员，皇帝和大臣们也不可能把中国这么大的国家冻结为一个静止不变的国度。这个政府组织及其所统治的国家之间，也迟早会出现裂

---

① 倪会鼎：《倪文贞公年谱》，卷四，页 11。
② 谷应泰：《明史纪事本末》，卷七九，页 84—85。

缝。在明代，我们既看到了官僚操纵下的经济体制的奇迹，又见识了这种经济体制的荒诞。到了最后，这个经济体内的许多部分都脱离了控制。这种情况发生后，恪守教条的儒家管理者，却拒绝适应新的环境。一方面，形式主义与传统主义比从前更得到强调；另一方面，妥协和不讲规则却又在背后得到纵容。这样的做法，进一步拉大了理想化的秩序与经济现实之间的差距。

白银在明朝成为普遍的交换媒介，其影响也不能低估。专家估计，明朝最后的 72 年中，除了国内银矿产银外，还有超过一亿枚外国银币流入中国。[1] 明代的财政管理，本质上是以粮食经济为基础。各种不同的税率和度量单位、自给自足的体制、地方和部门自足、分割的预算、分散的现金流通渠道、大量的物资和劳役征收、地方粮长制度等等，使得明朝的财政机器显然无法适应新的货币经济。在这里，我列举了明代财政管理中许多令人不满的特征。然而，如果不是白银流通彻底改变了这个国家的经济面貌，那些特征其实并不会如此可怕。建立在反动态、反扩张的经济基础之上的、陈旧的财政结构，如今比以前更过时了。

明代中期以后，朝廷在处理个别案例时仍保有仲裁的能力，但是缺乏统一执行其法律的力量。表面上，皇帝的权威在任何时候都无可置疑，但是他对各省的控制却明显逐渐松弛。权力没有渗到当时仍循规蹈矩的各省督抚的手中，也不会渗到宗室成员手中，因为按照明初两位创立者——太祖和成祖的规定，宗室成员无法成为一

---

① 梁方仲：《明代国际贸易与银的输入》，《中国社会经济史集刊》，6：2（1939 年 12 月），页 324。

支占优势地位的政治力量。相反，填补权力空间的是地方士绅；以赋税问题而言，掌握权力的是级别较低的赋税管理者。这两个集团都太过分散，形不成权力自觉。儒家的信仰对他们来说太过强大，以至于不可能发展出任何属于该阶层的意识形态。在他们当中，更不要冀望有敢于公开反叛的人。但是，他们会逃避、怠工、消极抵制，以及采取不合常规的措施。所以，破坏明朝统治基础的不是强有力的打击，而是缓慢的腐蚀。

就此而言，我对传统的王朝兴亡循环论不是很满意。根据这种解释，每到王朝末期，富裕而有势力的土地所有者就会伪造赋税记录，从而使自己保有不用纳税的土地，而贫弱、沉默的农民就不得不承受主要的赋税负担。同时，政府对于赋税的渴求却无休无止，直到饥饿和绝望使重税压迫下的农民公开反抗，进而导致王朝的灭亡。这种解释也许在其他阶段的历史中能找到更多的正确性，例如汉朝和唐朝。然而，将这种解释用于明朝，却根本就没有说服力。在晚明，正常的田赋，即便算上加耗、加征，通常也只是地方征收中很小的一部分。当时的人们抱怨得最厉害的过高税率，是针对额外收费，以及计划外的、非正常的乃至一些未经授权的征税而发的，因为它们大部分未载见于任何税收册籍。[1] 这些舞弊行为并不是在明朝衰弱时期开始出现，其中的许多做法历史悠久。

在庄烈帝统治时期内，理学家兼政治家刘宗周奏报说，在他

---

① 孙承泽：《春明梦余录》，卷三五，页 37；卷三六，页 56；倪元璐：《倪文正公全集》，奏疏，卷八，页 6—7；顾炎武：《亭林诗文集》，卷一，页 15—16。

的家乡浙江山阴县，田赋总是提前两年征收的，而这些收入送到北京却反而比预定计划晚了一年。① 同时，给事中孙承泽告诉皇帝说，户部的官员没有能力处理各省呈送的财政报告。要求调查的命令很少得到任何回音。② 从管理的观点来看，这种制度性的破坏，并不能看作是中央政府征收重赋的后果。相反，它也许可以理解为在明朝末年朝廷拥有的征税能力非常小。由于没有办法得到足够的税收，朝廷也就无法提供有效的、公正的行政管理。

　　传统的学者对明朝政府有足够多的赋税过重的指责。令人奇怪的是，认为明朝政府课税过轻的批评，在明朝人的著述中却也不时可见。但是，从传统的儒家标准来说，那样的批评自然不会很流行，因此它们很少引起人们的注意，更别说有什么响应了。根据曾出任南京太仆寺丞的 16 世纪末最杰出的文学家归有光的观点，苏州府尽管在当时被视为全国赋税最重的地区，它的田赋和役实际上不妨再翻一倍。在文章里，归有光质疑明朝政府对人民的"姑息"政策是否明智。他还指出，如果不能募集到足够的赋税收入来进行工程建设，就等于没有机会让人民得到更多的改善生活和富足自身的手段。最终，"仁慈"的管理者所能做到的，无非就是向他治下的那些饥饿的民众发放救助而已。③ 出版于 17 世纪初的沈德符的笔记，直至今天还是明代社会史的重要史料。其中，沈德符悲叹说，明代朝廷总是无法征集足够的赋税，赋税的数

---

① 刘宗周：《刘子文集》（乾坤正气集本），卷一，页 15—16。
② 孙承泽：《春明梦余录》，卷二五，页 29—30。
③ 归有光：《三吴水利录》（丛书集成本），卷一，页 5、7。

量都不及宋代。他提到南宋时期，有点怀旧地说："当时主计者，胜今日万万矣！"①

同样，我也不能接受晚明"民变"起因于重赋的解释。在民变频发地区，田赋要么就是免征，要么就是减征。② 我感觉，应该对民变负责的，乃是政府机器的崩溃。由于无法从税收资源得到足够的资金，政府长期以来一直漠视水利灌溉工程的建设。水利工程得不到修缮；应对自然灾害的预备仓内的粮食被卖光了，换了银两。最近许多学者的研究，提供了充足的证据表明，军队的逃兵和被解雇的驿卒在全国性的叛乱中扮演着比农民更重要的角色。我们前面已经提到过士兵的大量逃亡。帝国驿站的废弃，则是明王朝无力解决开支而造成的另外一个后果。被解雇的驿卒们自己组织起来，组成一个个战斗集体。随着逃亡士兵的加入，他们开始从事盗匪活动。③ 农民的加入，或者是因为威逼强迫，或者是因为他们的家园已被毁坏。17 世纪 30 年代和 40 年代北部中国的饥荒，也许可以看作是另一个起作用的因素。至于说较高的赋税，我承认它确实给了叛乱者心理和宣传上的巨大优势，而经济的影响反在其次。在 1954 年出版的一部收录 220 份关于晚明农民起义原始档案的未分类的资料集中，有 16 份档案谈到军饷的拖欠和军需的不足，有 8 份档案认为士兵逃亡是起义的根源，

---

① 沈德符：《野获编》（扶荔山房本），补遗，卷二，页 37。

② 例如，河南和湖广北部的田赋就被宽免。参见倪元璐《倪文正公全集》，奏疏，卷八，页 7—17。

③ 郑天挺编：《明末农民起义史料》（上海重印本，1954 年），页 27；钱穆：《国史大纲》，第二册，页 591。

有 5 份档案提到驿卒，有 15 份档案表明饥荒和民众间蔓延的绝望是引起动荡的原因，有 8 份档案证明农民是在叛乱分子的恐吓和胁迫下才参与起义的。仅有 3 份档案是指责赋税的。在这 3 件档案中，有 1 份只是泛泛地谈及全国范围内的重赋。另外 2 份档案则是上呈皇帝请求免除山西、河南某些地区的赋税的奏疏。奏疏的附录部分表明，这些请求随后就得到了庄烈帝的批准。① 还有一项现代学者的研究，则将导致反叛的原因按顺序作了列举：灾荒、盗匪、赋税、驿站制度的废弃。②

　　简要地说，概括明朝的灭亡，将涉及太多的因素。从时间方面来说，其中一些因素可以追溯到明朝建立之初。从空间方面来说，一些因素则涉及了地域特色及地方管理。迄今为止，我所做的工作，也只是在迄今未加探索的广袤领域的边缘处冒险而已。这个论题极为宽阔，而摆在我们面前的资料实际上也无穷无尽。所以，无论在深度还是广度上，我的探讨都还有极大的空间。

原载 Chinese Government in Ming Times：Seven Studies, ed. by Charles O. Hucker（New York and London：Columbia University Press, 1969），pp. 73—128

---

① 郑天挺编：《明末农民起义史料》，散见各处。
② 李文治：《晚明民变》（上海，1948 年），页 15—25。

什么是资本主义?

　　读者看到这题目,想像着作者是否会先给资本主义下一个确切的定义。若果如此,则全书先已有了一种演绎既定的想法。可是这种作法与我的目的完全相反。

　　资本主义是一个经常见到的名词,在多数读者心目之中,均有一个大概的轮廓,但若要在今日将这一名词的历史背景和社会背景以及很多与它关联而过去却未顾及的地方,一并收集检讨,这样一来就应采取归纳法。

　　况且资本主义是一种连亘几个世纪、通过许许多多国家的组织和运动,牵涉法律、政治、经济、社会、宗教、思想和文化的各部门,迄今尚未停顿。如果笔者先赋予一种一成不变的定义,无异要求读者先接受一套宇宙观,务必先建立信仰,才谈得上识见,那么其教条主义显示出的宗教虔诚,超过学术上的好奇心。事实上,不少人在资本主义的一类的著书都采取这种态度。

当代论述资本主义的学派

前剑桥大学讲师陶蒲（Maurice Dobb）分析当代有关资本主义的论文，归纳为三派（见 *Studies in the Development of Capitalism*）。一派注重生产关系之转变。资本主义一行，生产者即开始卖劳动力，此后对制成品无从过问，这也就是马克斯主义者学派。第二派注重资本主义的精神。我们可以看出：韦伯（Max Weber）的正面支持这精神，唐尼（R. H. Tawney）的既支持也质疑，以及桑巴特（Werner Sombart）的反面批判均可归于这一派。还有一派重视自然经济如何蜕变为金融经济的过程。资本主义特征，组织上本就预备对付遥远的市场，于是批发商出资垫卖商品，因之也会干预着零售商及生产者之业务。

虽然讨论资本主义的文章，凡不属第一第二类者通常多倾向于第三类，笔者注重技术的因素，也有这种趋向，可是这种分类法到底有将每个人的观点过度简化的毛病。譬如说，韦伯一向以他提出清教徒对资本主义形成时的贡献而为人称道，可是韦伯却从来没有抹杀技术上的因素，他的论文里提出法律、利息、信用各种条件，不过统以"新教伦理"概括之。可见得上述各派之间，必有很多交错出入的地方，也有不够周延的地方。

我们姑且把以上三派的代表作拿来简单评述：

马克斯主义者所写历史，一般过于呆板，很难注入新的见解。譬如陶蒲提到工业资本之形成时，即依马克斯而建立其说。

他虽从十六、十七世纪英国各式行业的情况找出无数例证，不能不算渊博；可是我们在二十世纪末期，亟于将先进国家的经验，提供给待开发国家参考，若仅能证实由旧社会至新社会阶级斗争无可避免，根本就无法用之作为今日思想上或行动上之参考。

资本主义对世界文明之贡献，可以以产业革命的成效来看。根据库志耐（S. S. Kuznets）的研究，迄十九世纪中叶，世界上只有五个国家（美、英、加拿大、瑞士及荷兰）平均每人一年的收入达美金二百元（一九五二年至一九五四年间的价值），或略高的境界；全欧洲及全美洲合计，其平均数则不可能比一百五十元超过甚多，也就是与今日之穷国家相去并不远。这和以后一百多年来的情形相比，今昔相差是如何的悬殊！马克斯虽然未曾用过"资本主义"这一名词，他并未忽视这种组织和这种运动之功效。他也承认对欧洲之封建社会而言，这种发展（我们之称为资本主义者）实在具有革命的成分。那么今日之待开发的国家，因资本主义富有革命性，又有成效，是否值得竭力抄袭？或者又因为它尚有很多坏的地方，在欧美已属打倒推翻之列，于是应当修正或回避？（我想今日对已开发及待开发的国家而言，研究资本主义不能再有一个比这更有关切性之目的。）此种问题，不能在马克斯的著作中找到启示，而马克斯主义的作家，也很少提出适当的建议。陶蒲的一部四百页之著作中，提到中国三次，每次仅指出中国的次殖民地地位，此外也未再提出其出路与希望。这也难怪孙文指斥马克斯为资本主义的"病理家"而不是"生理家"了。

资本主义的精神

单是指出资本主义出于一种精神上的力量（spirit 或 geist），而不是追究这种精神在社会上和经济上产生的组织与结构，不是一种完满的解释。有些学者认为这种精神，实在不过是一种带着占有性的个人主义（possessive individualism）。要是果真如此而且仅是如此，则中国的"杨朱为我"、"虽拔一毛以利天下不为也"也应当产生资本主义了。

桑巴特提出资本主义的精神出于犹太教，与韦伯所说出于清教徒相轩轾。他说犹太人在十五世纪末叶从西班牙被逐出后，于十六世纪之初来到荷兰，就凭着他们的资本及信用证据，扶助资本主义的发展，并且通过安特卫普（Antwerp，今属比利时）将资本主义的精神带到英国，"可是犹太教自始至终就没有产生一种贫穷的典范（poverty ideal）"（这也难怪桑巴特后来接受纳粹运动）。桑巴特总认为在资本主义之前，人类是比较纯洁的，各人以自己为主，去衡量外界事物；接受了资本主义，就本末颠倒，采取了一种数量上的计算（quantitative calculation），把所有的精力用于获得财物，"用武力，用魔术，用计谋，用新发明和用金钱去获得财物"。可是在另一方面他也说及每一个欧洲的国家都有产生资本主义的能力，只有程度不同。自从罗马帝国崩溃，每一个国家内都有两种力量出现，一是对黄金的贪婪，一是创设企业的精神，不久这两种力量凝结一气。可是桑巴特讲到资本主义的弱点，没有空间的限制，也没有时间的程序，不外奢侈淫佚。他甚至指出市民生活软化，如吃糖、制造丝绸、生活色情，也都归咎于资本主义。如此说来，则不仅日本之德川幕府后期，即中国的唐朝也是资本主义的产物了，因为九世纪的长安正以上述三件情事，即吃糖、穿绸和色情生活称著。

布劳岱对中国经济史的解释

法国史家布劳岱（F. Braudel）论及资本主义，剀切地指出自己对欧洲的分析，不适于西方以外之体系。他说：

> 其中最离开正道的乃是中国，其帝国的管制阻碍任何一种创立商业统治集团之企图。只有最下层的商业，［包括］市镇间的店铺和集场［能够］有功效的作业。（见 *The Wheels of Commerce*）

布氏对于中国经济史的了解，大部得自前匈牙利汉学家的白乐日（Etienne Balaz，曾译注《隋书·食货志》，他的著作以法文出版），其重点注重中国官僚体制与商业组织之嫉不相容。布氏指出中国在分裂为二时，双方互需要对方的物产，于是大型的市场开始出现，有如宋朝。可是一到趋于统一，如明、清大帝国，其对外贸易有如"窗户及了望台（windows and lookout posts）"，只存在于边疆，旨在对付夷人，而且或开或闭。即广州十三行之贸易，也是在这种条件下进行，于是贸易有季节性，而不是经常开放。至于中国内地过去有效率和有组织的商场和市集，在统一帝国的主持之下就不存在了。他于是推论中国的商业政策（实际也就是反商政策）基于对外政策，一方面也由于中国能自给自足，不倚赖于对外贸易。

中国之重农抑商，由来已久，布氏和白氏的分析，也符合史实。他们的观察和结论在一百年前或甚至在五十年以前都可以算是彻底解答了一个大问题。可是最近几十年的政局之展开，才使我们也彻底了解中国问题之大，程度之深，远超过官僚体制所设障碍（因为传统的官僚组织在民国时已不存在）和对外政策的掣肘（民国初年国家已分裂，对外门户也大开）。而尤其以最近几十年剧烈的变动，使我们知道中国传统社会与现代商业不能并存，遑论产生资本主义。在这些地方，我们还可体会韦伯所述中国社会里"血缘关系对经济之桎梏（sib fetters of the economy）"及"无法强制实行的法律必沦为死法律"。

官僚体系的障碍

我们不妨先就官僚体系说起。一般的看法，宋朝的朱熹，乃一代人儒，当然是哲学家。其实他也是一个官僚集团的代表。他在江西做地方官时，曾发布一篇《晓谕兄弟争财产事》的公告。内中提及"照对《礼经》，凡为人子，不蓄私财，而律文亦有别藉异财之禁"。表面上看来，无关紧要，这不过当时一位模范官僚不接受亲戚家人争产的诉讼，而责成父兄族长调解，以保全"风俗之淳厚"。我们再看明朝一位模范官僚海瑞的一段纪录，他在做地方官时也留下了很多自己审问民事刑事的文字。内中有一段直率表示他的立场：

> 凡讼之可疑者，与其屈兄，宁屈其弟；与其屈叔伯，宁屈其侄。与其屈贫民，宁屈富民。与其屈愚直，宁屈刁顽。事在争产业，与其屈小民，宁屈乡宦，以救弊也。事在争言貌，与其屈乡宦，宁屈小民，以存体也。（《海瑞集》）

他们两人相去约四百年，也分别是布劳岱所说中国分裂及统一时代的人物，只是两人的法律观点均缺乏"内在的公平（intrinsic justice）"。此外儒家的经典可以当作法律执行，社会组织视作一种不成文宪法，而凝聚于"尊卑男女长幼"的原则也牢不可破；自两宋至明清，没有实质上的改变；保持如是态度的也不限于模范官僚，朱熹和海瑞不过积极阐扬这些原则而已。

如果我们仔细考察当时的行政纪录，则可以体会这种法律观念，固然出于儒家的思想，同时也是一种社会的产物。传统的朝代，以大量的小自耕农作为当兵纳税的基础（这也是各种文献中层出不穷呼吁防止兼并的主因），无从创造一种深奥的法理学，让小民支付律师和法庭的费用，又给专门人员以职业训练，去花费金钱与时间对各种诉讼作技术上的推敲，况且文官集团的甄选和考察，也要全国一致，一般农民又不识字，于是只好一方面授权于本地血缘关系的威权，减轻衙门工作的份量，一面以最单纯而简短的法律，密切跟随着当时的道德观念，作为管制全国的工具。

不能在数目字上管理

这种体系下一个无可避免的后果，就是私人财产权缺乏确切的保障，且以与农村习惯不相关的财产为尤然。官僚组织不仅与高度商业之组织嫉不相容，他们自己也无法作技术上的和法制上的改造，去迎合商业习惯的变数（variable）。中国历史里很多理财家，企图突破环境，或增加行政效率，或使财政片面商业化，无一不归于失败。因为其下层机构里，私人财产权不能固定，以致最基本的统计数字，就没有法律为之撑腰，无从保证完整正确；其上层的数字，又经过很多加减乘除，也只好随着衙门内之威权的意志为转移，谈不上客观与可靠了。此时所谓改革，也无非少数热心肠的人，加压力于这官僚集团，强其所难，终必与大多数官僚成员发生冲突。汉朝的桑弘羊、王莽，唐朝的宇文融、韦坚、王铦、杨慎矜、刘晏，宋朝的王安石、蔡京，元朝的阿合马、卢世荣、桑哥，明朝的刘瑾、张居正和清朝的盛宣怀，各有不同的环境，他们的人品与抱负也有霄壤之别，可是其中从一个"不能在数目字上管理"的局面下企图打开出路，结果事与愿违，则大同小异。最后又有一个康有为，提出一个无法执行的方案，只是在他还未能对方案负责之前，即已垮台。

为什么一种无法强迫施行的法律必沦为死法律？大凡一种法律行得通，必有社会上的强迫力量为之支援。在多数情况下，人民能够也愿意照立法的条文行事。其条文不是合法（即有成例可援），就是公平（中国人常称合于情理）。法官开庭指正一二，或是派法警，出传票，贴封条，其执行才没有困难。倘使立法与社会情况相违，甚至其条文与民间生活发生几个世纪的大距离，一般民众读之如念外国文，则当然行不通。英国剑桥的街道，依中世纪的规模，既窄狭又曲折，于是一般车行只有时速十五里。这时纵有一位维新的市政专家，要在街头竖下一个时速七十里的标识，我们也只好说他是自欺欺人了。反过来说要在美国的高速公路上树立一种时速十五里的限制，哪怕有天大的本领，又确实的掌握了警察权，恐怕也不见得能推行到底。

　　这样的情形与资本主义何关？

　　上面说及中国之商法及民法不能展开，大都由于官僚机构需要管理大量农民，其耕种土地分割至小；此时社会上服务事业，包括法律之使用，只能根据这低层机构之主顾的生活为标准。连毛泽东也知道中国是一穷二白，一方面请不起律师，一方面社会上也没有高度组织的能力，去适应变局，也就无法打破环境。

　　中外的历史，可以互为借镜。我们看到中国过去不能在数目字上管理的情形才想像到西方所以能够，并非自古即然，必在某种情形之下突破了环境限制。而且更可以猜想到其中机缘很可能与资本主义之展开有关。因此我们检讨西方的资本主义，应当先注重其打破局面的情形，才能了解其现代民法和商法行得通的究

竟。这样用归纳法整理出来的资料，最低限度对今日中国的改革
有启发作用。

法律与资本主义

一部最直接将法律的功效与资本主义牵连一起的著作，为诺
兹（D. C. North）及汤姆斯（R. P. Thomas）之《西方世界之兴
起》（*The Rise of the West World：A New Economic History*）。在这篇
论文之内，作者强调债权务必被尊重，合同必须强迫执行。他们
也说：

> 不管主权谁属，只能在安全、有秩序和在法律保护的商
> 业路线、交易市场和契约关系之下，利润才能增值。

他们不仅一再申明私人财产权之重要，更且财产权还要有效率，
即是行使起来，迅速妥当，不致被留难，发生疑义，而牵扯出来
无端的停滞和额外的费用。这种理论合于情理，即陶蒲分析第三
派的理论时，也说及资本主义一行，批发商先出资垫买远距离的
批发货物，其需要法律之维护已不言可喻了。

综合以上东西两方的情景，也包括布劳岱所说资本主义之成
功，在它与国家互为一体，我们想像资本主义可以在以下三种情
况打开局面：一是在城市国家（city state）之中，前述小自耕农
的问题根本即不存在，民法一向就受商法引导（有如威尼斯）。

二是城市经济比重特大，而这城市也滨海，于是采取双重体制。这城市及滨海部分，对外开展，保持半独立的状态，不为内地农业牵制（有如荷兰）。三是一个有农业基础的国家给予自己一个从头至尾的改革，实行土地主权之集中，以便利用现代化之服务，使农业的生产与分配和工商业合为一元。前述有效率的私人财产权，也可以适应到农业方面。如此的一个国家，虽有相当多的人口和相当大的领域，在经济上及法制上，行动无异于一个城市国家，其民法也受商法的领导（有如英国）。在欧洲史内，也真有以上三种型式的实际事例，其展开也符合上述一二三的次序。可见得资本主义的传播，有其在历史上的长期合理性（long-term rationality of history），详情还留待以后检讨。这里值得注意的乃是资本主义倾向于国家经济最前进最活跃的部门，不愿与一班小自耕农拖泥带水牵扯在一起，所以在经济上能够打开出路。可是在其组织过程中又常有牺牲落后部门的趋势，上述第三种形态尤然。即此我们也可以窥测到陶蒲一定要分析"前进"与"反动"的由来，同时也要注意孙文并没有指斥马克斯全部不对，不过说他是资本主义的病理家，并非生理家。

资本主义的范围

仔细咀嚼文字，不是我写历史的习惯，尤其不是我的嗜好与志趣。可是目前我们临到这个关头：一提到资本主义就牵涉古今中外，一连串的扯入无数语言学上的和历史学上的问题。若不在此澄清，以后的归纳与分析都不易着手。

　　资本主义这名词，非中国产物，可是英文之 capitalism 前半截为资本 capital，后面的接后语 ism 即是主义，译成资本主义，率直干脆，应该没有问题了，然则其中就已出现一个问题。中文"主义"二字带着深刻的政治涵义。所以孙文说："主义是一种思想、一种信仰和一种力量。"可是英文中之 ism，却带着比这更广泛之内涵。ism 不仅是政治上的观念和工具，同时也是一种习俗上的趋向和征候，不一定能为中文的"主义"所纳，有如 alcoholism① 和 vagabondism②（读者请注意：如是将 ism 之涵义扩大，通常有卑劣的意思）。本文企图将西方的经验，提供给今日中国参考，对资本主义这一名词，采取较狭义的解释。也就是如孙文所说，针对其为一种思想、一种信仰和一种力量，注重其为一种组织和一种运动，注重其社会性和整体性，追究其在国际场合中发展的线索，无意于缀连其在空间上种种可能的起因及一切后果。

　　资本主义与私人财产权不可划分。然则什么是私人财产？这不仅中国与西方不同（详上朱熹称"人子不蓄私财"），而且在西方也经过急剧的改变。中世纪之前，财产权无非占有权。十六世纪之后才包括动产，但仍注重使用价值（use value），最近一两个世纪才逐渐的推广到交换价值（exchange value），而且推广到劳动力。（见 Edward Jenks：*The Book of English Law*）可见得叙述资本主义，

---

① 编者按：酗酒，酒精中毒。
② 编者按：流浪，流浪生活。

时间是一个很重要的因素。

迄至第二次世界大战时止，中外一般的观感，以对资本主义否定的为多。一方面是一九二九年的经济大恐慌之记忆犹新，一方面当时美国的看法仍受反托拉斯及组织工会等社会运动领导影响。将资本主义视作西方国家之精粹，不过是东西冷战开始后的一种现象。将资本主义作极高度的标榜，也只能在今日美国风行。我们检阅时下的著作，若干书籍将资本主义与美国国防牵扯在一起。也有的认为资本主义与人类的自由不可划分，也还有的认为反对资本主义的言论，代表一种心理上的不正常。

不论如何，我们须先看清历史上的资本主义，它既有几百年超过国界的发展，事实绝不如此的简单。如果资本主义真有这么多而且无可评议的优点和特色，就绝不需要如许多的作家为之辩论。这也就是说，我虽想在较狭义的范围内谈资本主义，却不愿如是之窄狭，只提及时下美国学界讨论资本主义时所指定范围内的资本主义。

资本主义的时空剖析

以上已经说得很多，却还没有涉及我自己想要讨论的着眼，其原因乃是我在本文开头已说要用归纳法讨论资本主义，可是也不能"容天地之道"一起归纳，其中必有若干限制。用这种消去法，初步将范围逐渐缩小。现在我们不妨再检查布劳岱教授所收集以前各人对资本家及资本主义的看法。

欧洲的作家早在一六三三年提到资本家（capitalist）此名词，但是资本主义（capitalism），是一最近才提出的字眼。给这个名词以现代之定义者，则为法国社会主义者蒲兰（Louis Blanc）。他在一八五〇年的一封信里提及资本主义，而且称这是一种"挪用资本给有些人而不及旁人"的办法。普鲁东（Pierre Proudhon）于一八六一年说及资本主义的形态，乃是它以资本为收入之来源，却不将之隶属于以劳力促其实现的人们。马克斯未曾用过此名词，亚当·斯密又在马氏一百年前活动，当然也没有直接提及资本主义。

以上虽有数人提及资本主义，也还只偶尔涉及，将这名词大吹大擂弄得众所周知的，则无非前述的桑巴特，时在本世纪初年。只因为这一名词涵义模糊，一般经济学家都摈拒不用。直到第一次世界大战告终后才出现于各种字汇及百科全书，同时又受俄国大革命之影响，因之引起各种争执。有些人主张把"资本主义"这一名词永久的放逐，不再使用；有人则主张此名词不能形容十八世纪以前之事物。

我们也同情布氏的见解，他认为资本主义，既被称为一种系统，则必与"非资本主义"有一段绝大的区别和距离，也就是在经济与社会条件上讲，处处都是南辕北辙，所以在十九世纪之前它只能出现于若干地区。这些地区的特点，则是它们对资本的繁殖为有利。然则忽视它在十九世纪之前的存在，也是忽视资本主义的地志学（topology，也可以译为局部解剖学）。我在不久以前发表一篇有关资本主义的论文，提及与李约瑟（Joseph Needham）

博士讨论这题目之心得，即以资本主义在不同的时间，透过不同的地域为线索。

英国历史家克拉克（George N. Clark）曾说："用资本主义这一名词去概括现代经济制度，是十九世纪中叶社会主义者所发明的办法。"（见于 *Seventeenth Century*）什么是现代经济制度？我们也可以从亚当·斯密的《原富》里窥见其旨。至今还有些人认为亚当·斯密是资本主义的开山祖。这样的推戴是值得疵议的。前面说过亚当·斯密自己就未曾使用资本主义这一名词。可是他在《原富》里说在"政治经济里，有两种方法可以增进国民的财富，一种是商业的系统，另一种是农业的系统"。他又不断的鼓吹商业的系统是一种现代化的系统。这书里也提出很多独出一面的意见，有些意见不仅当日视为离奇，而且在今日也仍超过一般见识。（譬如书内结论主张，英国不要坚持一个横跨大西洋庞大帝国之美梦，不如接受"现实的中庸"。其难能可贵，则是《原富》书成于美国宣布独立之前夕。）可是他一直的阐释，让货物不断的流通，合同与债务有法律的保障，交通不受阻碍，在这些条件下，国民的财富和私人资本都可以不断的增长，而国家的支出除了负担国防费用及维持王室之威严之外，也只能开销于上述几种目标。在提出这许多意见并且在这些意见之后，列出数目字和事实上的证据，亚当·斯密已经勾画出一个资本主义的轮廓。同时他还保持了一种信念：个人开明的私利观，在国家公允正直之领导之下，必能公私互有裨益，如此也是一种他的独特资本主义之精神。

资本主义的条件

我们参照斯氏的论文，并且参考许多其他的著作，而上述克拉克的书籍在内，则觉得在技术上讲，资本主义必须透过以下三个条件，才能成为一种组织和一种运动：

（一）现代商业习惯，注重资金活用，剩余的资本，首先必须通过私人贷款的方式，才能此来彼往，广泛的流通。

（二）产业所有人又以聘请方式雇用经理，因之企业扩大，超过老板本人耳目足以监视之程度。

（三）而且技术上的支持因素，如交通通讯，还要共同使用，这样企业活动的范围，才能超过每个企业力所能及的界限。

依此，我即算没有对资本主义提出一种确切的定义，至少已经供给了一种假说，先固定了资本主义在历史发展中必须通过的途径。因为以上三个条件之遂行全靠信用，而信用不能无国家法制之维持，所以我们一看到这三个条件于一个国家里能够实施，也可联想到资本主义已在这国家落地生根了。至于资本主义是好是坏，则不难从以后的纪录中看出。

这种设计，放弃了马恩的"萌芽"观念。一方面因为萌芽的一个暗喻，纯系马克斯历史家根据西欧的一种特别情形创设，另一方面则其范围含糊，没有一种适当的标准，可以断言何种情形确为萌芽，何时尚是不成熟的征象。以上的条件则在事实上有不可逆转的情势，因为它们使所有权（ownership）和雇佣（employment）结成一座大罗网，而且越结越大，已经在社会上产生一套可以互相交换（interchangeable）的因素，并且通过教育，其分工制（division of labor）也成为一种习俗和风气。纵使有些国家因战争或革命改变所有权的性格和雇佣的关系，却没有一个国家在达到这条件之后，又再后退，使扩大的范围再度缩小；或是已流通的因素硬化。德国和日本，在第二次世界大战后的恢复比一个待开发的国家之草创容易，即基于这个道理。（这并不担保以后此种不可逆转的情形必会永远存在，然则这已不在刻下研究范围之内了。）

至于这三个条件汇集一起，是否可以成为一种思想、一种信仰和一种力量，因此足能称为主义？

我的答案则是既为一种组织和一种运动，则已经具备了力量；因其牵涉既广，却又有选择性，其背景上则不可能没有思想和信仰。但是思想是一种抽象的因素，最初在很多情形下缺乏适当的记载。要到发展成熟之后，才能够为后人搜集整理。余英时教授对这个问题，也有了深切的兴趣。我在着笔写文章之前，曾和他有一段从容的讨论。我们的结论，则是叙述资本主义发展的过程，应当将英国的经验当作一大枢纽。十七世纪以前的发展，其组织与运动还不足首尾连贯，有时还在拉锯战之中。数位英国史的权威，说到十七世纪后期的英国，则在"自觉之中模仿荷兰（conscious imitation of the Dutch）"。既称自觉，则其心理上的准备早已成熟；根据荷兰与英国的情形，我们也可以揣想资本主义在十七世纪已近乎产生一套有系统的理论。

有了以上各种考虑，我们希望我们的检讨能够产生一套新的看法。

原载《历史月刊》13 期（1989.2），页 104—110

蒋介石

　　三十八年之前，我第二次来美，就想写本蒋介石的传记。我知道中文原始资料，要不是认为他是国家元首，最高统帅，只能崇拜，不能议论，连他官衔之上还要留一空格，以表示尊敬；则是无理谩骂，斥之为逆为匪，如此同样的不能令人置信。中国历史里留下如此一个巨大的空洞，不仅影响中外视听，而且使研究历史的人无所适从。我以为我自力攻读，可以比较客观；也曾将中国事物，作过一段内外上下观察的机会，希望笔下可以承乏。

　　殊不知美国在一九五〇年代也并不是凡事皆可客观、任凭各人随便恣意批评的场所。韩战既开，"谁抛弃了中国"成为党派政客间争执之焦点，参议员麦卡锡（Joseph McCarthy）只凭片言只语，指摘谁系共产党，红帽子威胁之下曾使不少左派人士丢官，也使不少艺术家和职业界人士因之失业。而且这也不是左派被斥，即为右派扬眉吐气的日子。美国的国务院、文艺新闻界及大学学府倒因为本身受了麦卡锡的压力，更增加对中国国民政府的反感。《新闻记者》杂志（*Reporter*）曾出专号，指斥"蒋宋孔陈"将美国援华使法币回笼的黄金，炒成外汇，培养"中国说客团"（China Lobby）回头到华盛顿与闻美国政治。杜鲁门的《回忆录》则揭举蒋迫害学术领袖，用特务枪杀西南联大教授李公朴和闻一多，并且公布他在这事发生时与蒋来往的书牍作见证。再则四十年代之畅销书，有如《史迪威文件》和白修德（Theodore White）所作《雷霆后之中国》（*Thunder Out of China*）此时仍有极大影响；白氏曾被美国人称为"蒋委员长之敌"，《史迪威文件》即系他所编，他自己书中对蒋及国民政府批评得体无完肤，而且内中更以国军在河南将粮食搜刮一空，造成人为的饥馑，解决共军新四军时纵容士兵强奸随军女政工人员，最为口诛笔伐的对象。在如斯气氛之下，我刚一提及自己曾为"蒋家军"内之下级军官（重点在下级）即被讲课的教授和同学瞠目相视，似乎我即是纳粹党内的小头目。我想将在国军的经验拿来作学术讨论的题材之建议，只好打消。写蒋介石传记的计划提出后，在若干书社和杂志面前碰过钉子，也从此石沉海底，永远的弃置。

可是至今日已近四十年，我对失去的机缘，毫无遗憾，事后想来要是当日草率成书，今日可能差窘。即使今日去蒋逝世又十五年，撰写他"全面目"的传记之机缘，也还不是十分成熟，以下只据我所知道的列举建议三数则。

第一，我们不要忘记迄至今日关于蒋介石的资料，中外之间仍有一段莫大的鸿沟。

史迪威曾在叙蒋介石时在《文件》里写出："他想做道德上的威权，宗教上的领导者和哲学家，但是他没有教育！这是何等的可笑！假使他有大学四年教育，他尚可能了解现代的世界，但是这实情他全不了解。假使他能了解，情形就好了，因为他倒是想做好事。"

骤看起来，史迪威言过其实，近乎荒唐。曹圣芬的《怀恩感旧录》里提及蒋不仅遍览群书，而且读得极其仔细。书中又提及："北京大学一位哲学教授贺麟先生曾经说过：德国黑格尔的历史哲学最是晦涩难懂，中国哲学家对之真有深刻研究，真能透彻了解的，只有少数几位，而总统是其中之一。"周策纵的英文版《五四运动史》也提及蒋在五四运动期间，曾订阅《新青年》杂志，还准备去西方留学，即据常情判断，他为中国领导人几十年，得到学术界教育家的支持，也不可能胸无城府，腹无点墨。哥伦比亚大学的狄百瑞（Theodore de Bary）即曾和我当面说起他和蒋介石畅谈理学心学的经过。

可是蒋介石的哲学思想受王阳明的影响极深。陈荣捷是当代研究王阳明的威权，他的书中即说及王学知行合一，长于行事的果断，缺乏逻辑上之绵密。我们看来也与孔子所说"知其不可而为之"、与孙文所说"不知而能行"极为接近；严格言之，这种东方哲学，都缺乏科学精神。从蒋介石的事业谈起，也只有这种不顾程序的干劲，才能完成抗战大业。中国受日本欺负，逼得暴虎冯河，铤而走险，也顾不得科学非科学，逻辑不逻辑。如果严格按照《孙子兵法》里面的"庙算"仔细琢磨，早已用不着抗战，还不如和汪精卫一起去投降。他蒋介石先接受千钧重荷，退而分配斤两，他自己承担的责任既已超过他本身足能支付的能力，那也就顾不得驭下时的合理守法了。只是这种以直觉（intuition）作主，蛮干的办法更倚之为行事的方针，是不能为一般美国人所容的，史迪威觉得蒋无教育，大致由于这思想上的根本差异之所致（倒是日本人反能欣赏这作风）。《史迪威文件》又有一则提及："中国人先造屋顶，只要最低度的支撑物和根基。谁也看不出地底下是什么，何苦去考究它？只有我们才受罪的去对付低层基构，使这建筑物站得住脚。"他所发牢骚同一源于两方心理上和思想上之南辕北辙。

蒋介石能极端的容忍，可是有时他也在激忿情形下仍暴露他的弱点。在重庆时侍从室人员生活艰苦，要是改行经商，倒有不少发财的机会。蒋之副官处长陈希曾即此请离职，蒋一怒之下，将面前桌案整个的推倒在地，因为他视陈为家乡子弟，现为近侍而不能与他共体时艰，情不可恕。一九四五年国民党六中全会在重庆开会时，有一位王姓委员循着西方代议政治的办法对当前军事提出质问，也蒙着总裁兼军事委员会委员长蒋的雷霆与咆哮。在他看来，前方将士救死扶伤之不暇，后方受他们保护的党员不思量国军缺兵欠饷，以烂部队抵挡敌方的貔貅，还要在此时效法西方之时尚，作个人出门面的凭借，也是无可宽贷。如此事迹，应当据实提出，尤且应当把周围的条件，一并加入，使读者同时看出蒋介石之长处和短处；即这两件事也可看出中国传统以道德代替法律的精义之由来。

即是西方对蒋之批判，也仍着重于"他想做道德上的威权"着手。最近史景迁（Jonathan Spence）所著中国近代史的教科书即提出上海英租界有蒋在巡捕局的档案，原文未叙系刑事侦缉或因政治关系而得，总之则无可隐讳。我希望有熟悉此间情节的人士，据文件将详情提出。从现有的资料看来，蒋介石壮年与中年的行径不同。他在上海的一段生涯，似有做游侠浪人的趋向。如果确实，则他在两段生活之间必有一重发愤立志的转变。据实直书不足以为他盛德之累，倒反增加他传说里的多重色彩与人情味（我个人即不相信世间有十全十美的啄木鸟，而羡慕血气旺盛的志士）。

田汉是中国现代的戏剧家，也是"义勇军进行曲"的作词者。我年轻时只知道他是左派名流，不料最近读到他在一九三〇年写的《我们的自己批判》，内中竟有以下一段。文中所划×未经改动，但是"校长"具有引号，亦如原排，则为蒋介石：

……所以我以为我们是应该先完成北伐，何况由广州而武汉而上海随着"校长"而来的友人×君替我们谈起国民党分裂之如何可叹，"校长"如何以国民党的文天祥陆秀夫自任，这样一来自能引起我一种对于历史悲剧似的痛叹与对他们"校长"那种英雄的（heroic）心事底同情，于是我虽不曾想过直捣所谓"赤都武汉"，却愿意随他们"校长"渡河杀贼，遂所谓"直捣黄龙"之愿。

所以当日局势动荡，很多人都无法保持一贯的方针。从此我们也可以看出：直接间接与蒋介石有关的资料还待发掘，也可能车载而斗量，我们无法即说至矣罄矣。

第二，写他传记的资料固然还待发现与整理，然则蒋介石在历史上的地位却相当的巩固。这样的说法，好像也是本末颠倒。然则当中有一个重要的因素则是对日抗战的意义不可磨灭。蒋介石采取行动时，站在历史之前端，很多未来情事，尚不可捉摸。我们今日则站在史实之后，对已经发生的事情当中的因果关系以及时间上之凑合（timing）已有相当可靠之根据，而以我们只注重当中粗枝大叶的情态时为尤然。

中国自秦始皇统一以来，在历史已经产生了九个大朝代和十多个小朝代，可是我们以财政税收作根据划分时，则又可以将这些朝代并合而为三个大帝国，秦汉自成一系，隋唐宋又成一系统，明清又成一系统。明清的"第三帝国"的财政赋税带收敛性，这比隋唐宋的"第二帝国"之带扩张性的截然不同。在辛亥革命时，明清帝国的制度已经经历了五百四十三年的长时期，本来就"气数将尽"，以现实的情形来说，即是起初创建时心理过于内向，法律过于单简，税收过于短少，政府平日对内不设防，无操纵经济的能力，纯靠社会力量，以"尊卑，男女，长幼"和均一雷同的方式统率全国。这些条件本来就已不合时宜，何况一九〇五年废除科举，更先使上下脱节。民国肇造之后，所接收过来的财政机构无库存，无充实的税收来源，军队也当然不应命，所谓总统内阁，其本身即是社会上的一种游体，所颁布的法律与社会实际情形风牛马不相及。是以军阀割据为必然现象，因为过渡期间只有私人军事的力量，才能够在三两个省的地区内有效。

我们提到军阀混战，蒋介石北伐统一全国的过程中，不能凭己意以为此人无识见，那人道德亏损作为一切问题的解释。自一九一一年至今，不仅是换朝代，而且包涵着再造帝国式的险阻艰辛。其内外煎逼工程浩大的情形，至少也要和"不知有汉无论魏晋"的过程中相比，也要和忽必烈以元朝入主，左右都找不到出路，迄至朱元璋削平群雄颁布《大诰》的阶段相比。

而且尚不止如此，今日世界上落后的国家，无不企图"现代化"，当中途说纷纭，既有资本主义与社会主义之轩轾，也有马克思的阶级斗争。我也花了上十年的时间，不顾意识形态，单从技术角度钻研先进国家完成现代化的程序，则发现其重点无非从以农业作基础的管制方式进而采取以商业为主体的管制方式。其先决条件在对外能自主，对内铲除社会上各种障碍，使全部经济因素概能公平而自由的交换，然后这样一个国家才能"在数目字上管理"。

在数目字上管理即全民概归金融及财政操纵。政府在编制预算，管理货币，厘定税则，领发津贴，保障私人财产权利时即已普遍的执行其任务，而用不着张三挨打，李四坐牢，用"清官万能"为宗旨，去零星杂碎的权衡各人的道德，再厘定其与社会"风化"的影响。只是农业社会里人与人之关系为单元，商业社会里凡事都属多元。去旧迎新，有等于脱胎换骨，改变体制时通常发生流血惨剧。大凡近世纪的革命运动与独立运动都和这体制上的改变有关，其详情已列入我所作《资本主义与廿一世纪》，大概最近即可出版。

这样一来有似于更换朝代改造帝国的艰难不计，中国近世纪的奋斗，更添上了一段维新与现代化的要求，于是万绪千头，问题更复杂了。现在看来，蒋介石的一生事业乃是在此多种需要之下替中国创造了一个高层机构（只是在台湾则因一九五三年耕者有其田法案及其他措施，已能使农业上的财富与商业上的财富交流，较大陆上进入数目字管理的境界已先进一步）。他虽非完全赤手空拳，但是当初以私人身分借债支持黄埔军校，渐次打败军阀再邀请他们合作，终以零拼杂配的门面完成抗战，如此固定了中国的国际地位，至少也是无中生有，总之则在千方百计的觅法创造；怪不得过分批评他的人说来好像他蒋介石继承了一笔大家私，只因他挥霍而荡然无存时，跟随他到底的人也索性不服输，偏不承认他有任何差迟与过失，硬要把他说成一个天人神人。

陈志让的英文《毛泽东传》里提及蒋待人经常有三个方法：一是感情上的激劝，一是以金钱策动，还有一个则是用武力制压。其实说来说去，所谓三个方法仍为一个，此即不循组织条例，注重人事关系。再考究之则仍为农业社会里的习惯，因为人与人之关系为单元。蒋介石召见团长县长级人员，亲自派遣出国人选，侍从室里保存着各人的自传，他也自己道出："……即如我自己的经验来看，我觉得我并没有旁的什么多大本事，不过我每到一个机关或部队，就是注重考察那个机关或部队里面的人，并从人事的改进以求那个机关组织的健全。"

说来也难能相信，抗战胜利也靠他这样领导的力量支撑了八年，才赢得最后胜利。蒋虽企图改造中国，他所创造的高层机构下面却仍是成千上万的农村，要不是他的激劝、策动和制压，抗战的力量即团结不起来。即时至今日，中国尚未完全转变为一个多元的商业社会，做到凡事都可以由数目字管理的程度。我们再看抗战期间死难的高级将领如佟麟阁、赵登禹、王铭章、张自忠最初都出于杂牌部队，亦即是军阀部队收编过来之后身。

第三，撰修历史却与写作传记不同。我们处在一个大时代里，群众运动的进出经常超过人身经验。因之历史与传记，并不是始终天衣无缝的密节，写历史的务必注重每一事物的长期之合理性，写传记的则不能在这种大前提之下一味隐恶扬善，或隐善扬恶。蒋介石一怒之下将胡汉民拘禁于汤山。他看到抽调的壮丁用绳索牵引而来，即枪毙兵役署长程泽润。尤特里女士（Freda Utley）可算对蒋最为友善的外国作家之一，在她著的《中国最后的机会》（*Last Chance in China*）对于蒋在清党期间残杀共产党员一节则毫不假借。她写出："在那暴怒、复仇、虐刑与死亡的日子，因之丧失生命，成为囚徒，变为玩世不恭，或从兹不与闻政治的青年，都是全国的精英。"我们知道蒋介石对亲属半公半私的经商曾极度震怒，可是他却始终无法洗刷这贪污的恶名。我们写历史的人，不能在这些题目上过量的做文章，因为最基本的历史轮廓还没有划画得清楚，将"负"因素高度渲染，即妨碍"正"因素之展开。

在这情形之下，我只好引用孔子（好在他也是历史家）评管仲的一段作结论。孔子曾斥管仲不俭而不知礼，可是子路和子贡都抨击管仲时，他却出面支持他。

　　子曰："桓公九合诸侯，不以兵车，管仲之力也。如其仁！如其仁！"

　　子曰："管仲相桓公，霸诸侯，一匡天下，民到于今受其赐。微管仲，吾其被发左衽矣！"

原载《中国时报》1991.3.6

蒋介石的历史地位

为陶希圣先生九十寿辰作

我的父亲黄震白，号称种苏。晚清为同盟会会员。他少年时代民族意识之浓厚，单从他给自己的两个名字上也可以看出。因为他生于公元1878年，在少年时代就逢到中国的甲午中日战争、康梁百日维新、庚子辛丑间的义和团事件及八国联军入北京等事迹，而且新兴的报纸杂志在这期间也广泛的介绍欧美的社会达尔文主义（Social Darwin-ism），其重点则是弱肉强食。在这种环境下，他离开湖南的家乡，由贵州、云南经河内海防而入粤闽，加入革命的团体，并且考入福建讲武堂为军官学生，以便替同盟会策动新军，深受社会背景的影响，也算由于历史上的潮流所驱策。

我父亲的政治生涯迄无成就，他最后的十年中，尚辗转的在湖南的几个县政府里任科长，这也和舞文笔作胥吏的情况相去无几，仅能维持我们一家低级标准的生活。可是他初年运动新军，则至有成效。福建讲武堂的总教习为许崇智，就由第一期学生黄震白介绍秘密加入同盟会。这学生的年龄，又比教习还大。不久辛亥革命成功，全国光复，他们彼此飞黄腾达。许崇智在福建为第十四师师长，黄震白刚离开军官学校，即任许的参谋长，并且在临时政府成立时代表福建省出席，因之谒见孙中山先生。

倒袁之役，我父亲还曾随孙中山先生去日本。可是他回湖南活动，立即为袁的爪牙拘押，准备械送北京。当时袁世凯以严刑拷问党人，假使北行成为事实，一定吉少凶多。在这千钧一发的时间内，他乘看守人松懈，逃出虎口。不过从此他就感到心脏跳动不正常，怕受惊吓，多年的冒险生涯和民国初年的政局都使他意懒心灰，所以他在第二次革命结束后即立室成家，退居林下，以致晚年为衣食所迫，他也不愿在旧交故友前求助，而甘心作白头胥吏。而至今国史党史的纪录，也没有黄震白的名字。

我小时候听到父亲讲他少年时代的故事，虽说父子之间，我还怕他在叙述之中，带着一种吹嘘的成分。可是1952年我在东京遇到国民党元老戴愧生先生（他的名字，也有革命涵义，但比先父的为含蓄），他就是我父亲在中华革命党期间接近的同志，他不仅证实先父所叙一切，而且又提到他在初期党内的地位、侨居东京的住处和他自己以后在广州邀请先父再度出山未果的种切。戴先生历代侨居菲律宾，在这时候，已入暮年，和我谈说之后，也是不胜唏嘘，又作小诗一首赠我，而这事至今也有三十五年之久。

我的父亲生前既不以追逐名利为宗旨，我也应该尊重他自己的志趣，没有将他事迹拿出来渲染的必要。可是黄震白虽然本身没有成为制造历史的人物，却在中国近代史展开的时候亲身切眼的作过一段比较客观的观察，而我自己在先父去世后十二年才开始学历史，至今也已三十五年，回想起来，我和其他很多学中国史同事最大不同之点，则是我在接受书本知识之前，先已和历史的实际行动接触，其所以如此，也是受我父亲的影响。

所以这篇论文从他和他的时代开始，以便赋予其应有的纵深。

这论文的主题则为蒋中正先生。根据一段习惯应称"先总统"、"蒋委员长"。我自己也在成都中央军校毕业，当日我们的办法，则据师生关系称"校长"，并且提及的人和听到的人，都立正表示尊敬。

但是我现在作文的目的在展开历史的研究，不是替军事政治领导人物作宣传。很多中外作家，写蒋先生的传记多注重他为国家元首，却没有想到他一直在易箦之日，还没有忘记他自己是"革命家"。因此把他写成一个完人，一切都是功德圆满，也与他自己的旨趣相违。况且中国传统方式的敬长尊贤，其目的是维持旧社会的秩序，规避与第三者之间名分上的争执，因之其立场即可能与口头的尊敬已经有了相当的距离。

蒋先生生于 1887 年，距今百年，今日任何写历史的人，也不可能全部继承他的观点，当然也不能期望读我等书的下一代再抄袭我们的见解。即以我近身的事举一个例：我在十多岁的时候，一天无意之中发现小泉八云并不是生而为日本人，却是英国人（其实是爱尔兰人，又一度入美籍），只因为居住日本多年，与日本文化结不解缘，因之取日名，入日籍。我将这事情告诉父亲的时候他就很惊讶的说："为什么这样的英国人会如此的无耻！"

我于1974年入美籍，可以说是为我父亲当日的见解所不容。只是第二次世界大战之前，人种即决定国籍，已和今日的标准相去至远。我初来美国时，也仍是抱着昔日的观念，一直住了二十多年，在此成家纳税教书著作之后，才感觉得仍采取侨寓的立场不预闻本地公民权利义务诸事之不合实际。即使先父泉下有知，我也能向他解说。我们对前一代付于我们的观念，如此折衷采用，才能希望我们的下一代能对我们所遗留的观念也能同样的按情形斟酌取舍，这才是修撰历史的使命之所在。

我企盼初步确定蒋先生在历史上的地位，不仅是他在中国历史上的地位，也概括他在世界史上的地位。我在海外几十年读书的一个心得，则是觉得中国革命业已成功，中国的历史，已经能和西洋文化汇合。① 这样一个重要的发展，至今还没有为世人公认的缘故，还是由于我们著书讲学的人，没有脱离我们局部的历史眼光，过于被时下政治上和社会上的风气所束缚，因之忽略了我们自己应产生的领导作用。既要依现局澈底修改历史，则不能

---

① 见我写的《中国历史与西洋文化的汇合》，载《知识分子》（纽约）1986年秋季号，pp. 29-44。英译载 *Chinese Studies in History*, Vol. 20, No. 1（Armonk, N. Y.）, pp. 51-122。

拘泥于旧日的习惯。如果在写论文之前预先就用了局部的和习惯上的见解禁锢自己，则绝不可能另创新论，也不会值得海内外学人的注意。迄今在美行销书之一，为《艾逊豪威传》，作者即为传记人物之孙，但是书名也不称艾帅，或艾总统，或先祖父，而径称艾逊豪威。这中间一个意义，即是历史学上全民平等，写书的人和被写的人不分畛域，也不计尊卑，其纪述之所在，与两者私人关系无涉。官衔只用在文句中有关的地方。蒋介石为一个全世界众所周知的名字，其本身没有被人尊敬或不尊敬的意义。我的论文能用这头衔出版，也是今日中国已经脱离旧社会官僚习惯的明证。其实这样也才能符合中国最初写历史的传统。

关于许崇智，哥伦比亚大学的《中华民国名人传》有这样的一段记载：

> 1925 年的夏天，许崇智达到了他一生事业的最高峰。当国民政府于 1925 年 7 月 1 日在广州成立的时候，他被选为十六员政委之一，并且也是五位常委之一。其他常委则为胡汉民、廖仲恺、谭延闿、汪精卫。他又被任为军政部长和军事委员会的委员，其资深委员则为蒋介石；他又被任命为广东省政府主席，亦即是省长。

> 1925 年 8 月因廖仲恺被暗杀，广州也新临一个危机。最初高级人员中只有胡汉民被卷入事端，他的堂兄弟被疑是这个谋杀案的主使者。迄后则有其他的嫌疑犯被捕，包括广东

［两］军的高级军官。许为此军的资深指挥官，不能完全置身事外。*1925 年 9 月 20 日他被免本兼各职。当夜蒋介石派陈铭枢护送许登轮船赴上海。*①

《剑桥中国史》则于叙 1925 年 8 月 20 日廖仲恺被暗杀后，有这样的一段记载：

这悲剧出现之后鲍罗廷立即建议组织三人委员会付予全权，处置这危机，许崇智、汪精卫及蒋介石构成此三人委员会，而以鲍罗廷为顾问。讯问之下发觉国民党内保守派领袖及党军内若干军官有图谋推翻广州权力组织中的激进分子。一周之内，很多嫌疑犯被捕，有些即处决，其他参与的则逃走。蒋、鲍决定遣送胡汉民去苏联。不出一月蒋即驱逐了他的竞争者许崇智，亦即是广东军名义上的指挥官。②

另一本记北伐的英文专著则说："许崇智在［出师］前一年的夏天被逐放，因据说他和军阀陈炯明合作。"③

黄震白没有参加 1917 年护法之役，遑论北伐前后的广州政

---

① Howard L. Boorman and Richard Howard, *Biographical Dictionary of Republican China* (NY：Columbia University Press, 1968)，II, p. 126。

② C. Martin Wilbur in *Cambridge History of China*, ed. John K. Fairbank (Cambridge University Press, 1982)，Vol. XII, p. 553。

③ Donald A. Jordan, *The Northern Expedition：China's Revolution of 1926-1928* (The University Press of Hawaii, 1976)，p. 44。

事，但是他仍去过广州，也仍与许崇智麾下一些干部保持连系，有些同事尚是福建讲武堂的同学，他对这事的解释，在旁人面前看来，还可认作道听途说，在我则为可靠的事实。因在我看来，他没有增益或减损这故事之中的资料之必要，而他在我面前提及此事时，我还只十三四岁，也从没有听到以上廖仲恺、陈炯明等事迹，他所说及，已经能够单独的存在，是以更为可信。

1925 年，蒋介石虽为黄埔军官学校的校长，并且在第一次东江之役建战功，在军事组织上他却是许崇智的参谋长。许在这时候以声色自娱，又喜欢打麻将，经常好几天不在家，也不去司令部。蒋已经将内外上下都布置妥贴，才请许去午餐。席间他就说及广州方面的人事，对"老总"很不利，所以请老总到上海去休养，等到三个月，或半年之后等我将这里的情形摆布好，再请老总回来。许还推托要到司令部去看视，蒋就说用不着了，所有的公告和命令，都已划行妥当。许崇智临到最后关头，还半央求的说至少要待一两天回家收拾行李，蒋介石即说，用不着了，夫人和公子都已在船上了，正在等老总开船。

这样看来许崇智不一定与刺杀廖仲恺有关，也难能与陈炯明串通，而是在不经意之间，被褫夺军权。以后的蒋总司令才能利用改组的粤军做基本队伍，完成北伐大业。虽然黄震白这时候抽象的忠心在许而不在蒋，他叙述这故事的时候却无形之中表示着他对蒋的景仰。当日还在军阀时代，部下叛变夺取长官的兵权者，比比都是。蒋介石兵不血刃，能达到这样的目的，而不出恶声，能保留他日后与许崇智见面的机会，也可以见得他胸中的城府高人一等了。

世事也真不能预料，我自己在听到这故事十多年之后，也遇到一个独特的机缘，能在近距离之内窥测到蒋介石的一种不见于书刊的性格，同时也体会到中国政治里的奥妙。

1950年1月，我随着朱世明将军去麦克阿瑟元帅的办公室。那天是否就是麦帅的七十生辰，我已经不能记忆，总之去生辰不远。我手中捧抱着的一棵盆栽树，寓有百年长寿之意，即是在台北的"蒋总统"（可是还未复任，详下）所送的生辰礼品。麦克阿瑟照片上看来光彩白皙，近观则肤色比较黯黑，脸上的筋肉也不如照片上的丰满。我将盆栽树递交给朱将军之后由他手呈麦帅。然后他们坐下谈天，这也是他们见面时的常态，我则退出于接待室等候。我出入于办公室，拢总不过五分钟。这也算是我做随从副官一种形式上的工作。

我于1949年春天，由阮维新上校推荐，到中国驻日代表团为上尉团员。阮和我及朱团长都先后在美国陆军参谋大学毕业，麦克阿瑟则在参谋大学任过教官。他的情报课长魏劳毕（Maj. Gen. Charles Willoughby）作教官时，朱即是当场受业的门生。朱自己也任过外交部发言人和驻美武官，算是有经验的外交官。当我们在日本时，"国军"已经退出大陆，可是我们在东京仍保留着一个宪兵排，象征的维持驻领军的身份。这时候旁人意想不到的则是当时朱团长已被美方监视，对他特别注意的则为魏劳毕课长。

朱世明是湖南人，自称有"湖南脾气"。他的爱国心又特别强，对当时美国政府无意援华，又在公私之间对中国动辄责骂非常愤慨，有时出于言语之间，并且他又间常表示他对毛泽东和金日成的英雄崇拜，如是都容易招物议。

那年秋天，人民政府在北京成立，美国发表白皮书称援华前后使用美金二十亿元，其没有成效咎在中国。在国内则由李宗仁代理"总统"，对中共的和谈，又没有成果，李则留滞于美国，都引起"中国驻外各使馆"惶惑不定。"驻法大使馆"的人员就在人民政府成立不久宣布投效北京。朱世明在这时候召集代表团高级人员在叶山团员休假的别墅交换意见。我因为当时尚系低级团员，未任随从副官，不知道内中详情，只在事后听说法制组的组长吴文藻主张我们也投共。如果朱世明在这时候发表过同情中共反对美国的言论，非常可能。可是这种言论，只能算他在外交场合中不如意而发的牢骚，最多只算失言。以后吴文藻全家回北京。朱则在他辞职之后在日本取得永久居留权，于 1965 年在东京湾附近住宅逝世。

"中国驻日代表团"是一个不平常的机构，它的人员来自"国防部"、"外交部"、资源委员会、侨务委员会、国民党组织部等各部门。团长主要的任务是对麦帅的联合军总部联络，内部团员也常向国内各部院他们自己的上司直接提出报告。吴文藻的谈话不久，台北就传闻朱世明在日本召集"叶山会议"，准备投共。这种传闻也透入联军总部，魏劳毕以前为德国人，原名为魏登巴（Karl Widenbach），他在东京期间，以侦缉国际共产党的活动自居，著有专书，如此他当然对朱世明加以注意。

在台北对朱世明特别嫉视的，则为汤恩伯。汤在这时候有他的一个秘密计划。他认为日本的职业军人，是世界上的超级战士，如果雇用作为沿海岛屿上的防御之用，可能发生决定性的力量。在1950年，很少的人能在台湾反对汤恩伯，因为陈仪以前曾提拔他，而最近汤恩伯则以暴露陈仪劝他投共的计划，使陈因"通匪"而被枪毙，在当日风雨飘摇的台湾，好像建有不世奇功。但是在日本则有朱世明妨碍他计划之遂行。

　　朱首先在招待新闻记者时否认聘雇日人是"中国政府"的政策，这样就等于暴露汤的秘密计划。他又与盟军总部接洽，防制日本退伍军人私往台湾（禁止日人非法出境，也是麦克阿瑟的政策）。而最后汤恩伯自己拟来日本，朱更嘱托总部不予他的入境许可，如是汤恩伯恨朱世明入骨，更要攻击他在叶山会议为"共匪"张目的罪名。1950年5月，恰巧也是韩战爆发前月余，朱世明奉召回台北述职，我于半年前被派为他的随从副官，随他赴台湾。

　　这时候蒋介石复职为"总统"不过两月余，朱世明谒见时的谈话，我不知悉详情。但是我从因他吩咐而安排他谒见台北若干"政府首长"的序次和以后与汤恩伯见面的情形，猜想蒋令他自己向各人解说疏通，只要他们谅解，蒋也不加追究。他和汤见面，则由彼此间的朋友招商局董事长徐学禹在餐馆设宴而完成，我也在座。这场合以传统的方式，不提及正题，只是两造听东道主言外之意，不再计较近日的嫌隙。这一串的谒见与调解成功，朱世明不再被追究。但是他既已在东京为美方注目，也失掉了他作外交官的用途，应当由他回日本之后提出辞呈。

如是我们没有被扣留而能够登班机返日。只是当日早晨忽接"总统府"电话，"总统"要接见朱团长，这时候消息传来，不免令人惊愕。一个可能的变化则是在台北的安排并没有如意料，我们仍可能在最后关头被扣留。朱世明一向胆大，到此也不免色变。他去"总统府"约一个钟头才回，幸亏时间还来得及赶赴飞机场。事后朱自己说，这场会见，只几分钟，其目的无非道别。朱曾被任为浙江省保安司令，其地也是蒋的故乡。开罗会议时，他担任过蒋委员长的翻译官，并且他往国外的各种差遣，多时也是蒋介石亲自决定。所以他临走之前仍由"蒋总统"召见感谢他多年的奔走。这是他们一生最后的一次见面，想来彼此心中明白，只是这场安排出于朱世明意料之外。事后他连说："这倒没有想到！"

我想有类似经验的人，一定还很多。有些为蒋介石精诚所感化的，类皆出于此种经验。

然则作历史的人，过于强调蒋介石的温情和个人道德，又如何解释蒋之被控诉为屠杀人民、排斥异己、放纵特务政治的首脑？这种攻击，层出不穷，鲁迅即写有"忍看朋辈成新鬼，怒向刀丛觅小诗"的记事，叙述当时心境。杜鲁门则以 1946 年闻一多和李公朴在昆明之被刺杀，曾对蒋介石提出质问。① 今日我们提倡确定蒋介石国际上的历史地位，除非对这些事有所澄清，否

① Harry S. Truman, *Years of Trial and Hope* (NY：Doubleday, 1956)，p. 83。

则即无法交代。

写蒋介石的传记，已不下十余种，回忆录和杂文内提到他的更是汗牛充栋。可是一个奇怪的现象，这中间所述的个人性格，加不起来，今人即算绝对的客观，极端的容纳众议，再加以适当的选择，也不能将这些资料综合。

我在成都中央军校看见过校长五次。当日蒋委员长主持抗战，日理万机，但仍不时抽空向军校学生训话。他莅临时，我们将教场宿舍打扫一新。我们的队长最怕我们在校长面前"失仪"，一再训饬。可是等到队伍集合，校长登台致辞之际，仍有好多学生将步枪移在身后，撑着捆绑在身后的背包，使脚尖能提高一两时，一定要一睹校长的风采。军校学生毕业的时候，照例每人领有德国式短刀一把，刀柄上镌有"校长蒋中正赠"字样。到我们十六期一总队快毕业的时候，学校里决定今后不用校长名义颁发了，只称毕业纪念。消息传来，我们全总队的学生大为不满，于是推选代表到校本部请愿，一定要收回成命，到后来颁发的军刀仍有"校长蒋中正授"字样，才众心欢悦。这种仰慕之忱，出于英雄崇拜的思想，也不待上级督导。

军校学生，一般只有中学未毕业的程度，来自社会上广泛的各阶层与部门。当然献身卫国是我们的志愿，但是另一方面则是个人接受了日本侵略中国的挑战，我们走进去最危险的部门，希望抗战胜利，此身不死，功名富贵也是分中之事。可是蒋校长到十四期一总队毕业的时候就对着扩音机上大声疾呼："你们赶快的去死！你们死了，你们的灵魂见了总理，一定会得到极大的安慰。你们的父母，就是我的父母；你们的子女，也就是我的子女！"当时一般学生对这训辞的反应，可谓冷漠。因为"不怕死"固然是一般的志愿与风尚，但是军校刚毕业，事业刚开始就像日本神风突击队那样担待着有死无生的命运，并不是我们的期望。同时当日军政部尚没有我们家属的名单，又何能对遗属普遍的周济。假使我有机会事前贡献意见的话，一定也不会让他如此措辞。

我们心目中的校长，是英风爽飒，果断干脆，有能力创造奇迹，此也有当时王柏龄、邓文仪等回忆录上的叙述作见证。可是蒋这时候却在宗教式的毕业训辞之外偏要替自己造成一种老成持重、礼仪周到、毫不逾越、按部就班的形貌。有一次他校阅我们的学生总队，和他同来的有"宋氏三姊妹"——即蒋夫人、孔祥熙夫人和孙中山夫人。在阅兵台上最后的一段时间，他偏要孙夫人做首席阅兵官（因为她是总理夫人）。她坚决不就，于是蒋也不愿意居正位。结果在阅兵台上，三位夫人站在一边，我们的校长站在另一边，当中留下一个空缺，我们的队伍才在军乐中向阅兵台正步行进。还有一次，在做纪念周时（实际上是周纪念），校长突然发现校务委员戴季陶站在台下，他就在扩音机前请他上台。而戴又偏要客气，坚不上台，于是他们在我们几千个军官学生面前互相推让不下五分钟，直到戴勉如其命的登台，纪念仪式才开始。

最使我们失望的，则是校长对我们训话多次，总是以抽象的道德为主题，也没有一次讲到自己成功与满意的事迹。同时他又叮嘱我们注意学习战术。有一次他说："老实说：战略是不学而能的，只要一个人有天才，又有战术的基本训练，不怕不会掌握战略。如果有任何人在这学校里讲战略，你们就要鸣鼓而攻之！"

这样的印象，我也和旁的人一样，总是不能综合，最好我们再采取给他最苛刻批评的人以及反对他的人所提出的资料作例证。史迪威在和一个中国高级官员谈话之后，说蒋是：

> 他想做道德上的威权，宗教上的领导者和哲学家，但是他没有教育！这是何等的可笑！假使他有大学四年的教育，他尚可能了解现代的世界，但是这实情他全不了解。假使他能了解，情形就好了，因为他倒是想做好事。①

我们也可以反问，他既没有教育，也没有控制知识的能力，如何能使胡适、蒋廷黻、董显光和翁文灏在他政府里做事，而且向他表示尊敬？即使毛泽东，多时把他说得一钱不值，但是在《中国革命战争的战略问题》却提到："惟独第三次战役，因为不料敌人经过第二次战役那么惨败之后，新的进攻来得那么快（一九三一年五月二十九日我们结束第二次反'围剿'的作战，七月一日蒋介石就开始了他们的第三次'围剿'），红军仓卒地绕道集中，就弄得十分疲劳。"② 这样看来，蒋之富于组织能力，尚为

---

① Theodore H. White, ed. *Stilwell Papers* (NY: Sloane Associates), p. 214。
② 《毛泽东选集》(1966年，北京版) 卷一，页197。

他最大的敌手所意料不及，他行动敏活，与有些人所描画他的迟钝无能完全不同，甚至与他自己所想表彰的老成持重也有很大的差别。

我在军校毕业以后，也看到蒋委员长四次，恰巧每次都是他最得意的时期。1942年英美承认取消不平等条约，他到重庆较场口去告诉民众，坐敞篷轿车，没有特殊的警戒，两旁市民自动的拍手。1943年开罗会议结束，他飞印度视察在兰伽的新一军，前后推拥着一大堆随员。1945年的冬天，他曾在上海跑马厅演讲，当日我取得照像员的身份，在近距离拍摄了很多的照片。而尤以1946年国军收复长春，他到大房身飞机场和高级将领训话并摄纪念照给我的印象最深。那天我在飞机场担任勤务，不知如何他专机上的人员和地面上缺乏连络，他也没有经过随从人员开路，也没有人引导。下机后就单独一人直在我前面经过。虽庄严却不威风凛冽，步伐也不十分稳重，口里则连说"好，好，好"，直到这时候迎接人员才上前接引过去。

我在国军总是当下级军官，从没有为统帅接见（蒋召见的人物以万计，大概上校阶以上的军官都有这机会，有些职位则非召见不能任命。），但是却认识不少经他召见的人物。从他们之所叙述及以上各种经验看来，蒋介石引人敬肃的能力，是一种历史文化上的产物，其周围的气息，由于他自己及侍从与面对他召见及被训话的人集体合作而产生。这也就是说，他之能令人感到凛然可畏，则是被觉得凛然可畏的人，自己先期已经在心理上作有这种准备，也预期左右同列的人有同样心理。美国文化上欠缺如此的产物。［美国人以吸引领导人的力量（charisma）给予电影明星。］很多美国人自己既无接受这种处置的倾向，也不能了解这种气息是当日蒋介石作中国统帅不可或缺的工具，就以为蒋是自作威福，所有中国人在他下面低声下气，都是没有骨格，偏要揭破这假面具，其结果也不言而喻，倒是日本人，却没有这样的想法。

如此看来，则从蒋介石的个性上分析，不容易写出好的传记，尤其不能写出真实可靠的历史（Pichon P. Y. Loh 所作的心理分析，即只能写至北伐之前①）。因为蒋的作为，不一定是他的个性，而有时尚可能与他的个性相反。我们也可以说他之对中国有如路易十四对法国所称："朕即国家"（L'état, c'est moi），包罗万象。然则他所代表的却不是一种固定的组织，而是一种运动。这种运动之成为一种革命，又需要利用旧社会的生活习惯做工具，造成团结，才能有希望将中国带进新世界的领域。以新旧两方距离之大，这领导人就不能避免前后矛盾，而在没有同情心的人看来，则是缺乏逻辑，傻头傻脑做不开明的独裁者，其所以如此则是没有受过四年大学教育之故。

所以很多现行写蒋介石的资料，大概都已局部化，只能代表个人对蒋介石之某种作为的一种反应，顶多亦只能代表他们自己对中国革命过程中的一种企望。如罗斯福及亨利鲁斯，则希望蒋

---

① 书为 Loh, *The Early Chiang Kai-shek*, *A Study of His Personality and Politics*, *1887-1924*（Columbia University Press, 1971）。

的运动成功，邱吉尔则因为与他自己的世界观相反，禁不住对美国之支持中国为四强之一的作法嗤之以鼻，杜鲁门则顾虑美国民意及财政上的耗费，不愿在世界二次大战之后卷入中国的漩涡，史迪威则觉得蒋介石是妨制他自己独当一面以美国的方法解决中国的问题的一种障碍，因此也阻塞了他的事业和前途。如此好多人还没有把自己的立场解剖得明白，就已把他们局部的印象，写成或讲成蒋介石的历史性格。

要确定蒋介石在历史上的地位，务必要将中外历史全盘检讨，扩大所观察的轮廓，并且增长其纵深，还要渗入过去不能使用的资料。

中国的八年抗战，是人类史上少有的大事，也是中国自鸦片之役以来惟一以胜利结束的对外战争。并且全民动员，战火延及南北沿海及内地各省，即对方日本，也从未经过类此的事迹。且因为中国的战事不能结束，铤而走险，扩大而成为太平洋战事而波及全世界，其影响也至远至深。如果我们这时还把这段历史当作通常事迹以"流水账"的方式看待，并且考究各人"功罪"，还以一人一时一事对我个人的利害得失作取舍的标准，也可以说是把"我"看得太大，而把历史看得过小，而至少也是能察秋毫之末而目不见舆薪了。

我们也可以反躬自问：中国在 1937 年，面积大日本十倍，人口也在五倍左右，又有几千年连续不断的历史，为日本所无，为什么竟让日军侵入，厮杀至十几省，而不到盟军参入，不能转败为胜？有些人至今还说这是由于中国社会风气不良，领导人物缺乏团结所致。这种解释，不是完全不对，但是以道德为重点，究竟是皮相之谈。反过来说，中国之决心于持久抗战，就是要证明这说法之无根据。

即以这问题牵涉之广泛，也可以令人揣想这后面亦必掀动了长期历史上和组织制度上的原因，这种种原因透过政治、经济、法律、思想和社会诸部门，才使中日两国之间，发生绝大的力量上的不平衡，因之鼓励强者以他们优势组织的权威凌驾于弱者头上。

从经济的立场上讲，这弱者的组织为一种农业的组织，通常其间人与人的关系为单元，亦即你我之间的交往，与他人无涉。强者的组织为一种商业上的组织，人与人间之来往为多元。因为这种组织一切以金钱为行动的媒介，此处的收支进出，直接间接的影响彼方的收缩盈亏。也有些人称前者为"封建"，后者为"资本主义"，只是这些字眼含糊，缺乏确切而公认的定义，容易被人滥用。①

然则说它是资本主义也好，说它是现代经济制度也好，这种新型的组织与制度建立于以下的三个原则：一、资金活

---

① 资本主义这名词最初以现代方式使用者，似为法国社会主义者蒲兰克（Louis Blanc），马克思即从未使用。见 Fernand Braudel, *Civilization and Capitalism, 15th-18th Century*, III, *Wheels of Commerce*, Sian Reynolds trans. （NY：Harper & Row，1982），pp. 237-238.

又英国历史家克拉克爵士，则称资本主义即系现代经济制度。见 George N. Clark，*The Seventeenth Century*, 2nd ed.（NY：Oxford University Press），p. 11.

用，剩余的资本必须通过私人借款的方式才能此来彼往，因之得广泛的流通。二、产业所有人又以聘请方式雇用经理，因之企业扩大，超过本人耳目足以监视的程度。三、技能上支持的因素如交通、通讯、律师等共同使用，这商业活动的范围，才能超过每个企业自己力所能及的界限。从技术的角度上讲，在这程序中混入公众的资本和国家资本则可使其重点趋向于社会主义，如果坚持私人资本的独断则为资本主义，这以上三个基本条件并不会变更。其中的差别也是相对的，而非绝对的。

日本在明治维新之后，显然的已具有资本主义的体制，也在当日各强国控制殖民地以便独霸各处资源与市场的一般趋势下与西方资本主义国家冲突。同时 1930 年间，日本之资本主义之没有出路，则有北一辉等倡导国家社会主义的波澜，这些情节，已不是本文重点所在。我们从抗战前后的形势看来，日本采取新型的商业组织，其内部财产的所有权（ownership）和雇佣（employment）互相结合构成一个多元的组织，有如一个庞大的罗网，公私利益也无不笼括，因此越做越大，这也就使中国难与之匹敌，其物质上的条件如冶金业即可制造兵器，造船业即可供应船舰不说，其间还有一个人事组织上的优势：此即其社会的低层机构（infrastructure）中各因素能互相接替交换（interchangeable）。因之指挥一个军事组织，也与经营一个大公司和管理一个大工厂原则相似。其下属将佐士兵的职责，也与平时日常生活的权利义务互为印证。在两种组织中，各人都知道他们一有差错，必波及全体，其责任也显然。简而言之，这样的结构就是可以"在数目字上管理"。

中国人处于劣势，也不是所谓道德不良，人心不古，而是一个现代化的国家和一种现代化的军队，其中凡事都有牵一发而动全身之感，而神州大陆的民间，却没有一个类似的组织，为之配对，而给予支助。

中国的政治制度，在世界可算独一无二。中国因防洪救灾及对付西北方的游牧民族等事实上的需要，在公元之前纸张尚未发明的时候，即构成一个统一的大帝国；其组织的原则，不是由下端根据各地特殊情形造成一个符合实情的低层机构，而是用《周礼》式的"间架性设计"（schematic design）作主宰。这也就是说，先设计构成一个理想的数学公式，注重其中的对称均衡，而用之向亿万军民及犬牙相错的疆域上笼罩着去，其行不通的地方，就让之打折扣，只要不整个推翻其设计，下层不着实的地方，都可以将就。比如古代的井田制度，周朝之所谓"王畿千里"，北魏至隋唐之均田，甚至宋朝王安石之"新法"，近代之保甲制度，大都采用这"金字塔倒砌"的原则①，也就是头重

---

① 这是一个相当复杂的历史问题，迄今仍没有一部完美的著作，将之从头至尾彻底阐述。我的几篇论文，也只挂一漏万的提及，见《中国历史与西洋文化的汇合》，以上见页 264 注①。《明〈太宗实录〉中的年终统计》，载 *Explorations in the History of Science and Technology*（上海古典，1982）pp. 115–130，又《明史研究通讯》第一期（台北，1986）。我即将发表的 *China：A Macro-History*（M. E. Sharpe）也多次提及这种政治制度的设计。

脚轻。

在这种传统之下，中国政府的重要统计数字，始终无法核实，中国官员也没有产生对数目字绝对负责的习惯。他们对财政税收的经理的态度尚如是，当然也没有厘定商业法律、判断私人财产权的才干与兴致。因之中国农村形成无数自给自足的小单位。纵有全国性的商业，也只能算为一种有特殊性的事业，既无纵深，也缺乏各种事业间的连系。以上所述构成现代商业组织的三个条件，只有前二个即资金流通、经理雇用可以在亲戚家人之间极有限制的施用，第三个条件，服务性质的设备共同使用，则始终谈不上。因此中国的私人资本无法像欧美日本那样的增积。

明代之后中国原始的农村性格较前更为显明，内向（introvertive）及非竞争性（non-competitive）的风格使突破环境的机会更为渺茫，经济的发展注重全面扁平而轻于质量。政府的职责注重保持社会秩序，其税收幅度狭小，也只能维持旧式衙门的开销。而且法律仍然不能展开，所以其管制的凭借全靠旧式的刑法。但是刑法的判断，又着重"尊卑、男女、长幼"的序次，以"五服"为裁判轻重的标准，也就是政府以它的力量，支持民间的"家属威权"（patriarchial authority），以便减轻自己的工作分量。并且以这种社会价值（social value）作行政的基础，毋须注重各地其他不同的习惯以及经济的消长。如此官僚集团保持其内部的简单划一，接近于理想的淳朴雷同。文官的考试及训练，也不出乎这些基本的原则，所以八股文即可以作衡量行政能力的标准。①

这样行政当然产生无数不尽不实之处，其下层原始的数字既包括很多虚枉的地方，每到严重的问题发生于上端，其责任无法澈底查究；所以只能靠专制皇权做主。皇帝的面目既为"天颜"，他的命令又为"圣旨"，则一经他的指划，即不合理的地方亦为合理。又因此文官集团只注重他们相互所标榜之逻辑的完整，事实上的成败好坏，倒可以视为次要。好在这国家在内向及非竞争性的条件下继续存在，只要不动摇其根本，各种马虎参错，也能掩饰遮盖。此外以抽象的道德代替工作的效率，以仪礼算为实际的行政，都有两千年以上的历史作根据。

清朝继承明朝的体制，虽说在某些方面在行动上已有改进，但是根髓未除。例如道光帝之责备林则徐，慈禧太后之诛杀许景澄，都谈不上公平合理，仍是传统政治的作风。我们也无法以他们个人的贤愚好坏作结论，因为这些行动，已是组织制度下的产物。只是鸦片战争之后，这样的组织制度已无法继续存在。

并且我们从长期间远距离的立场观测，历史的展开，也并不是没有层次和程序。道光和耆英，虽战败仍自高自大，不思改革，固然可以斥之为反应迟缓，可是以两方体制作风之悬殊，也

---

① 虽说我的意思和若干专家的不尽相同，我自信以学术综合性（inter-discipinary）的方法读史，使我的结论不至与现实发生很大的距离。我最近的两篇论文为《明代史和其他因素给我们的新认识》，《食货月刊》十五卷七、八期（1986），英译载 Chinese Studies in History, Vol. 19, No. 4（1986）及《中国近五百年历史为一元论》，宣读于1986年台北第二届国际汉学会议。

牵涉到思想和信仰，并且中国一改革就只能整个解体，一切重来，当初的迟疑，也并不是全无逻辑。1860 年间，同治中兴号为"自强"，主张中学为体，西学为用；仍以为西方的科学技术，可以在中国的社会风气里培养，今日看来绝无成功的希望。可是当时也非经过一度实验，不能遽尔的先作结论。又直到甲午中日战争被日本击败之后才想到变法图强。即到这时候康梁的规划，仍带着一种机会主义的心眼，指望写好一纸宪法，编列一种预算，全国即会恪然景从。殊不知一种法律之行得通，全靠社会的强迫性（social compulsion）作主，也就是其中条款，不是公平（equitable），就是合法（legal），已经有了过去的成例，因此十之八九的情形人民已准备照此条款行事，即有政府的干预，也不过鞭策领导其一二。要是立法与社会情况全部相违，甚至立法的人和预期守法的人没有共通的习惯与语言，高层机构还没有摸清低层机构的形态，就轻率的希望一纸文书，立刻可以命令一个走兽化为飞禽，那也就是不着实际了。戊戌变法时，其维新志士已有这样的心理状态。但是另一方面，从完全不改革到造船制械的改革，更进而为重组政府准备立宪的改革，则是一种梯度式的前进。以后推翻专制，建立民国，也还是这梯度式进展的延长。

从这些事实的层次，我们也可以了解历史的长期上的合理性（long term rationality of history）；一个古老的帝国，要变成现代的国家，必需组织成为一种运动，透过政治、经济、法律、思想和社会诸部门，使全国人民一体卷入，才有改革的希望。鸦片战争开始于 1840 年，南京条约订于 1842 年，到民国肇造的 1912 年，前后七十年，还只推翻了一个防制改革的政治障碍。其工程浩大，费日持久，也非一个人或几十个人愚顽不肖之故；我在国军当军官学生及下级军官的时候，看到农村里各种组织制度的痕迹，无非"王氏家祠"、"李氏家祠"、"松柏惟贞"的节妇牌坊和过去人物的"神道碑"。前清中试的秀才举人，则在门前和祠堂前悬挂"举人及第"和"文魁"的牌匾。这些组织与统治的工具，无一可以改造利用。（可是"文化大革命"的主持人要销毁这些文物却又是没有勇气面对历史。）南京、北京和广州的政府，纵是通电全国的时候把自己的立场说得无懈可击，仍没有透进至农村的低层机构里去；严格言之，它们也仍是社会上的游体（foreign body）。

如此我们在背景上的分析，已接近本文开始的一段叙述。我们不怕文辞粗俗的话，就可以说传统中国是一只"潜水艇夹肉面包"（submarine sandwich），上面是一块长面包，大而无当，这就是当日的文官集团，虽然其成员出自社会各阶层，这集团的组成却不依任何经济原则，而系根据科举制度与八股文。下面也是一场长面包，此即是全国农民，只要他们不为饥寒所迫铤而走险，执政的人难能想到他们的出路与志趣。这种组织最大的弱点，则是缺乏"结构之紧凑"（structural firmness），是以无从产生"功效上转变的能力"（functional maneuverability），并且1905年中国停止科举制，则上层机构与下层机构脱节。民国初年的军阀割据，也就是意料中事，因为旧的已经推翻，新的尚未出现，过渡期间只有私人军事的力量，才可以暂时保持局面，而此种私人军事力量，限于交通通讯的条件，又难能在两三个省区以上的地方收效，而地区外的竞争，尚酿成混战局面。

如果我们的目的不是发扬个人的情绪，而是冷静的分析蒋介石的历史地位，则我想不出任何理由，可以把以上的背景搁置不谈。

今日我们研究这一段历史，逢到一段绝大的困难，则是没有过去的事例，可以与这连亘一个多世纪的改革作为借镜比较。我最近几年研究一个国家由农业的组织转变为商业组织以至全国能以数目字管理的情形，则发觉其中沿革每个国家的不同，并且一般都极困难，改革的时候也都旷日持久。我们轻率的以为它容易，则是被日本及美国的特殊情形所误解。

日本为一个海洋性的国家，境内物资的交换，通常大量的用水运，足以避免陆运的困难，因此商业发展容易，也能避免各地方政权的留难。并且各大名占据一方，带有竞争性，而江户时代又承平日久，他们的竞争性也渐向经济方面发展。诸藩在大城市设有藏元（财政经理），批发事业则有"问屋"，定期船舶则为"回船"，又经营保险。十八世纪田沼意次为幕府主政时，更全力实施商业政策，如利用江户大阪的商人资本拓地、奖励生产、提高对华输出、经营矿产、幕府掌握专利的事业、以通货贬值刺激交易等等，所以明治维新前一百多年，日本的商业组织，已经有了粗胚胎的结构，不期而然的与世界潮流符合，维新只是政治法制系统的改组，不像中国所需要的是一个牵动全民的革命。①

美国在独立战争前，早已利用英国的法制，使农业的组织与工商业的结构交流，又在一个空旷的地区上长期成长扩大，即迟至 1862 年，还能因"自耕农屋地法案"（homestead act）让一般人民以极低廉的价格购买公地一百六十英亩（近于中国千亩），然则虽有此优厚的条件，过去仍有佘士叛变（Shays' Rebellion）、威士吉叛变、各州否决联邦立法（nullification）及四年内战等事迹，此外，迄至近世，也还因银行的立法、货币政策、反托拉斯、跨州商业（interstate commerce）及社会福利等问题，发生无数纠纷。可见得一种体制，牵涉亿万军民，要使农业也能透过工商业的法制，以致全国都能在"数目字上管理"，并不是一件简单容易的事。

溯本归源，则此种组织与制度，即使泛称之为资本主义，也不仅只是一种剥削劳工的工具，它的技术因素，经过历史上长期发展的程序。首之以义大利各自由城市为先驱，而以威尼斯为其中翘楚，此城市因为避免日耳曼民族侵入义大利半岛的掠杀而组成，全城在一个海沼之中，在十五世纪之前，与大陆的农业生产无关宏旨，岛中咸水，也不便制造，于是尽力经商。因此它的国

---

① 关于田沼意次财政经理的情形见 John W. Hall, *Tanuma Okitsugu*, *1719-1788*, *Forerunner of Modern Japan*（Cambridge, Mass. Harvard University Press, 1955）。我对于其他几个国家转变过程的分析，归纳于《西方资本主义的兴起——一个重点上的综合》，载《知识分子》1986 年夏季号，此文又以《我对"资本主义"的认识》为题载于《食货月刊》十六卷一、二期（1986）。英译载 *Chinese Studies in History*, Vol. 20, No. 1, pp. 3-50。

家就是一座城市，整个城市，也等于一个大公司，商船队与海军，缺乏基本的差别，民法与商法，也无隔阂。因此才将以上所述组织现代经济制度的三个原则发扬到最高限度。但是威尼斯能因此而做地中海的海上霸王，基于历史上及地理上特殊的背景，也非旁人可以仿效。它之能不待整备可以立即在数目字上管理则是由于结构简单纯一。可是没有坚强的生产基础，到底不能持久。

到了十六世纪之末及十七世纪之初，荷兰民国开始执西欧经济事业之牛耳。阿姆斯特丹银行成为国际货币中心，很多国家商船的保险业也为荷兰操纵。原来荷兰处于北海之滨，当初不足为人重视，过去也没有组成独立国家的经验，只是封建割据的力量较其他地区为浅，各村镇的自治，早有端倪。十六世纪西班牙的统治者企望在此地区推行中央集权的管制，又以反宗教革命的宗旨屠杀新教徒，才引起荷民全面反抗，战事旷日持久，各处的颠簸破坏也大。荷兰宣布独立为 1581 年，是为中国的万历九年，到1648 年三十年战争结束，其独立的地位才被各国承认，事在清朝顺治年间，前后六十八年，也只是因为长期兵燹，原来贵族的产业荡然无存，才能引起市民政治的抬头。并且这新国家即便采取资本主义的体制，也不能立即以商业性的民法通行全国。只是荷兰省（Holland）为联邦七省之一，却有全国三分之二的人口（有些专家则说只稍在一半以上），又供应联邦经费四分之三，才能出面推行联邦制，即独立后当日的旅游者仍发觉荷兰民国内部仍是千头万绪，并没有整齐划一的征象。

我们一般的观感，新教的卡尔文派（Calvinists），以他们的"定命论"（predestination）作为荷兰新国家的意识形态，有促进统一的功效，其实这时候定命论就被当日的政客和学者，作各种不同的解释，以支持他们刻下不同的眼光。只有执政者莫黎斯王子（Maurice of Nassau）不为所动，他对人说："我也不知定命论是蓝是绿。"只有这种不为抽象的观念所左右的精神，才能实事求是，先造成一个新国家的门面，才能在长时间解决内部的问题。好在荷兰利于水运，农业也重畜牧而不重谷物的生产，这些条件都与商业形态接近，其内部的参差不齐，即不致酿成僵局。

继荷兰为欧洲资本主义之领导者则为英国。英国合苏格兰及北爱尔兰只有中国的面积约四十分之一。在十七世纪它的人口从四百万增长为六百万，尤其微少。可是就当日欧洲的局面讲，大于荷兰五六倍，仍是泱泱大国。它的农业基础坚固，但是产品却以羊毛为大宗，经常占全国输出四分之三以上。在新时代环境之下，航海业增进，西半球的金银输入于欧洲，引起物价普遍的上涨，宗教革命的影响又波及各处，种种情形都给英国造成一种极不安定的局面。

十七世纪的英国，经过英王与议会的冲突、发生内战弑君、在克伦威尔领导下的民国、复辟和第二次革命的等事迹，当中又有因信仰问题的冲突与秘密外交的黑幕。自 1606 年贝特（John Bate）因英王不经过议会立法自行抽取关税认为与成例不合向法庭提出诉讼，不经意的展开了以后的各种变乱，到 1689 年的光荣革命（Glorious Revolution）成功，才算使各种纷争告一段落，中间经过八十三年。其中详情最有供二十世纪的中国借镜之处，只是今日研究英国史的专家经常尚在细端争执之余，也没有顾及这样一个用途。

我们看清了中国在二十世纪的尴尬情形，则觉得概而言之，这情形不难综合作结论，认为英国经过十七世纪的奋斗之后，走上了资本主义的道路，并不算错；因为光荣革命之后不久，英伦银行成立，其股东成了英国政府的债权人，兹后持政的"辉格党"（Whigs）又代表大地主及商业资本的利益。不过光荣革命之成为一种运动，又仍支持了宪法至上（constitutional supremacy）及公民权利（bill of rights）等原则，也不尽是"资本主义"这一名词所能概括。

一个比较合于实际情形的解释，则是英国在十七世纪全部国家政治、经济、法律、宗教等情形，都已赶不上时代。总而言之，则是这个国家不能在数目字上管理，所以要整个改组，经过几十年动乱之后，其内部才开始规律化。其下层机构中，地产已有相当的整顿。英国土地所有制，向来根据封建（feudal system）的习惯，只注重使用权（seizin），对所有权却无成法管制，稿夫（serf，在英国通称 villein，译为"农奴"极不妥当，今后音译为"稿夫"）对业主应尽义务，各地千差万别，而且过去土地已有顶当买卖情事，更在合法与非合法之间。十七世纪初期最棘手的问题，则是稿夫的身份，他们也不能概称之为佃农，也难能算作担有特殊义务的业主，况且地产又零割分配使用。这时候迫于需要，英王要向全部国民抽税，也就把很多不合理的事情，摊派在自己头上来了。于是经过内战，圆头党和保王党以没收、拍卖、赎还、勒退等手段加于各处地产，彼此都用武力，当然谈不上公平（这也是今日治英国史者论辩的一个重点）。但是大乱之后，局势有了相当的澄清。1660 年后零星的地产逐渐归并，所有权已能固定，东佃关系，也较前明显。所以在技术的角度上讲，土地的所有已经明朗化，有 1692 年征收全国土地税的情形为证。

下层的组织既已较前合理化，也就用不着专制王权独断的裁决，像中国的官僚政治的办法，以不合理勉强称为合理了。于是高层机构也承认议会至上，司法独立，英王失去了统治的力量，只作为象征式的元首，以保持历史的传统。以后的两党政治（two-party system）、责任内阁制都在这些条件下产生。

可是新的高层机构和新的低层机构间，也是有新的联系。这一方面是政教分离的趋势愈为明显，教堂不介涉民政之所致。另一个重要的发展，则是普通法（common law）的法庭，在 1689 年之前已开始容纳公平法（equity）。普通法是农业社会的产物，凡事都依成例，以前没有做的事统不能做。公平法是一种法律的原则，不讲求合法（legal，凡合法则必依成例），只考究是否公平（equitable）。如此就给法律带来了相当的弹性。1689 年贺尔特（John Holt）为首席法官，他命令以后有关商人的案件，照商业习惯办理。是以农业资本能与工商业对流，内地与滨海的距离缩短，全国的人力和资源构成一个庞大的经济网。英国既能以数目字管理，则资金流通、经理雇用、服务共通的原则都能做到，所以一个人口六百万的农业国家，也能和威尼斯人口十万的商业城市国家一样的牵一发而动全身，在当日全属创举。只是英国能如此做，它的组织力量透过军事政治的部门，成为一种压力，也强迫其他国家都如此做。

即以法国为例，在它大革命的过程中，开始推行新的度量衡制，以全国的山河为基础重划齐整的省区，企图以全国地产作保障，发行新币，又颁行新历，以后则更创造拿破仑法典，注重民法及商法，种种措施，无一不有以数目字管理的趋向。同时法国革命之前，政府与贵族僧侣重楼叠架的彼此牵制，资本主义无法在这情形下展开；革命以后局势打开，资本主义的色彩才渐见明显。然则我们要说法国大革命旨在推行资本主义，则不免把资本主义看得过大，而把法国大革命形容得过小了。倒不如看清其中最重要的一个因素，则是在技术上讲，革命成功之后下层机构里的各部门能互相交换。

为什么我一篇写蒋介石的文章牵涉得这么多，既提到个人经验，又是古今中外？我也自知其夹杂与啰嗦，但是在我替自身辩护之前，让我再节录一位对蒋作过极端苛刻的批评的人物：白修德（Theodore H. White）有下面一段关于蒋在重庆的记述：

> 有一次新闻局的局长穿着长袍去谒见他。蒋告诉他，他年纪尚轻，不应着旧式长袍，而应着西装。蒋决定谁可以去美国，谁不应当去。他决定政府公办的新闻学院的研究生谁可以留美。国立中央大学的学生抗议伙食不好，蒋委员长亲

自到该大学食堂去吃一餐饭，他结论是饭菜并不差。①

这段文字的要旨也是夹杂与啰嗦。但是要是这些零星杂碎的行径就是蒋委员长的个性，谁又会推戴他作为中国的领导者，去完成抗战大业？要是他是这样的缺乏选择重点的能力，在西安事变发生时，为什么周恩来不设法消除他，而偏要主张立即释放，使他能够主持全国一致局面？可见得有时在历史重要题材之下，纵是纪述得百分之百的确实，也仍可能脱离其发展的重点。然则写历史的人也和写传记的人一样，最初又不能不以琐闻轶事作为立说的根据，所以本文在提出结论之前，有下面三段的叙述：

一、蒋介石的行为，包括了很多看来离奇，也好像自相矛盾的地方，我自己的经验也和旁的人一样，单从这些听到的和看到的事迹分析，写不成真实的传记和历史，一定要使这些资料为长距离宽视界的背景所陪衬，我们才能体会到这些事情的真实意义。

二、很显然的，传统中国的社会与政治，以间架性的设计组成，理想高尚，技术低劣（所以五四运动要打倒的不是孔子，而是"孔家店"），无法局部改造，以适合新环境。可是一个国家包括亿万军民，即在中国革命最高潮时，全国农民还用一千多年前的农具拖泥带水的耕田，学龄儿童还用毛边纸一字一划的习字，所以无法要这国家放弃它衣食住行的各种因素，立即脱胎

---

① White and Annalee Jacoby, *Thunder out of China* (NY：Wm. Sloane Associ-ates，1946)，p. 127。

换骨。

　　三、中国的长期革命大半由于西洋及日本的压迫和刺激而产生，我们研究其出路，也要先从西洋与日本的经验比较。这些国家的一般趋势，即以农业方式的组织，改造而为商业方式的组织，才促使内部诸种因素都能互相交换（interchangeable），以便在数目字上管理。英国的十七世纪虽和中国的二十世纪有风马牛不相及之处，其长期动乱之后，产生了一个新的高层机构，一个新的低层机构，和一套新的法制，作为两者间之联系。就技术的观点（不是意识形态的观点）言，它的规模和程序，最能给中国借镜。

　　本文的重点，则是蒋介石以他自己一人挺当，承受了旧中国旧社会的各种因素，替中国创造了一个新的高层机构。他在台湾的成就，尚不在以上叙述之内。

　　这种新的高层机构，还没有完全组织妥当，并且在1927年在南京成立以来，还没有享受过一年和平无事的日子，就在十年之后，担荷了抗战大业的重负，当然没有力量改组低层机构。我们也可以说国民政府在大陆上二十年的历史，无非即是抵抗内外企图分裂和破坏这粗胚胎高层机构的一种记录。

　　我在军校毕业之后，于1941年派在十四师当排长，军队驻在云南的马关县，防制进占越南的日军北侵。我们从县之西境，徒步走到县之东端，看不到一条公路、一辆脚踏车、一具民用电话、一个医疗所、一张报纸，甚至一张广告牌。因为哀牢山的村民，一片赤贫，农村就是无数自给自足的小圆圈，村民能够以玉蜀黍买布换盐足矣，不仅现代商业没有在此处生根，即二十世纪的各种人文因素也统统都不存在。

第十四师原来是国军的精锐，在淞沪之役、江西阳新之役和粤北翁源之役都建过战功。可是这时抗战已入后期，军队成年整月没有适当的补充供应，又自脱离铁道线之后，经常越省行军，所有装备全赖士兵手提肩挑，况且广西云南很多地方，一遇雨季，道路即是一个泥坑，军队人员营养不良，又没有适当的医药设备，在逃亡、病死相继的情形之下，兵数不及原编额之半。

1941年重庆的军政部指令，由湖南的一个"师管区"拨补壮丁若干名，作为十四师的补充兵。其实国民政府的兵役法，在抗战一年之前以一纸文书公布，所谓师管区和团管区，大部都是笔墨文章，各种后勤机关也都付诸阙如。只好由我们师里组织"接兵队"徒步行军到广西搭乘火车到湖南，将枪兵分散，在村里和保长甲长接头，再按户搜索，时人谓之"捉壮丁"，与唐诗所叙"暮投石壕村，有吏夜捉人"，虽前后一千多年，情形大致相似。

蒋廷黻曾和费正清（John K. Fairbank）说，国民政府时代，知识分子外向，对西洋各国的情形了解得很清楚，对中国农村内地的情形，倒是糊里糊涂。[①] 今日事后想来，现在虽有萧公权、杨庆堃、Martin C. Yang、Sidney Gamble、Doak Barnett 诸人的著作，我们也仍可以用鲁迅的短篇小说解释，传统的低层组织，着重"尊卑男女长幼"，衙门主要的任务，则是保障地方社会的安

---

① Fairbank, *Chinabound：A Fifty-Year Memoir*（NY：Harper & Row, 1982），p. 88。

宁。民国肇造以来，又经过四分之一世纪的上下脱节，则1936年所颁布的兵役法，也就是要一千多年以前的组织，担带现代社会的任务。兵役法的"公平合理"，都是根据理想上的全民平等，各单位都能互相交换的原则推断而假设其存在。不仅是金字塔倒砌，而且付于实施，也只能从已经被遗弃达四分之一世纪的社会着手。即算这时候的社会秩序，还依传统根据尊卑男女长幼的原则造成，那谁有能力反抗乡村的保长甲长？他们纵不自己就是一乡的地主和债权人，至少也与他们混淆一气。这时候我们又何能期望年轻的侄辈佃农和负债的及目不识丁的贫农指摘他们的领导人或他们的叔祖债主为违法或对法律的使用上下其手？如此只能像传统社会一样，真理总是由上至下。征兵纳税也全靠由上至下加压力。实际被摊派义务的人，也是最无能力推排这压力的人。这情形只有每况愈下，以至以中国这样一个人口众多的国家，反抽不出兵来。（1986年年底，我在台北第二届国际汉学会议主张尽量将这些资料提出，因为这些情节并不是国民党的真实性格。我们愈把这些传统的弱点隐匿，历史的发展，愈被解释得黑白颠倒。）

十四师接兵队"接收新兵"的经验，则是捉来的壮丁，禁闭在一座庙宇之内，待积得总数，再行军去云南。所被拘捕顶数的壮丁，不是已经接受顶代的费用，事前就打算逃亡的投机分子，就是不知抗拒、无人顶替的白痴。而且捉过又逃，逃过又捉，连原来派去的枪兵，也有逃亡情事。且冒雨季行军至云南，路上又无医疗食宿的接应。师管区说它已拨补十四师壮丁二千五百名，也无人能说实际有若干名。只是除了逃亡、病倒、拖死、买放之外，到师部不及五百名，而且大部系痹瘫残疾，不堪教练。

我们做下级军官的人，与士兵一同居处，在战时已经难能忍受的生活程度下更再降级一二层，又经常与痢疾和疟疾结不解缘，脚上的皮肤，一被所穿的草鞋上的鞋带擦破，在淫雨和泥泞之中，两三日即流脓汁，几星期不得痊愈。这些苦状都不必说，而更难于忍受的，则是精神的苦闷。当日我们既无报纸，除了师部之外，也无无线电机，即有邮政也一月难得一封家书。而我们和士兵之间，则有语言的隔阂。多年之后，我读到明朝以净谏著名的南京右都御史海瑞的文字，才知道连这种情形，也有前例：海瑞一方面为国为民，可是这种为他爱护的人民，是一种抽象的和集体的对象；另一方面他笔下提名道姓的人民，有血有肉，要不是浑浑噩噩，则是狡诈凶狠，毫无可爱之处。总而言之，我们虽是今日的知识分子，也等于昔日的士大夫，口里说为国为民，其为潜水艇夹肉面包的上层机构，并没有对下面这一块长面包直接交往，发生鱼水相逢的机缘，因为两者之间心理上和教育上的距离，已经在好几个世纪之上。倘非如此，也不会被日本人追奔逐北，杀进堂奥，除了等候美国援助之外，无法取得主动。

我在学历史的时候，也读过中外学者不少的文字，责备国民党和蒋介石忽视改造中国的农村，可以以英国学者 Barbara Jackson 为代表。当时我还半信半疑，现在看来，则知道这些批评者，也如蒋廷黻之所说，自己就应当先将中国内地的情形看得够清楚，才根据海外的标准判断。这中间的一段奥妙，则是因为传统社会组织和结构的背景，二十世纪的新高层机构和低层机构无法同时制造。不仅经济上的条件不容许，即以人事关系而论，它们最初的组织一定要从相反的原则着手。这也无意之中，表示中国之内战无可避免。要不然何以早在 1927 年毛泽东就承认反对他的人称他的组织农民为"痞子运动"，却又坚持所谓痞子，实系"革命先锋"①？韩丁（William Hinton）以联合国工作人员的身份，看到 1946 年以后山西土地改革的情形，他著的书号为《翻身》，对中共极端的同情。② 书中就指出中共在潞城一个村庄里的组织，起先发动于身患梅毒、吸白面、带有土匪性质的流氓。他们进入村庄之内，鼓动村民造反。起先无非以威迫利诱的方式，弄得多数的农民个个下水，当时"打土豪分财产"的办法，甚至弄得有些共产党员也为之心寒。然则这还不过是一种初步的程序。今日我们平心而论，这种程序，也就是宣告过去人类的文化，统统都不存在，既无尊卑男女长幼，也无所谓合理合法。人与人间的关系全部解散，每个人都是原始的动物，也近于卢骚（Rousseau）和霍布斯（Hobbes）所想像的初民状态，每个人都以坚持自己的生存权利为唯一要旨，所以有无数凶狠斗争的姿态，也只有被社会遗弃的人才能出面领导，可是一到这村庄已被掌握，内外威胁消除，有适当教育的中共人士才整批进入。痞子也好，革命先锋也好，他们的作为又全部被检举。再度分田时，

---

① 《毛泽东选集》卷一，页 18。

② Hinton, *Fanshen：A Documentary of Revolution in A Chinene Village*（NY：Random House，1966）。

也不计较过去功罪，而确实讲究合理合法。当初鼓励农民为原始的动物，这时才重新教导他们为善合群，如此才造成一个可以在数目字上管理的局面，所以以后成立人民公社、最近的承包制就轻而易举。这样的事能够做得通，也表示中国的旧社会已至山穷水尽。但是纵使蒋介石有此眼光，或者国民党有此能力对中国农村社会的小圆圈依样开刀，这程序对他们说来，也不可想像，因为其逻辑就与他们的立场完全相反。

论文写到这里，我也可以照很多人的办法，以道德的名义作结束。好在骂国民党也好，骂共产党也好，总不怕没有资料。同时也可以站在当中的立场两边都骂。在技术上讲，我的文章已经和这立场的距离不远。

但是盲目的恭维不是可靠的历史，谩骂尤非历史。以道德的名义写历史有一个很大的毛病：道德是人类最高的价值，阴阳的总和，一经提出，即无商量折衷的余地，或贬或褒，故事即只好在此结束。间接也就认为亿万生灵的出处，好多国家的命运都由一个人或少数人的贤愚不肖决定之，与其他的因素都无关系，而只有破口谩骂的人看得明白。

我们也可以反躬自问：中国1980年代与中国1920年代比较，其中显然的已有一个很大的区别。当初军阀割据，数字全无法查考，有如传说中的张宗昌，一不知手下竟有多少兵，二不知各处有多少房姨太太，三不知银行里有多少存款。今日中国组织上纵有不合理的地方，很多数目字已经能提出检讨。例如有史以来第一次符合现代标准的人口统计已经举行，人民解放军裁军百万，也能如期完成。这和以前的差别究竟在什么地方？难道这今昔之不同，则是一人一时一事运转乾坤之所致？历史是一种永久的纪录，我们希望千百年后这种纪录还有用场，不应当为现下政策和个人好恶所蒙蔽，也不应当为士大夫阶级的眼光所垄断。况且历史是连亘不断的，其意义不一定是当事人所能全部领略。我过去常感遗憾：我服务于十四师的时候，徒然在雨季于一个烟瘴区呆了几个月，于国事无补，自己则弄得父亲于日军三犯湘北时病危，不能前往诀别。可是今日想来，我们的受罪并没有白费。如果当日没有我们在滇南驻防，不仅日军可以北犯取昆明，至少云南也还会被龙云和他的继承人所盘踞；倘使全国的情形如此，则1949年，这省区还不能为北京所掌握。

这样看来，蒋介石和国民党奠定了新中国的一个高层机构，已有历史的事迹作明证。蒋以"忍辱负重"和"埋头苦干"的办法，将原始的及不能和衷共济的因素，结成一个现代型的军事政治组织，虽然内中有千百种毛病与缺陷，这种组织也能为各国承认。他主持的对日战事，也就分明的指出以初期的牺牲吸引世界的注意，使其他国家无法袖手旁观，终拖成一个大规模的国际战事，在这种情形之下，取得最后的胜利。毛泽东和中共，则造成一个新的低层机构。内战期间，他们也就以蒋和国民政府作为对外的遮盖，同时他们自己也不沾染城市文化，甚至除无线电机及油印报纸之外，没有高层机构的痕迹，如此才能在乡村中有一段澈底的整顿。如果内战是中国全面澈底改造的过程中第一阶段和第二阶段的分野，则"文化大革命"为第二阶段与第三阶段的分野。显然的，以后的 XYZ 领袖集团［即邓小平（Deng Xiaoping）、胡耀邦（Hu Yaobang）、赵紫阳（Zhao Ziyang），再加入李先念（Li Xiannian）、陈云（Chen Yun）、彭真（Peng Zhen）］的工作，则是在高层机构及低层机构中赋予法制性的联系（institutional links）。所谓经济改革的目的，不仅旨在提高人民的生活程度，而且在这种经济活动之中，创造规律，才能构成体制。

在以中国特殊的情况为前提，构成一种可以在数目字上管理的目标之下，一定要考究这种体制带有多少资本主义的色彩，是否够得上称为社会主义，或者是否与共产主义冲突，在我们看来这些问题大都已属于摩登学究的领域，与实际情形已无具体的关系。因为：第一，以上所述"主义"多系一种抽象的观念，可以在革命过程中作为一种意识形态；不能在实际建设的时期倚为蓝图。第二，强调这些"主义"的人，好像全部问题都已在他们掌握之中，要它向左即可向左，要它向右即可向右。也就是没有放弃前述"周礼式的设计"，以为一纸宪法，即可以令走兽化为飞禽；亦即是金字塔倒砌，没有顾及低层机构牵涉亿万军民，高层机构又要与外间联系时各种组织与协定的困难。过去六十年的经验，则显示中国从二〇年代进步到八〇年代，并不是有很多可以选择的路线左右逢源，而是遭到内外绝大的压力，并柳暗花明之中突然开豁的发现生机。很多盲人瞎马的浪漫主义，都在革命高潮中淘汰。最后牵涉大量人民的群众运动，与中国的历史与地理不可分离，其道路则是一条羊肠小径，也多曲折支离。只能在不断探索之中不断的展开。所以我们事后研究，还要用相当的功夫，才能查看得明白。

即算今日一个国家的去向不能完全没有主宰，我们也仍可以看清：今日中国的建设是无中生有，纵有民族资本和国家资本作台柱，仍不能由官僚一手包办，在资金活用、经理雇聘、服务共通的条件下，必需民间作第二线第三线的支持，同时也要在对外贸易之陪衬下完成。这些客观条件即不容我们视所谓资本主义为畏途。反过来说，欧洲资本主义形成时，以"市民特权"（municipal franchise）作基础，直到经济发展到相当的程度，才逐渐将"公民自由权"（civil liberty）赋予全民。中国则在无线电、计算机、航空交通的时代里完成革命，并且卷入漩涡付出最大的代价则为农民，而至今农民民智未开，也只能集团的领导，况且中国又不能像先进资本主义的国家一样向外开拓殖民地，将问题"外界化"，诸如此类条件，技术上就使中国今后的趋向，无法全部抄袭西欧和日本，所以今后发展必带着浓厚的集体性，也必有社会主义的性格；在这种不能过左也不能过右的场合之下，如果朝野人士对一时一事作政策上和具体上的争辩，还讲得通，要是劈头劈脑，犹在整个轮廓上以主义为名，坚持我们个人理想上空中楼阁之整齐完美，则为不智。

第三，在此题目上论辩的人已经有了历史眼光，但是仍没有把自己的立场看清楚，也就是引用历史尚未入时。中国为亚洲大陆国家，要将内中腹地也照商业性的方法组织，技术上遇有困难，因此才有这连亘一个多世纪的革命，也有中共领导下的土地改革，因此丧生的人数据估计达三五百万不算过多。（韩丁的叙述，一个村庄内即有十几人。）但是到底历史也有它的选择性和经济的原则。（亦即是不绝对需要牺牲的时候，不会有人愿意牺牲。）今日香港也可以说是在资本主义形态之下，也能在数目字上管理，就不能勉强的要它向经济落伍的地区看齐，况且它的财富，差不多全是地产，以这些摩天楼和写字间作保障，造成商业信用，这港口的城市才能高度符合到资金流通、经理雇聘和服务共通的条件，成为一个国际贸易的中心。即是人民共和国在 1960 年间左倾至最高潮时，仍倚赖香港为进出口货物的门户。中国准备在十年内外收回香港，在这时候国内人士还不虚心研究两种体制如何可以协助合作，外交立场如何可以保全完整，秘密结社的地下活动如何可以防止，团结的力量如何可以从文化上及历史上的共通之处培植，偏要争辩虚有名目的社会体制，也可以说是不智之甚。也等于一个疲惫至极的人，有人牵上一匹马他还不骑，只因为马的颜色，不是他心爱的色彩。

说到这里，本论文也可以极简单的附带说及台湾的情况，台湾的条件，当然并非至美至善，但是在数目字管理的情形之下却又较大陆为先进，即以其人口为例：迄今大部居于城市之中。（全岛一千九百五十万，台北市则超过二百万，为百分之十强。1979 年全省城市中人口为百分之四十一点九，现今有人估计可能至百分之七十三。）可见得大部人民的生活依赖国际贸易与国际商业有关的工业。其中则有一个很紧凑的组织，才能使目下外汇存底超过六百亿美元。如果这优厚的条件能动员为大陆建设的一种襄助，则为海峡两岸人民之福。可是如果不加思索，即以"国家体制"的名目，先想去打扰这已见功效的组织，则又为不智之甚中之至尤。也就是没有看清中国需要在数目字上管理的一个大问题的症结。

我之所以说历史之引用，尚未入时，则是今日之中国已经打开了一个多世纪的僵局，进入新时代，这规模之大，历时之久，为世界历史之所无。所以今人要引用历史事例时，也只能抽取其中适用的若干原则，决不能从头到尾如法炮制。因为历史上的现存事例，还没有这样一个庞大的轮廓可供抄袭。我所常举出的一个例子，则是荷兰民国成立时，采取联邦制。联邦海军，由五个集团（colleges）拼成。迟至1752年阿姆斯特丹还有它独立的邮政局。有一段时期，荷兰省甚至倡言，它有独立的外交主权，能和外国签约①（也是在这种情形之下，莫黎斯王子称定命论可蓝可绿，与四百年后邓小平所说捉鼠之猫可白可黑无异）。英国在光荣革命前后，所有改革，用立法和行政的程序少，而用司法裁判的多。也是避免以通令的形式，强迫一体照办，而系针对真人实事，在法律的面前，按公平的原则斟酌取舍，然后集少成多，造成系统。现代商业的体制从这种实验范围之下构成。美国将最基本的观念写成成文宪法，而由司法覆审（judiciary review）时决定新法律是否能与之衔接。这些办法，都可供中国参考。从威尼斯、荷兰到英国的历史看来，不论国之大小，一个国家开始以商

---

① Herbert H. Rowen, *The Low Countries in Early Modern Times*（NY：Walker, 1972），pp. 191–197。

业组织代替其农业组织时，无不对"国家体制"有了多少创造性的措施，甚至这"国家"的一个典型，也在长期中转变。中国的情形当然无可例外。这样的引用历史，才不至于陷至被动的地位。

让我再说一遍：这篇文字之夹杂啰嗦，则系因为题材广泛，而且其中很多因素，还没有澄清，更待归纳成为系统。可是我们若不怕它们的夹杂啰嗦，先将历史前端现在的趋势与动向看得清楚，则对其背景，也多一种认识，因之也对历史更存信心。从这观点看来，蒋介石的历史地位是很巩固的。其固定性由于中国八年抗战的事迹之不可磨灭。我们越把当日的困窘澈底提出，其情势也愈显然。邱吉尔对蒋毫无好感，他的二次大战回忆录每提到蒋，总是一派轻蔑的态度，尤其不赞成罗斯福之支持中国。1944年他行文与外相艾登（Anthony Eden），内中云："把中国当作世界四强之一，这是一个绝对的笑话。"[①] 当日也不能说他完全不对。只是曾几何时，即物变境迁，迟早看来，蒋介石及中国之抗战影响大英帝国显著。邱吉尔和他过了时的世界观对中国则关系至微。这一方面由于蒋介石造成了新中国的高层机构，使毛泽东、蒋经国和邓小平都能各在不同的条件之下发挥其所长。反过来说，后人的继续努力，也使前人的功绩没有白费。这也是我一再提及历史上长期的合理性之旨趣的所在。

---

① Winston S. Churchill, *The Second World War*, VI, *Triumph and Tragedy* (Boston：Houghton Mifflin Co., 1953)，p. 701。

中国的革命好像一个长隧道，要一百零一年才可通过。在这隧道里经往的人，纵活到九十九岁，也还不能陈述其全部路程。而只有今日路已走穿，则我们纵是常人也可以从前人的经历，描写其道路之曲折。如果我们采取这种观念，则很多以前对蒋介石的作为无从解释的地方，今日都可以找到适当的答案。

从各种迹象看来，蒋介石取得做中国领导人的地位，最先没有自动的作此打算。和他接近的人提出，他迟至 1919 年，还在打算去欧美留学。① 最近不久之前出版的一部黄埔军校纪念册，在《黄埔军校大事记》里提出 1924 年 2 月 21 日，"蒋介石突然提出辞去军校筹备委员长职务，离穗赴沪"。2 月 23 日的记事则称：孙中山在蒋介石辞职书上批复"不准离职"。至 5 月 3 日则称"孙中山任命蒋介石为陆军军官学校校长"。② 从这些迹象中已可看出蒋或因人事磨擦，或因意见不合，职衔未遂，起先就不是在一个十分和谐的局势中登场。

不论他以何种心情和手段做到军事政治领导人的地位，他一朝发觉身据要津，事实上很少给他有选择的机会。林肯曾在内战极端困难时说："我的目的则是保全联邦。要是我能解放全部奴隶而达到这目的，我也愿做。要是我能让全部奴隶都不解放而达到这目的，我也愿做。要是我能解放一半的奴隶而保存一半的奴隶而达到这目的，我也愿做。"蒋介石与林肯的决心相似，而困

---

① Tse-tsung Chow, *The May Fourth Movement* (Combridge, Mass.：Harvard University Press, 1964), p. 343。

② 黄埔同学会编《黄埔军校建校六十周年纪念册》(1984)，页 107。

窘则远过之。他已制造成一个高层机构的粗胚胎，却没有一个与他新政府衔接的下层机构，更谈不上两者间法制性的联系。要是说蒋不择手段，则是他的手段已由环境代他抉择，经常他做事时，一种情况，只有一种方法，让他同时能够维持他高层机构的粗胚胎。他之没有系统，则是中国的局面下好几个不同世纪的事物同时存在，谈不上系统。

陈志让说，蒋之拉拢军阀与政客，利用感情的激劝、金钱上的策动和自己的武力作撑持。① 作者并未有意歪曲事实，只是这些不得已的办法，出于无可奈何，不能当作蒋的志愿与癖好。要是我们仔细考察其背景，则可看出他所能实际控制之至微。1937年抗战之前夕，国民政府一年的预算才十二亿元②。以当日三比一之汇率计算，值美金四亿元，也只能与一个中级公司的资本相比。在军事上面讲，则虽抗战时仍有东北军、西北军、桂系、粤系，山西之阎锡山，四川之刘湘、刘文辉、杨森，云南之龙云和卢汉。甚至还有些地方，战区内重要的军事会议尚用粤语交换意见。他们的下层既没有一个全国都能相互交换的公式与原则，则每个集团都是一个地方性的组织和私人组织，那又如何叫蒋介石与他们交往时，忽视这种私人性格？我曾亲自听到国军的一位将领诉苦。在他组织一个军部时，不能任用他想任用的人，此是一难，而有时他又不得不任用他不愿引用的人，此是二难。蒋介石

---

① Jerome Ch'en, *Mao and the Chinese Revolution* (NY：Oxford University Press, 1965), p. 146。

② Arthur N. Young, *China's National-Building Effort 1927–1937：The Financial and Economic Record* (Hoover Institute Press, 1971)。

的困难，则又数百倍于这位将军的处境，所以他也只能利用传统的"忠恕"，去包涵这种私人关系。

蒋所能实际掌握的，则是所谓"黄埔嫡系"，外国人称Chiang's own；蒋介石自己对史迪威谈话时也提到黄埔学生与他自己事业的重要。他对我们训话时，也就是期望我们做无名英雄，专心战术，以便尽瘁于下层工作。（以后我们毕业后，虽在战时要实际服务六年半才能升少校。）这种训诲不足，则再继之以宗教式的呼唤，甚至以必死相号召。上段已经说过我们即做军校学生时也并没有忘记个人名利，可见得一种组织之内，要个人完全放弃私利观的艰难。大凡一个社会和一个集团之内，个人私利已达到一种平衡而可以公平交换的局面，则为公尽善的精神，能够发生实际的效用，也比较容易鼓舞提倡。即是黄埔初期学生参加东征之役时，因为全部生员都未受名利的沾染，与这种理想的情形接近，因之攻惠州时前仆后继，具有革命军的精神。以后黄埔学生既为国军将领，又与过去的军阀为邻，同时中国的局面也未能做到各种私利能自由交换、个人的功绩通被认识的局面，尚要他们保持这种精神，就不免困难了。如是这也产生历史上一种离奇的现象：蒋介石之不能澈底发挥他的能力，是由于他的成功过于迅速。他还认为自己是革命军人，旁人已经认为他是国家元首，而要他对一个现代国家的功能负责。他之管及庶务，则是因为下面没有一种适当的组织。很多人责备他不注重组织，可是又逼迫他准备不及时去对付日本。那他也就只好以个人的力量去拉拢当中缺少法制作为连系的各种因素了。

蒋介石被批评为纵容部下贪污，按理他没有破坏自己的系统之道理。只是当日后勤的组织，实际上挂一漏万。即军事上的经理，也部分的采取承包制。例如十四师在马关县，附近居民的骡马，已被我们征调一空去运送最基本的补给，如弹药及食盐。这时军政部纵有能力供应我们各项需要，也无交通工具使物资能够下达。所以1941年的夏天，我们的士兵每人领有棉布制服一套，此外并无一巾一缕，足供换洗。只能在雨季中偶一的晴天，由我们带着士兵在河畔洗澡，趁着将制服洗濯，在树枝上晒干算数。到九月份，军政部又发给每人衣服一套。所发的已非实物，而系代金，由师部设法就地采购。其实发下时法币贬值，钱数也不够，本地也无处购买。好在我们师里也是全面缺员，于是师长命令一位军需，化装为商人，往日军占据的越南，购得白棉布若干匹，回头用当地土法蘸染为土黄色，交各村庄里缝制成短袖短腿运动员式的制服，以节省材料，这样我们的兵士虽仍无内衣与外衣的区别，总算才不致裸体在河边等候衣干了。至于制服是否合式，账目如何交代，都无从考问。师级以上的战区和集团军司令都在这种承包制下半公开的集体经商，更不能禁止。重庆、昆明、柳州间很多的"通讯处"和"办事处"也就是这些半官半商的堆栈和分店。总而言之，传统中国社会从来就没有一个能全面动员、对外作战的体系，这时候无中生有。蒋介石的高层机构全靠牵扯铺并而成，既没有第一线第二线的纵深，有时也官商不分。当然，所有情事尚不是如此简单，他一定坚持的话，也可能选出一两件贪污特注的案件雷厉风行的惩治。只是当时全国都捉襟见肘，承包制又如是普遍，那样的惩罚也不见得能有功效，而只是徒然暴露自己的弱点而可能使自己更不能下台了。

蒋介石对国内社会的成员，采取兼容并包的办法，举凡北洋政府的遗老、已被褫夺兵权的军阀、社会名流、重要绅商，或在他的政府里担任名誉上或实际上的职务，或被他推崇而拥有优厚的社会地位。但是他对于共产党党人及左翼作家则毫不假借。并且于1927年的宁汉分裂开始，极力排共。这中间虽然经过抗战初期的一度国共合作，但是除了一段极短的时间之外，两方总是貌合神离，终至决裂，并且内战期间两方的下端都有不择手段的情事，有些也记入外国作家报导之内。

今日之治史者很难断定谁是谁非。可是历史家又不能自命为中立，因为他们的任务，则是阐述各种情事之背景的真意义。要是他们对众所周知的事实还规避，那也难能达成他们的任务了。

在这里我们也可以看出时间因素的重要。卷入国共冲突的人物，自己在历史后端，把当时事看作历史的前端，因此和我们的眼光不同。我们则站在他们的前端，连所有宁汉分裂、国共合作、二次内战都是历史事迹，至少有三四十年的距离。因此他们视为的道德问题，今日我们可以视为技术问题了。

我也要在此申明：所有历史上的内战，都只能用技术的角度分析，不能以道德的成分作结论。即纵是美国的南北战事，其中有种族及奴隶的问题，牵涉道德的色彩，可是今日分析南北战争的原因，首先就要在技术上考虑北美合众国这"联邦"的真意义，不能首先就说北方都是好人，南方都是坏人。这和1861年的观点，当然不同了。

上面我也说过：道德是真理最后的环节，阴阳的总和，不能分割，也无法转让。当日在这种条件之下，蒋介石以埋头苦干、忍辱负重自勉，对内则凡参加他运动的人即来者不拒，对外则尚要考虑英美各国的区别，而在这时候中共却提倡阶级斗争、"痞子运动"，向苏联一边倒，也就是否定他的一切作为，那也难怪他把他们视作寇仇了。所以内战期间，他的军事机构，称为"剿匪总部"。他之株连左翼作家，以 1920 年代"清党"期间为尤甚，也是基于此种逻辑，在他看来，他包涵容忍，是一切事物的"保全者"（preserver），中共以毛泽东为代表则是一个"破坏者"（destroyer）。要是他又容纳某种分裂运动，则他就难能指挥自己部下的将领和士兵了。

蒋介石表征着历史上的一种现象。我们写历史的人，可以毫无疑问的赞扬他的伟大，因为他的气魄，就代表这种现象和运动牵涉的幅度及纵深。但是不能说他所做事全无差错，尤其不能说他所做事都可以为后人效法；因为他活动于一个极不平常的环境之内，他的手段，并不一定就是他的目的。同时有些今昔之不同，尚是他自己的运动之所创造的成果。

我所说蒋介石和国民党创造了一个新中国的高层机构，毛泽东和共产党创造了一个新的低层机构，首先一定会被人非难的。旁人就可以说这些论调不合于逻辑。毛和蒋不仅在战场上相见，并且彼此都用最不堪的字眼形容对方，那又如何能说他们在合作？

但是什么是逻辑？逻辑无非是使一种事物或者一种组织或者一种运动中各项因素在语言间能够互相衔接互相支援的一种韧带。蒋和毛都在革命期间领导一种群众运动，当然他们都只顾及这群众运动内部组织与协定的能前后一致。他们人身方面（personally）或为对头，但是在历史上他们前后的成就却能够加得起来。并且所述高层机构及低层机构也不一定要原封不动的交代，只要具备其社会条件即可。毛泽东和中共造成的低层机构，扫除了农村间小规模放债收租和官僚政治编排保甲以真理由上至下的习惯。可是"文革"期间，他又倚靠暴民及痞子运动去强迫执行他理想上的道德观念和社会价值，才弄得乾坤颠倒。这农村组织的根底，则仍可以改造利用，作为新中国法治的基础。

　　总而言之，中国一百多年来遇到的困难，则是问题之庞大，时间之紧迫，以及内外压力之令人喘不出气来。这种种情形都为以前历史之所无，尤非个人经验可能概括。如果现存逻辑不能包括中国人民针对这种挑战的各种狂热反应，则不妨借哲学和神学的力量替代。世界上事物之有"正"、"反"和"合"，也不始于"唯物论辩证法"。印度的婆罗门教，即认为"保全者"可以维希奴（Vishnu）作代表，"破坏者"可以薛瓦（Siva）作代表，他们彼此却都源始于婆罗门（Brahman）。这种说法也就是利用人身性格（human attributes）去阐述一个大宇宙继续运转的力量。也就是以美术化的办法，去解释在大范围之中很多相反的因素终能融合。中国的革命既是超世纪的事迹，也要在人身经验之外创造新逻辑。

我写这文的目的，不仅是希望确定蒋中正先生的历史地位，更是因为这问题不解决，中国现代史便留下了一个大空洞。而现存"历史"，一片呻吟嗟怨，满纸谩骂。不外袁世凯错，孙中山错，蒋介石错，毛泽东错，邓小平又错，而可能蒋经国也错。这样的历史，读时就抬不起头来。而一个外国大学的研究生，即可以将一篇博士论文，否定中国万千人士冒险牺牲的群众工作。这种情势，对美国亦为不利。如果中国现代史确是如是，则美国承认的中国政府岂非一个没有灵魂的躯壳？并且美国政府宣扬希望中国和平统一，旨非制造两个中国，又凭什么作理论的根据？中国经过一百多年的长期革命，若是至今犹在十里烟雾之中，美国之旅游者岂非到中国去参观一个迷惑世界？美国的银行家工商家在中国投资，若不是因为基本的条件业已具备，可以在经商之中，顺便参与固定中国的商业习惯的工作，则岂不是白费功夫，自找麻烦，冒不必要之险？这中间种种问题都是由于我们研究历史的人顾忌太多，没有尽到自己的责任，以致在著书论说时，也把我们的立脚点，摆在一般政客、外交家、国际贸易主持人和游历观光者之后。

　　对我家庭讲，先父的种族观念因为革命成功，业已过时。但是他既命我名为"仁宇"，则以推己及人之心在著书立说时扩大其范围，针对世界而言，应当也符合他的遗志。即使今日我为美国公民，也要告诉所有美国人，如果中国不能适当的找到它的历史地位，绝非人类之福。所以我更不能不尽我所看到的、听到的、阅读到的和想像到的，据实直言。

我第一次看到陶希圣先生，则已在半个世纪前。1937 年我在南开大学做一年级学生，他到天津来演讲，我就得瞻风采。又真料不到前年去年在台北再看到他，而他仍精神灼烁如故。今逢九十嘉辰，屈指百年人瑞可期，这篇论文讲到中国长期革命业已成功，也可算敷切情景。目前以展开视界为前提，说得唐突的地方希望先生见宥。最后则要引用先生近著里的小段结束本文：

> 在文革失败公社瓦解之今日，邓小平非改革不足以图存，要改革就是从毛泽东"以农村包围城市"的战略转向"以城市领导农村"的道路，谋求工业革命，以救死求生。
>
> 时至今日邓小平标榜"门户开放政策"乃是大势所趋，必然的方向。①

这文字的目的也无非阐述历史上的长期合理性，从这点追溯上去，则不能不确定蒋介石的历史地位，其目的不是"褒贬"陶先生的居停和文字间的挚友，而是让人们公认中国现代史里一段无从忽视、不可或缺的重要一节。

原载《国史释论：陶希圣先生九秩荣庆祝寿论文集》（杨联陞、全汉昇、刘广京主编，台北：食货，1988.4）下册，页665—690

---

① 陶希圣《中国之分裂与统一》（台北，食货，1985），页152-153。

站 在 历 史 的 前 端

　　蒋经国先生继蒋介石先生撑持着一个艰难的局面，使台湾由稳定而趋向繁荣，由被人遗弃而被人崇敬。他个人遭遇身前的危险，而持之以恒静。他不矜夸，不走极端，近年在他领导下之台湾逐渐由战时体制而趋向平时体制，开放舆论，准许同胞回大陆探亲。今日一朝捐躯，深值得海内外同胞悼念。我们希望他的接班人继续他的坚毅精神，保持并发扬两位蒋先生对中国的贡献。

　　无疑的，今日台湾海峡两岸的人士极为关注的一个问题则是宝岛与大陆的关系。

　　我们的看法则是两方将来终归统一，但是需要一段长时间的准备。目前以保持现有的平衡，避免无端的颠簸为宜。

　　我多年读历史的一段经验则是传统中国历史的发展，与西洋史、美国史和日本史完全不同。中国地广人多，政治组织初期早熟。其结构只注重上端的理想，不注重下端的实际情形，所以规模庞大，表面冠冕堂皇，实际内中结构松脆，效率极低。换言之，这是一个农业社会的特殊产物，无法在现代世界生存，也不具备进入共产主义的条件。

中共在四人帮倒台之后，一切显然，阶级斗争不能解决中国的问题，要替中国开出路，还是要推行商业化的社会组织，即称之为资本主义也好、社会主义也好，首先则应确定私人财产权利，然后下层机构里的各种因素才能加减乘除，然后全国才能逐渐进入到以数目字管理的阶段。目前大陆各部门已开始朝这方面前进。例如证券市场之开设，破产法之被提出检讨，保险事业之抬头，而尤以最近提议承包土地耕作人得将承包权利价让于人最为重要。不过，开创伊始，各处互相矛盾，其缺乏联系则为一般状态。

如此，今后大陆中国只能更将其经济多元化，增强工商业成本，积极的投入国际市场。因其规模之大，我们不相信其国营事业可缺乏民间企业的第二线、第三线支持。而此时，如仍缺乏私人财产之稳定性，其上层机构的事业就加不起来。不仅十九世纪的自强运动是在这种条件之下没有后果，即我们翻阅历史，十一世纪王安石变法，希望将财政片面商业化，还是因为没有民法和商法的支持而宣告失败。

所以从各种迹象看来，大陆的体制只能更和台湾的体制接近，不应当相差更远，但是我们说"用数目字管理"究竟采用何种数目字，还要看实际情形，在摸索中展开。这也就是说，大陆的财政税收政策还只能按实际情形逐步定夺。同时经济之现代化，则不能保证不受国内外不景气的影响。如果在这时间引起政治上波折，也并非不可能。

可是我们总希望台湾的朋友们，增加自己的乐观和自信，因为你们已经站在历史的前端，大陆经济改革有成果也是台湾方面的好事。因为你们纵使"反攻"大陆成功，也要采取类似的步骤。我不主张接受统战诱导，但是在能掌握自主权的条件之下，可以稳健的增加两方的接触。我想这也是蒋先生的遗志。

我年轻时亲身亲眼看到内战的展开，也有亲友在两方之中牺牲，我不敢说他们家人的悲痛可以一笔勾消，只好希望他们体会到历史长期的合理性，知道死者没有白死，从此中得到一种安慰。蒋纬国将军也是我们在驻印军的资深僚友（senior officer），我也以同样的心情悼唁，并向其他台湾的长官和同事问好。

原载《中国时报》1988.1.15

我们的问题，我们的思考

中国与日本现代化的分野

中国历代都在追求全国的对称与均衡，在社会上构成了不少阻碍经济发展的因素。

我们所谓一个国家的现代化，无非是从过去农业社会的管制方式，进入以新型商业条理为依归的管制方式所产生之后果。这不仅是一种政治体制的改革，而且要透过社会的各阶层。当中各种经济因素都能公平而自由的交换，这个国家才能进入"可以在数目字上管理"的境界。

大凡管理人类的方法，基本上只有三个：一是精神上的激动，以神父牧师和政治指导员为主。二是以武力和警察权强之就范，以军队、法庭为执行的工具。三是策动个人的私利观。当个人都趋利务实时，就不期而然的产生了一种新的社会秩序。虽说没有一个国家只执着以上的一种方案而置其他两种不顾，但是很显然的，以第三种方案为主，即促进各种经济因素公平而自由的交换，最有实效。这种体制既能越做越大，而且经济效率提高之后，生产与分配愈合理化，人民的生活程度也随着增高。

又因社会上分工合作的条件愈繁复，个人也有选择的机会，人与人间的关系成为多元。施政时又以数目字作根本，则免除了以私人人身关系作主的暧昧游离。凡此种种后果都使这个国家与社会产生一种流线型的观感。

可是一个国家和社会能否进入此种体制，并不全由意志作主。它与地理条件和历史背景有不可分的关系。从世界史上看来，现代化之程序先由人口少面积小的国家开始，如在欧洲由义大利的自由城市发动，又由海岸线长的国家渐及于大陆性格的国家，荷兰与英国就较法国占先。日本较中国占优势，大体上已由这地理的环境决定。

日本的现代化以明治维新为最重要的里程碑。然则维新之前的一百年，社会体制已向商业化的路途上演进。德川幕府管制之下，全国承平，武士阶级已失去他们原来的用途。各藩"大名"则在各地成为带着竞争性的农业生产者。他们多在大阪设有指派的商业经理，称为"藏元"，其堆栈则称"藏房敷"。同时由于幕府的各项规定，江户（即日后之东京）、京都和大阪已成了全国性的消费市场。批发商则称"问屋"，同业公会则有"株仲间"。银行业也由幕府督导下的"十人两替"和"三人组"承当。海上交通又有了"回船"的出现，不仅有定期航线和固定的脚价，而且将船货漂失的损失，分摊给组员之间，等于兼办海上保险。

及至十九世纪初期，幕府和各藩之间展开了所谓"天保改革"。各处减轻赋税，扩充公卖，以特产作为担保，发行票据，整理公债，使商业化的趋向愈为明显。因之明治维新之后顺着这历史上的潮流，新建设和新措施持续展开，已成为一种有组织有体系之运动，所以事半功倍。

中国不仅没有如此历史上有利的背景，而且历代都在追求全国的对称与均衡，在社会上构成了不少阻碍经济发展的因素。譬如说宋儒朱熹执行"人子不蓄私财"的原则，几百年后还在社会上构成"清官不问家务事"的风尚，使私人财产权无从确定，阻碍了现代法律的发展。民国成立之后，既无适当税收之来源，足以产生一个有效率的政府，况且又受外强不平等条约的压迫，政权的独立自主尚成问题，更不容易谈到突破环境创造新体制了。

台湾的机会与困境

台湾现行很多工商业的规定，不由法律作主，而仍是沿袭行政机构所颁的章程。

台湾在十九世纪后期，农业已有片面商业化的趋向。日据时代，这种趋势仍在继续，如糖、米、樟脑和茶业已向日本输出。显然的，光复之后因内战的发展使全岛处于战时体制，很多特殊的措施才能超速的付诸实施。譬如一九五三年的"耕者有其田法案",不仅使贫农的生活获有保障,而且强迫将农业里剩余的财富投资于工商业。一九八八年我到基隆附近的乡下巡视,就知道了电气已在一九六〇年间就进入农村。当地的田地仍由家中中年以上的人手耕种,年轻人则在台北市里另有工作,只到星期天才回家休歇。这一点很重要,因为中国历来的问题,不尽在人民失业,而是就业的程度不够。

台湾接受美援之后,先不注重有名望的超级工业,而以"加工"的方式,将劳动力当成资源向外输出,以存积资本,这样使农村经济与城市经济交流,先构成了低层巩固的基础。以后的发展,就有了根据。

这当然不是抹杀最初大陆来的移民胼手胝足垦地开荒的功绩。只是若问到"特别有利的机会点",我不能不尊重这些特殊环境下所遗留下来的积极性格。

此外要讲到一九四九年后,由大陆迁移过来的人才与师资的重要。今日台湾有十九所大学,留美的学生,至今与中国大陆的全部留美人数相当,每年又出版书籍两万多册,这些因素对现代化的贡献,都不可忽视。再有水运之便利也不能不提及。如果花莲的大理石摆在大陆之腹地,就难能对外推销了。

我把现代化与资本主义之展开视作两位一体,是从技术角度看资本主义,不是从意识形态的立场看资本主义。所以我会注重资金广泛的流通,经理人才不分畛域的雇用,和技术上的支持因素如交通通信、法庭与保险事业等的全盘活用。这也就是上面所说的，各种经济因素要能公平而自由的交换。要是一个国家进入这境界，也就称得上是在数目字上可管理。

在这种大前提之下，资本主义与社会主义没有质上的区别，只有程度上的不同。如果其组织以私人财产为主，以致私人财产在公众生活之中，占有特殊之比重，则可以视作资本主义。如果注入公众之资本，又使私人资本之使用受社会福利的限制，则为社会主义。

现在我们还停留在一种名目混淆之际，如果要和很多国家所标榜的社会主义对照，则台湾现行的体制下，个人有投资与就业之自由，应为资本主义之社会，可是政府开设银行，主持国营事业，掌握着交通、通信的设备，现在更展开"六年国建计划"，就免不了沾染着社会主义的性格，至少也可与斯堪地那维亚的国家，如瑞典之体制相比拟。

我所学的是历史，虽来台湾数次，却来去匆匆，不能对此间的问题有深切认识。只知道现行很多工商业的规定，不由法律作主，而仍是沿袭行政机构所颁的章程，亦即是尚未构成一种社会习惯，使行政长官亦当向法律低头。这样很容易重新再造中国传统上官僚主义的作风，也就是官僚机构，以保持本身之逻辑的完备为依归，而忽视问题之本质，逐渐使本身的机构僵化。

此外政党政治刚展开，个人尚未思考对人民有何贡献，即先利用机会作争夺权力的凭借，已受到中外新闻界的指摘。既然提到检讨，则光是批评仍不够，应当从这些问题的根源，找到改正的方针。

中国历史的规律、节奏

> 现下最重要的工作就是在交换与经营之中创立法制，使一切能用数目字管理。

中国这个概念究竟应该是个什么样的东西？这个问题，我想可以分几个层次来说。

过去的中国因为防洪救灾以及抵御北方游牧民族之需要，就在技术尚未发展之际，先造成一种中央集权的体制，以致用仪礼代替行政，以纪律代替法律，政府离不开特殊的宗教性格，是一种政教合一的统治形态。当中教条主义浓厚，国家与社会凝合为一而不可区分。这样的体制在旧时代里不是没有它的积极性格。

但在承继这文化传统的过程里，台湾本省人之祖先与大陆同胞之间并无轩轾，因为这种体制只注意以家族为单位构成政治上的向心力，不鼓动各地域各就其特点及经济上的长处发展，即使如是的发展，也不足以让它作为造成分裂局面之根据。哈佛大学讲授东亚史的专家赖世和及费正清，在他们合著的教科书里即强调这种注重伦理和教育之长处。他们也提出罗马帝国崩溃之后，无从再造；中国自唐朝以来，却成了"一个几乎无可毁灭的政治单位"。

可是自鸦片战争以来，这种体制的弱点逐渐暴露，因为它注重形式而不注重实质。在"尊卑、男女、长幼"的社会秩序之下，人与人之关系为单元。又因为这种体制忽视个人之经济性格，对于私人财产权没有保障，民法不能展开，以致整个组织缺乏结构上之坚实性，也因此无从发挥功能上的机动能力。迄至世纪之末，满清君臣还企图局部的修正。实际上的问题之大，牵涉之多，有如让一只走兽化为飞禽，非脱胎换骨不可。

民国肇造以来仍然万事纷纭、了无是处，乃因为当日宪法、约法都是纸上文章，所谓内阁议会也是社会上之外界体。实际上旧体制业已崩溃，新体制尚未登场，军阀割据无可避免，因为过渡期间只有私人军事力量可以弥补组织上的真空，而这种私人的军事力量以个人间之私交（或是装饰门面的忠信）作联系，也很难在三两个省区之外生效。

在这种情形下，蒋介石和国民政府因借着北伐与八年抗战，替新中国创造了一个高层机构，包括新型的军队在统一的军令下作战，因为一切都是无中生有，所以缺陷重重。他的门面既是千扯百拉勉强拼成，尚无适当的财政作支援，而下面的农村组织也仍是和明朝接近，和外界的二十世纪距离远。也只有在这种情形之下，毛泽东与中共，因借着内战与外界隔绝的机会，以土地革命的手段翻转了中国的低层机构。

在这改革的过程中，他们也不另设高层机构，整个的城市文化，尽量的挤斥避免，大部队只用无线电联系，干部的组成以会议的方式，代替永久性和职业性的组合（一九四七年华北四省在太行山的会议即有一千七百个干部参加，讨论了八十五天）。这样尚且牺牲了三百万到五百万的人命，才在中国农村中造成一个庞大的扁平体，初看起来好像隋唐之均田。

从以后的发展看来，则其在历史上的真意义在便于初期存积国家的资本，使农业上之剩余能转用到工商业上去。一九八六年北京国务院的一份非正规性的刊物即指出，中共执权的初三十年内，"隐蔽着农民的总贡赋"达六千亿元以上。

在上述程序之内，台湾与大陆的关系虽然经过各种"正反离合"的阶段，最后的结局，仍有殊途同归的趋向。尤其在中共开放门户，接受外界投资，创设个体户之后，私人资本之门一开，不可能再整个退缩，恢复到毛泽东时代，以意识形态左右一切的状态中去。最近纽约"时报周刊"的一篇报导，即指出过去两年来北京高倡增强中央管制，执行经济紧缩，而实质上则仍是市场经济的继续扩大，证券市场开放，和金融机构的多元化。可见一种经济组织既已逐渐成形，当中的因素有公平而自由交换的可能，则个人依自己的私利观去做，是一股蓬勃的力量，不再容易被任何意识形态阻挡。现下最重要的工作就是在交换与经营之中创立法制，使一切能用数目字管理。

再回头针对这个问题：中国到底是怎么一个东西？

我可以概括的说，中国过去是一个大帝国。但是中枢不赖武力及经济力量操纵全国，大部分时间靠文教的力量统御。最近一个多世纪，中国有一个空前未有的群众运动，也可以说是一段长期革命，一切都在流动状态之下。因为革命的过程业已超过一般人生命之长度，通常不容易看出当中的端倪。我们要把远古史里和西洋史里类似的例子拿出来比较，才可以看清表面上的漫无头绪。宏观看来，中国历史仍有它的规律与节奏，其目的是脱胎换骨，使中国能在数目字上管理，融合于世界的潮流，即完成所谓现代化。

放眼未来，我觉得我们应当承认中共之成就，但是不接受共产主义。我认为他们的共产实为"战时共产主义"（Wartime Communism），不能在平时存在。在这种大前提之下可以尽量的交往，先有文化上的接触，经济上的往来。并且希望在不久的将来，能因非正式的接触造成例规，成为一种法制性的联系，只要双方果真为国为民，则名分问题不应存在，统一的工作也没有时间表。

原载《联合报》1991.12.31

关于蒋介石日记之二三事

　　一九四六年春天国军击败林彪占领长春后，蒋介石于五月三十日莅临大房身机场召集国军团长以上军官训话，并与各人单独摄影。那天我也在飞机场参与担任警戒，不知如何他专机上的人员和地面上缺乏联络，他也没有经过侍从开道引导，径自单独一个人在我眼前走过。他这时候距我不过三四尺，一面扫视着迎接的人员，一面喃喃自语："好、好、好。"这数秒钟之内我有了一个不为统帅注视而单独在旁静眼观察他的机会。他面貌清癯，步伐并不十分稳重，显然是一个极端敏感的人，却绝对的受自己意志力支配。是以内情紧张，外作镇静。这两种力量之平衡，影响到中国多少亿人几十年的命运，那也怪不得有些人要把他形容成为一个天人和神人了。只侧眼旁观，我已无从否认一种无可形容的神秘力量之存在。

　　作为一个历史研究者，我不能把他视作天人神人（这也是我直称他为蒋介石而不用尊称的原因）。可是我极想知道这神秘性格之来源。过去我曾有机会与跟他人身接近的如董显光、朱世明、曹圣芬、陶希圣和郑洞国诸人对谈，略识蒋之性格；可是侧面之观察，言人人殊。而且也只及于一时之表现，而不及于特性之由来。

我深觉得如果有机会参阅他的日记，必可解决中国现代史上不少的问题，可是至今无缘见及原件。现经传阅之件不仅经过选择，而且有了修改。刻下三种不同的资料有两种原供国民政府内部人员参考，一种为对外宣传之用，初看起来至难引为客观而可靠的历史资料。

可是要将现已公布日记中各段落仔细比较，前后对照，并且参引业已证明之事实，并和旁人所留下之纪录综合分析，却仍可得到不少的启示。

中山舰事件

比如说一九二六年三月十九日至二十日广州发生"中山舰事件"。事后蒋坚持是汪精卫与俄顾问协同，预备将他劫持，绑赴中山舰送往海参崴。结果蒋先动手，夺取中山舰，反将汪放逐，于是蒋集党政军大权于一身，完成北伐前的准备。近人研究，汪精卫无意诱蒋，只是与蒋不相得，乃以军事委员会主席资格表示蒋在广州不受欢迎，希望他自去，恰巧此时中山舰来往广州黄埔间形迹可疑，引起蒋之猜忌，于是他采取行动；事后案情大白，他却无法认错，只得坚持计诱绑架之说。

现已公布之蒋日记亦未认错，却有好几处侧面与后说符合，例如当年三月二十日有"下午五时往晤汪兆铭"的记载，三月二十一日又有如下一段：

> 上午拟致汪缄，未成稿。自谓："既不愿以伪侍友，又不能以诚罄我，故苦思难以执笔。"傍晚访汪病，见其怒气犹未息也。

他在前一日已见汪，当日傍晚又再见汪。为什么还要写信给汪，并且"苦思难以执笔"？"既不愿以伪侍友，又不能以诚罄我"，亦即是如不说谎，则只有自己吃亏。如果汪精卫真有绑架的企图，那他又何必两次去访问？那汪精卫还凭什么可"怒气犹未息"？而且蒋尚在低声下气的迁就他？

一个月之后蒋发表谈话，提及"中山舰事件"则说："但这要等我死之后才可以完全发表，因为这种内容太离奇太复杂了。万万想不到的事情，都在这革命史上表现出来。如果我不是当着这件事的人，我亦不信这件事情。"同时他也说及："你们只看法国大革命史，就可以晓得这回事情。"

蒋介石的作风及性格

数年前我在电视上看到黄埔第一期学生黄维（淮海之役被共

军俘虏）发表谈话，称蒋为"一代伟人"，可是他对人的办法出于一种陈旧的方式，然则黄没有见及廖仲恺被刺前的蒋介石与他的通信说及夺取政权与实行主义系两回事，而且当时需要作主者为"中国式的政治家"。怎样成为中国式的政治家，平日不以权利与义务的区画造成体系，而以人本主义（humanism）的条件构成罗网。私人恩怨成为组织中之要素，作为一个领袖却又要有"宁可我负天下人，不可天下人负我"的胆识去保全革命的实力。其实这一切虽未经蒋介石公开提倡，却已见诸其笔墨，有如"权力可以粪土，责任可以放弃乎？生命可以牺牲，主义岂可以敝屣乎？"（一九二六年三月十九日日记，甚可能事后修订。）"今而知革命心理皆由神秘势力与感情作用以成者，而理智实极微弱条件。"（一九二六年三月三日日记）"政治生活全系权谋，至于道义则不可复问矣。"（一九二六年三月二十六日日记）。

蒋介石至为景仰的一位人物为明代万历年间首辅张居正。张之所以能作非常之事乃是自视"己身不复为己有"。换言之，既以天下为己任，则不再拘泥于名节，这已不是投机取巧，而是以天下为己任的一种至大的牺牲。

蒋介石富于幽默感，年轻时放浪不羁，有做游侠浪人的倾向，一九二三年他自记"某日晨醒，自省过去之愆尤"，当中一项为"为人鄙薄者乃在戏语太多"。于是才立志重新做人。又直到一九二四年他奉令创办黄埔军校后他写信给胡汉民与汪精卫，尚自称"五六年前懵懵懂懂，不知如何做人"。以后批评他的极端攻击其伪善，恭维他的则极端的赞扬其虔诚。其实两者都未全错，可是彼此都只说及蒋之一面。

蒋一生行止之最大出处为代表改造过程中之中国。其所牵涉既已如是庞博，又值新旧交替之际，则不可能以"善恶"两字形容。我今日披阅他的文书，尚有情形特殊、时间紧迫和可能采取行动范围窄狭之感。所以我主张评论他之前先将他的行动与当时社会环境权衡，再用当中矛盾复杂的情形，推测他下决心时之心境。

我的经验，蒋之行事常缺乏前后连贯之逻辑，很多情形之下亦非其本愿。一九四六年国民党特务人员杀害西南联大教授李公朴与闻一多，引起中外舆论攻击，杜鲁门去缄向蒋质问。很少人提及的是蒋因此下令枪毙云南警备总部特务营第三连连长汤时亮及同连排长李文山。当然两件坏事不能成为一件好事，这处置却暴露着蒋的矛盾与彷徨，蒋日记里也间常暴露他自己缺乏行动自由之痛苦。

我现今过目之蒋日记只有三个部下，受到他的赞许，此为汤恩伯、薛岳及戴笠。汤能揣测蒋之心理，为国军其他将领不齿。戴笠担当秘密任务，蒋称之"热心可嘉，实不愧为革命之信徒也"，写在戴飞机失事之后，此已不足为奇。但是薛岳具独立性，不受驾驭，西方之观察家常把他写成一个与蒋分庭抗礼之人物。蒋在一九四三年冬常德战役时记下："此伯陵（薛岳字）之所以能为健将也，殊足慰焉。"可算是出人意外。

没有全盘计划的抗战策略

从蒋日记看来，他的决心全系自己所下，他不受任何人支配，可是我们亦不能因此称之为独裁者。他在战时自兼四川省政府主席、中央大学校长、农民银行理事长，尚且又系中央、中国、交通、农民四银行联合办事处之主席。从这些职衔看来并不是蒋爱亲理庶政，而是中国社会尚未进化到现代的阶段，尤以大陆之内地缺乏工商业组织，无完善之税收制度。新式之银行机关学校，摆在千万个旧式农村之上，统成为社会之外界体。举凡内政金融教育亦不知如何互相协定。换言之，蒋介石所指挥的三百万至五百万军队（实际人数尚在估计中）为中国社会历来所无。亦即是蒋缺乏适当之社会架构在后支持他的军事，因之他只能自己挺身而出代替组织制度之不足。

战时外交也系蒋亲自主持。他之信任宋美龄及宋子文，亦只倚之为舌人及传话人。他的立场乃是"军事外交，在在堪虞，稍一失着，则崩溃可立至"。（一九四一年十月十日日记）因为他不倚靠职业性之外交家（这并不是对他们无礼貌，他亲笔信给郭泰祺与顾维钧，称之为兄，自署为弟），有时失算。

一九四三年开罗会议期间蒋令宋美龄拜访罗斯福，蒋夫人即提出借款十亿元，蒋夫妇均未悉罗斯福不说不字轻易应允之习惯，以为借款到手，当日下午蒋又偕夫人亲自再往罗处致谢。回国后更以政府名义颁发宋美龄青天白日勋章。但罗斯福见蒋后即告其子伊利奥调蒋为机会主义者，只是无其他人可以代表中国可与之合作，及罗往德黑兰见史达林后再莅开罗，更与史迪威谈及如蒋不可靠则当物色可以替代之人。而蒋夫妇犹以为借款有望乃将正式要求提出。适值此时，由英国策动取消原向蒋提出以两栖部队反攻仰光之计画。蒋因此计画取消亦不愿反攻缅甸。此两事同时发生，经过史迪威等渲染，即在华盛顿产生传闻，谓蒋借辞要挟，如取消两栖部队攻缅则须贷款。如既不攻仰光，又不供给款项，则中国亦不出兵。此传闻给蒋造成极不良印象，不仅借款不得，反使蒋失去不少美国亲华人士之支持。

从蒋之日记看来，他主持抗日战争始终无全盘计画。最初向上海日本据点进攻，希望给对方至大之损害，亦未注意防范日军在金山卫登陆，及至敌登陆成功，则苏州附近沿太湖区域所筑国防工事均弃而未用（李宗仁之《回忆录》谓撤退部队找不到锁工事之钥匙，但看来此系搪塞解说），直至对方即将兵临城下，犹谓"南京孤城不能守，然不能不守，对国对民殊难为怀也"。（一九三七年十一月二十六日日记）可见得此问题未有既往之筹谋。

他在南京失守之前曾写出："抗战最后地区与基本战线，将在粤汉平汉两铁路以西。"（一九三七年十一月十二日日记）此种想法言之成理，可是至此并未有在该地区作长期战之配备的计画，而且不止此也，翌年九江未失守前，国军在彭泽附近反攻局部胜利，又燃起他的乐观情绪，他已希望在江西阻截日军攻势。日记云："鄱阳湖与庐山自宋明以来皆为我民族复兴最后胜利之地。民国十五年国民革命军与孙传芳逆军决战亦在于此，遂以奠

全国统一之基。今次与日寇在鄱阳湖决战，若果得胜利，则为基督在冥冥之中保佑中华复兴之效也。"（一九三八年七月十八日日记）

至此他又望在江西决战，而推翻以前在南北铁道干线之西决战的想法。

有了类似之矛盾以及上述暧昧的地方，蒋介石经常为盟邦人士轻视；不少崇外之华人亦不以他为然。

中国长期革命的一个阶段

我自己只为内战后国军溃败流落海外重新上学，从此对世界史有了最基本的认识，又回味到年轻时，当下级军官时的耳闻目见，更加以以后将近半个多世纪的历史之纵深，才领悟到蒋介石一生作为只代表中国长期革命的一个阶段。中国并非先组成一个现代国家才对日作战，而是借着对外战争开始组织一个现代国家。

蒋介石做事不能有条理，他的处置无从以数目字做主，因为他尚未掌握到一个现代国家之资源。抗战不及一年国军被驱入内地，所在工厂数只有全国原来稀少的工厂数百分之六，发电量只有全国百分之四。迄至一九三九年只能年生产钢铁一千二百吨，以后迭经资源委员会的经营增进，至一九四四年仍只年产万吨（现今大陆每年用钢材九千万吨）。国军情形，简单说来，较外国新闻记者之揭露尤坏。

所以胡适说："中国是一个中世纪的国家。"汪精卫说："此仗如何能打下去。"都有实际之背景。而蒋廷黻谓中国人洞悉外洋情事而不明了本国内地实况，尤为一针见血之谈。

当日国军之大部尚系军阀部队拼凑而成。蒋只能以人本主义之办法应付部下，此因新社会尚未产生，只能沿用旧社会习惯。李宗仁之《回忆录》里提及他见庞炳勋时即称"你是老大哥，我是小弟，本不应该指挥你"。如此以私人关系驾凌军纪及权利义务之上，实为一般现象。据实写来即有如《三国演义》。我当少尉排长时即须与部下班长勾心斗角，稍不留意，我的指导权即会落在他们手中去。我曾在台北及哈尔滨两次学术讨论曾提及当日实情："半似丐，半像土匪。"

我曾在书刊写出：抗战期间我带着三十六个兵已经提心吊胆、夜不成寐。想着我们的师长领着四五千这样的兵，担任横宽五十里、纵深百余里的国防，依然安枕而卧，谈笑风生，已经令人佩服。而最高统帅倚赖着三百多个这样的师，竟与日军百万作战八年之久，实在是不堪想像。当中必苦肉计有之，空城计有之。这样看来，蒋介石实在是一个传奇性的人物。是他后面有卢梭与黑格尔所谓"公众之志愿"（general will）的支持？还是他之成为最高统帅、中国的领导人，全是命运的错安排？

过去两年来我翻阅蒋文件之副本发觉，这些资料虽然经过裁剪与修改，在以上情形看来仍能对我们的问题作初步的解答。所以我甚想称我书为《蒋介石粗传》或《蒋介石初传》，亦即初步作传，将已知事实粗率写出，只及于历史为何如是展开，不及于历史应当如何展开。

我希望读者对他下道德之评议前先注意他亲身之所经历。

原载《历史月刊》78 期（1994.7），页 117—121

《赫逊河畔谈中国历史》开场白

我住在纽普兹（New Paltz）的一个村庄里。这地方靠赫逊河（Hudson River）西岸不远，是纽约市及纽约州州会奥本尼（Albany）公路上的中心点。这村庄在一座小山之上，四境土地呈波状起伏。地质的主要构成因素是页岩。页岩也称泥板岩，原来是由泥土经过高度压力而成，状似灰黑色石块，只是质地脆弱，一碰就碎。它特别恼人的地方是到处都有，即使是挖一个阴沟，或是整理一处地基，也都会碰到它。一九七三年中东战事爆发，原油价格陡涨。美国又在前一年将小麦及玉蜀黍大量廉价卖给苏联，所以这时候自己供应不及，物价直线上升，甚至影响到面包、肉类、蔬菜的价格。我们靠薪水收入的家庭无一不受其苦，于是很多主妇都自行种菜。一时间每个家庭后面原先用来栽花种草的空地，都成了菜圃。我们家也跟着照办。一年之内，我们吃了不少自己种的小白菜、丝瓜和西红柿。可是开掘泥土，要弯身用手铲，我和我太太的皮肤，都被这页岩割破，连种菜用的小刀、铁铲，也折损过半，花费时间不说，加上喷水除莠，及支付水费，还有种子、肥料、防虫剂的本钱，则所省也无几了。所以一到第二年市场供应情形好转，我们这自动下放做农民的兴致又直线下降。过了不久，村里人人掘土家家种菜的风气也稍歇，一方面显示了一般美国人趋向时尚、见异思迁的习惯；另方面也确是经济力量的驱使。合于利则行，不合于利则止，无从勉强。

但是纽普兹虽不是种蔬菜的地方，却是种苹果的好地方。可能因为此地的阳光水分温度，都和苹果相宜吧！而苹果树根也有能力透过页岩层吸收地下的水分及滋养。所以这村庄十里内外到处都是苹果树，成为本地最重要的资源。苹果树不能持久，几年之后，就得砍去，另种新苗，不管是砍伐树干、或是喷射防虫剂，都是打电话找专人来解决。所以种植苹果虽属农业，但却无异于商业经营。而最值得注意的是：一到收获的季节，即有承包商以巴士将摘苹果的劳工大批载来，男女老少都有，他们都是中南美洲人，操西班牙语，也只有工头才能带领他们。食宿问题，都自行解决，不惊动本地居民，并且来时即工作，苹果摘完装箱后全部员工即时离境，爽快利落。纽约的苹果，行销各州，也等于加州的橘柑、佛州的橙柚一样。因为交通便利，各超级市场又大批整买，统一倾销，所以各处价钱相差无几，我们就算近水楼台，也不一定能够廉买。

一个敏感的读者看到这里，就知道以上所说不仅是纽普兹和苹果树的情节，而是勾画着一个资本主义社会的样态和做事的程序。

我在这村庄内外散步的时候常常想起，要是在中国南方，纽普兹的土地必定也要大部开拓为水田。一方面要堵截山上的水源，一方面要汲引山谷下的水来灌溉低洼地带的田地。这页岩也只好一块一片的用手清除。这样，人民的生活怎能不艰难？用我们自己种菜的经验，也可以想像到中国农村经济情形的一般了。那么中国为什么不及早实行资本主义？

这是一个非常复杂的问题。要用很多层次，才能解释得明白。

第一点，一个国家的历史，与它天候地理有很密切的关系，加上很多事情时间上的汇合（timing）。中国因为天候地理的需要，初期统一，实行中央集权，政府扶植无数小自耕农作为当兵纳税的基础，所以人口密度大，农业的特征是高度的精密耕作，主张各地自给自足，视粮食生产为主业，其他都为末业。从战国到汉初，这些条件还可以当作一时之策，但是经过两千年接续不断的维持，上述诸条件，都已成为中国文化的一部分。不仅法律和家族制度支持这些经济条件，就连科举制度和社会习尚也都支持它。即使在明末清初，可能在中国发现一处像纽普兹的土地，也不一定能让它十里内外一体植苹果。即使种了也无人整批购买，无法集体采摘推销。我们还从各地方志上发现历史上有些"好官"，看到民间种植栗子、烟叶、棉花等商品农作物，竟命令立时拔去，改种稻粟，可见得这种历史上的大问题，牵涉到技术及思想者各居其半。这里面有很多根深柢固的因素。

美国开国之前，为英国的殖民地，纽约州在英国势力尚未巩固之前，尤其赫逊河畔一带，尚是荷兰人开拓的地方。这地方地广人稀，它的历史有两个特点值得注意：一、是土地所有权集中，后来经过无数分割买卖，才有今日的形势，但是农场和园圃，仍是以两三百英亩为单位，不像中国一亩两亩支离破碎（中国一亩约等于六分之一英亩）。二、纽约及新泽西州有些地方是清教徒移殖之地。纽普兹村庄则是十七世纪法国新教徒"休京拉"派（Huguenots）所草创，在政治经济的意义上讲，当日新教徒即已象征着一种反抗中央集权的趋向和运动，"休京拉"派尤其尽瘁于各种新兴企业。所以这些立场，都和中国传统相反。美国大规模的内部改进（internal improvements）即是联邦以公款修筑公路发展交通通信事业，尚在十九世纪初期，和现代科学技术的展开并行，纽普兹的果园也在这时候创设，所以能利用这优势的环境。

但是以上是一个特殊例子。要整个检讨资本主义何以未能实行于中国，我们还要从这些背景因素之外，看清资本主义本身的特质。

严格言之，"资本主义"（capitalism）这一名词，至今没有公认的定义。亚当·斯密仅仅提出在增进人民的财富时，"商业的系统"优胜于农业的系统。马克思虽在著书时称"资本家"及"资本家时代"，也没有引用资本主义这一名词。我倒觉得英国历史家克拉克（Sir George N. Clark）所说，最近性理。他说："用资本主义这一名词，去概括现代经济制度，是十九世纪中叶社会主义者所创行的办法。其所解说的一种社会形态，内中最有权威的乃是拥有资本的人。"

什么是现代经济制度？以纽普兹的情形为例，我们也可以看出其中有三个基本条件：一是资金广泛的活用，如果我们彼此有剩余资金，必存集于银行。银行即将之挪借投资，此来彼往，资金永无休歇之日，有时出进之间，尚产生虚数，形成信用膨胀。二是产业所有人雇用经理，他营业的范围，超过本人及其家属足以监视的程度。三是属于服务性质的事业，有如交通、通信、保险等共通使用，用之商业活动之所及，又超过各企业自办自用的限度。这三个条件之所以能充分发挥，乃是商业信用（trust）业经展开；而信用则必须有法律在后面支持。倘不如此，谁敢把成千成万箱的苹果，凭一个电话的指示，运给几百里外的收货人？又有谁敢开银行，将存户的款项贷与果场的主人，让他去安心经营，等他收获之后才算账还债，况且这果场主人的地产有一半还典押在债权人身上？

因为这现代资本主义制度是由以上三个条件所造成，它必然成为一种组织和一种运动。西欧资本主义推行的时候，就需要由国家以商业性的法律，逐渐推行到全民。不仅遗传法、破产法需要符合商业社会习惯，甚且对监守自盗者的处置，虚枉欺骗者的惩罚，与强迫履行合同，都要能切实做到。因为这些法律同时也施行于商人集团之外，所以农业组织也要向商业作风看齐；这不是一件很容易的事，即在西欧，因为这一套新制度与中世纪宗教思想和社会习惯大相径庭，所以也曾发生过无数的冲突。我们也可以说，很多趋向现代化的战争和革命，都与此问题有关。如果我们不用意识形态的字眼，单从技术角度检讨这段历史，也就可以说资本主义如能推行，社会里的各种经济因素（包括动产、不动产、劳动和服务）都要能彼此互相交换，私人财产也要有绝对的保障，然后这社会才能在数目字上管理（mathematically manageable）。再简洁言之，即全民生活，都听金钱制裁。国家订立财政税收金融政策，即已包括道德观念和社会习惯在内，在执行时，除非立法错误，不能临时在半途又撞出一个道德问题。这样才能符合韦伯（Max Weber）所说："现代合理化的资本主义，不仅要有技术上生产的能力，而且还要有能让人预为筹算的法制，以及经理上正式的规则。"

西欧资本主义的最先进者是威尼斯。因为它是一个自由城市，处于一个海沼（lagoon）之中，受大陆的影响轻微，中世纪后，当地贵族都变成了重要绅商，或者受政府津贴。全民十万口左右，壮龄男子，都有服海军兵役的义务，陆军倒以雇佣兵（condottieri）为之。重要商业又系国营，城中咸水又不便制造，于是尽力经商。虽匠役寡妇，也可以将蓄积加入股份（colleganza），水手也能带货。这样一来，一个国家就是一座城市，这一座城市又等于一个大公司。民法与商法，也区别至微。《莎氏乐府》里面的《威尼斯商人》称两造合同预订借债不还则割肉一磅作抵偿，到时法庭就准备照约施行，虽说是夸大讥讽，暗中却已表示威城以商业性的法律作主宰，信用必须竭力保障的背景，这也可以说是资本主义真髓。

十六世纪之后，荷兰成为西欧资本主义国家的先进。荷兰正式国名为"内德兰王国"（Koninkrijk der Nederlanden）。荷兰不过是当日七个省中之一省，只是占全境人口三分之二，又负担全国经费四分之三，是商业财富的中心。内德兰经过几十年抵抗西班牙而独立之后，行联邦制，使经济发展前进的地区，照商业习惯管制，其他随现状改进，这样经过无数周折，而且荷兰的农业也重畜牧，不重谷物生产，与商业习惯接近，荷兰才能逐渐完成全国实行资本主义的体制。

　　继荷兰之后，英国成为杰出的资本主义国家。因为这国家农业基础强，它的"普通法"（common law）以农业习惯为基础，凡是以前没有做过的事统统不能做，所以相当保守。一到十七世纪，世界局势变化，英国也迭遭折磨，经过英王与议会冲突、内战弑君、改为民国、行独裁制、复辟及第二次革命各种事迹。今日看来，其症结在经济因素互相交换的程度不够，不能全国在数目字上管理，所以才引起宗教信仰、王权与民权种种问题。一六八九年"光荣革命"成功以后，即无此趋向，因为几十年动乱之后，下层机构中的地产所有权，逐渐规律化，上层机构也承认"议会至上"（parliamentary supremacy）原则。而上下之间，也有普通法逐渐容纳"公平法"（equity）的妥协方式，也就是一般与现代社会有关的问题，照商业习惯办理。这样一来，农业生产与商业交换并为一元，内地与滨海的距离缩短，一个国家可以像一个自由城市一样的简单紧凑，首尾相应；英国用这资本主义的组织做本钱，竟称雄于世界好几个世纪，进而逼迫世界上其他的国家照样仿行，正如克拉克所说，让资本家在社会形态中享有威权者。或者渗入国家资本和社会资本，相对的约束私人资本，成为社会主义。两者纵不相同，但在下述几点上是完全一样的：法律须保障私人资产，鼓励资本流通，经理雇用、服务性质的机构共通使用，促成互相交换使得全国能在数目上管理。

一九三九年毛泽东说："中国封建社会内商品经济的发展，已经孕育着资本主义的萌芽，如果没有外国资本主义的影响，中国也将缓慢地发展到资本主义社会。"这是一种没有历史根据的见解。资本主义除非确实的控制司法权和立法权，使政府尽其功能，支持商业信用，不可能说是已经在某一个国家立足。商品经济缺乏这种组织能力，也不能成为一种运动，亦即是无法孕育资本主义。称之为"萌芽"，实无意义。因为资本主义的形成要透过国家体制，又要社会全民支持，还常常影响到宗教和信仰，绝非"缓慢的"或者自然而然可以发育成长，前述三个例子以及其他尚没有提及的例子，除了威尼斯情形既简单又特殊外，其他无一不经过内外煎逼苦斗改革而成功。就是连威尼斯也因为它我行我素的与教皇冲突，多次被开除教籍，并不是完全没有遭受险阻艰辛。中国是一个大陆国家，几千年来重农抑商，所以改革尤难。

毛泽东称中国社会为"封建"，也待辨正。中国只有商周之间称得上是封建时期。明儒顾炎武说："封建之废，固自周衰之日而不自于秦也。"所以秦后统为"郡县制"，亦即是中央集权。中国古代封建，与欧洲中古之 feudal system 以及日本迄至近代的

"幕藩",虽然时代差异,组织结构不同,但基本上也有若干相似之点。此即是地方分权,倚赖军事系统作它自身的体制,爵位世袭,掌管封邑的贵族,不放弃土地所有权,既为地方首长,也是大地主。这与明清之中央集权,地方官由中枢派遣,重文轻武,土地零星分割,自由买卖,社会流动性大的情形可说正好完全相反。很多人之所以坚持中国近代仍为封建,一方面固然是便于因袭马克思阶级斗争的历史公式,另方面是认为封建代表着落后,而中国不管是周衰也好,明清也好,总是不合时代,所以用不着仔细计较。

殊不知中国近代的官僚政治(bureaucratism),表面上要较封建或日本的幕藩时髦得多,明清尤其是如此。日本在明治维新之后,照各地"大名政权"(即分藩的各诸侯)的办法抽收近百分之五十的田赋。新政府也发行钞票及公债,筹办实业,扶植私人资本,具有资本主义的色彩。但是维新后二十年,田赋所得仍占政府收入之最大宗,也就是说新政府能利用农产支持它的改革。中国的田赋,迄至清末,每年有三千三百万两收入底账,但实际上收支零碎,人民摊派或有余,而入库则不足。即算三千三百万两,以总数二千县计,平均每县不过一万六千五百两。县长的薪水通常接近二千两,其他薪给赍付上级衙门公费等,也只能维持旧型式的官僚政治。民国成立以来,田赋始终未对中央财政发生作用,政府缺乏适当的收入,为政局不稳的最大主因。这样一个世界上人口最众多的农业国家,竟不能从农业上获得适当的收入,实为世界历史所罕见。这种现象不能以"封建制度"这个名不副实的名词去冒充解答。况且依据各处方志所载土地分割使用，零星杂碎，历史家更不应以"膏腴万顷"、"田连郡县"等土地集中的假历史资料去搪塞（要是真的土地集中到这程度，问题就容易解决了）。

可是我写这篇文章的时候，已在一九八六年岁暮，上面所叙各种情节，大部分已像雨过天青般，随着过去的雷霆霹雳一扫而光了。读者只要闭着眼睛一想，中国在一九八〇年代一定和一九二〇年代有一个很大的差别。这差别的重点，即是历史上长期的合理性（long term rationality of history）。

如用另一种方法来解释：中国全面与列强冲突，始自鸦片战争。战事始于一八四〇年，距今一百四十七年，快要到一个半世纪。要是我们拿着这一个半世纪的历史分成无数细微末节，凭着片面的见解去分析，读来一定令人切手蹙额，总离不开愚人蛮汉做坏事的观感。可是把这一百多年来的事迹前后连贯起来综合检讨，则所得的印象，又会截然不同。好多事情，很像是接二连三的失败，但是实际上失败之后，中国国家与社会却又成梯度式的前进。这一百四十七年来最大的一个进步，即是当初中国完全不能从数目字上管理，皇帝也不知道和英国开战要用多少兵，人员如何调度，要用多少饷，钱粮如何筹措，到今日中国仍不能说是凡事即能有效的合理处置，但是至少已开始在数目字上管理。

现代战事及群众运动，要动员很多的因素。这全面动员之后，当初很多不平衡的地方，会因事势上的需要，趋向平衡。很多以前被掩饰的弱点会因之暴露。被阻隔的地方，因之而疏通。

其程序有时尚出领导人物意料之外。例如第一次世界大战开始时，可以说是大日耳曼主义和大斯拉夫主义在巴尔干半岛的冲突。可是终战之日，德奥既败，沙俄也败，需要善后的时候，几乎与当初威廉第二及尼古拉第二动员宣战的宗旨毫不相干。这主要是因为专制皇权（autocracy）跨地过广，组织不符时望，所以统被清算。第二次大战在欧洲爆发时，乃因希特勒要提倡他的人种优秀说，他还一定要替日耳曼民族，在东欧开辟一个"生存空间"（lebensraum）。可是这运动一失败，不仅纳粹人种优秀说瓦解，而且全人类平等成为此后世界公认原则，连那些没有被战祸波及的地方，也一体通行，殖民地全要铲除，不仅为希特勒想像之不及，也非张伯伦、邱吉尔所能预料。

中国近代历史的复杂，超过单纯的国际战争。但是历史上的大问题几经波折之后，要在实际的条件下找到适当的解决，则彼此都是一样的。近数世纪以来，世界上一般的趋势，是交通发达，技术进步；这潮流强迫闭关自守的国家门户开放，以农业组织作基干的旧社会实行改组，开始商业化。随着资金流通，经理雇用，服务性质的机构共通使用的原则，每一个国家才能将它内部公私的利益融合为一元。这种商业化的组织，随着生产进步，越扩越大，也绝不是坚持农业习惯，以狭义的平等的原则，作一成不变的组织所能阻挡。纵是后者能使其国民衣食无缺，其人民也不甘心在技术拙劣人文因素简单的条件下过日子。

我已经说过，一定要澄清今日中国的改革是资本主义或社会主义，已无意义。孙中山先生在六十多年前著书，就说及中国一方面固然要节制私人资本，一方面仍要扶植私人资本。因为这六十多年来中外的距离越来越大，今日的中国尤其应该扶持私人资本。即使以国家资本开拓庞大的企业，也仍不能缺少民间企业作第二线第三线的支持。要加强其支持，则必须保障私人财产，使一切能在数目字上管理。这程序已由事实证明，不容任何意识形态加以否定。这也就是前述历史上长期的合理性之一部分。

针对以上的情形讲中国历史，应当重新订正。

历史上的真人实事，是不会变化的（除非过去传闻错误，可能因新证据发现而修改）。但是资料的取舍，因果关系的布置，随作史者及读史者的立场而转移。著名的经济学史家熊彼德（Joseph Schumpeter）说过，历史家铺陈往事，最重要的任务，是把今人的立场解释得合理化。现在中国既然是雨过天青，假使作史者和我们一样相信今后国家的策略是将全面组织商业化，以便一切都能在数目字上管理，而所写历史却又离不开阶级斗争的立场，视资本主义为畏途，企图保持某种意识形态上的"纯洁"，那也就是自我作对了。

况且中国的历史，过去以传统官僚政治的目光进行编撰。我写的一本《万历十五年》已经揭载着这种立场的特征。总之，传统中国在技术尚未展开之前，因迫于环境，首先就实行了中央集权，因此下面的统计无法着实，各地区的特殊情形也不能全盘检讨，只好先造成一个理想的公式，笼罩在这亿万军民和犬牙相错的疆域上，所以真理总是出自上端，皇帝的面目为"天颜"，他的指示即是"圣旨"，丝毫不容辩白。官僚集团只要能维持他们彼此间互相承认的逻辑，对实情不一定要认真负责。道德既可以替代法律，礼仪也可以装饰行政。在这种情形之下，其所标榜的道德，也就浮泛而不着实际。用这种态度去修撰历史，我们今日无法全部因袭。

我认为，中国虽和西洋文化摩擦接触达百余年，直到最近才完成了可以在数目字上管理的条件，自此中国历史，才正式与西洋文化汇合。在这关头重订历史，首先就要把丛错的事迹，针对今日着眼，并且追根究柢，回溯到公元以前初期统一的原因，加入中世纪以后国家愈注重于内向（introvertive）及非竞争性（non-competitive）的端倪，又牵引到鸦片战争后想要改造的艰难，最后才归结到今日。这样草拟的历史，属于"大历史"（macro history）的范畴。作者不斤斤计较于所述人物当时的贤愚得失，而只注意他们的作为，透过中国法制与社会，遗留给后代的影响。虽然叙述中尽量提及"负面因素"（negative elements），然而等全部叙述完毕后，我们如果再回顾这两千多年来的历史，一定会叹赏中国人所创造的这一个政治经济系统之庞大。而且虽说改造艰难，却又在艰苦困难之中完成了改造的使命。这在世界历史中算是首一无二的事，古代文明之中，还没有另外一个国家或社会可以望其项背。我们根据全部事迹去赞扬中国文物的伟大，岂不要比掩错饰过、颠倒是非的赞扬要来得真切而畅快？写历史的人实应采取这种观点。

然而以我一人之力，会有能力修订中国两三千年的历史？我现在说的修订并不是研磋考证，而是将现有史料，重新安排，注入新的眼光，做这样的工作需要的不是才华，而是视界。因为我年轻的时候，在国军当过下级军官十多年，切身经历内地乡村的情形，也知道"壮士军前半死生"，实际是怎么一回事。以后又游历各地，凡本文提到的地方，或曾久居或曾暂住，总经耳闻目睹。最近几年，自己更亲临到被裁失业的危机，所以现在写历史，已经有了文题内外的生活作陪衬。凡所叙群众运动，饰过掩错，雨过天青，经济力量驱使等情节无一托之空言。至于书面上的知识，却只占准备的一部分。

这段"开场白"就此停笔，下文不久即见分晓。

原载《赫逊河畔谈中国历史》（台北：时报文化，1989）

《赫逊河畔谈中国历史》卷尾琐语

　　这一本集子收录了我在《中国时报·人间副刊》发表过的三十三篇历史文字，发表的时间自一九八七年年初到一九八九年夏天。所包括的内容自先秦至元末。其重点则在具体表彰中国历史有它的特色，前后连贯，通过各朝代及政治上分裂的阶段，各篇虽大致以人物传记之体裁为主，所纪事之影响远逾当时人之人身经验，积累之则与我们今日之立场仍然有关。

　　自明朝至现今的一段，原拟定也照同样体裁叙述，只因历史的进展成螺线式，愈至后端积累的分量愈重，内容也更复杂，其安排不容易保持文艺副刊的风格及篇幅的限制（即是现今各篇也有这样的趋势，经过《人间》前后编辑陈怡真及季季两小姐之策划才克服技术上之困难）。所幸已有《放宽历史的视界》（允晨，一九八八）一书，也由作者执笔，虽然体裁不同，其内容则概括明初至现今，总算能在时间上衔接，也可以当作本书之续编。

"开场白"里所说中国历史与西洋文化之汇合，则由《放宽视界》交代。于是也使作者避免了专学大人物之坏习惯的罪名，有如效法胡适先生著书只有上册不见下册的作风。

幸与不幸，"赫逊河畔"这一专栏经过《人间》问世之日，适值大陆两度学运起伏之时。天安门风波之后有朋友问及我的观感。首先即要申明我对中国现代史的三段看法至今不变。此即蒋介石及国民党因抗战而替新中国造成一种高层机构，毛泽东及中共因土地改革而造成一种新的低层机构，现今政权之主要任务则在借着经济改革重订上下之间法制性之联系，促成中国全面进入以数目字管理之方式。这样的解释已附入北京版《万历十五年》重订本（一九八六及一九八九两版）之卷尾。

从天安门风波之前后各方面所表现的意见来看，很多人士已经迫不及待的责成中共表现一个现代民主国家的政府之效率及风度，这种要求未及顾虑到历史上之背景，不免忽视技术上之困难。但是这次风波也暴露着几十年来用意识形态代替历史之后果。恐怕不少高级干部尚不能彻底明了他们自己在历史上的任务，才会用道德之名义去掩盖技术之不足。

作者已在不同的地方写出，一定要质问今日大陆的作风是否已渗入资本主义的性格或仍保留共产主义之旨趣，已无实际之意义。当今最重要的工作，即是使财政与税收商业化，因此必使民间经济也构成类似的组织，做第二线和第三线的支持。凡此只能从加强信用、固定私人财产权着手。本书已说及宋代王安石无法做这样划时代之突破，终至技术方面的成果被放弃，只有意识形态之抬头，可作例证。

历史为承前启后的一种纪录，如果其写作不针对现在之立场
着眼，即虽为原始资料，其观点业已过时；如果写来只有一片呻
吟嗟怨，满纸谩骂，也只代表作者和读者对历史的反应，并非历
史。今日中国大陆最大的毛病出自价格的双轨体制。有如一吨钢
可能售价七百元，也可能售价二百元。公营工厂的产品由政府收
买价格低廉，不合格的抛售于自由市场，反获利四倍以上（纽约
《知识分子》一九八六冬季号页五九），因之官僚采购"滥用权力
和忠于职守甚至无法区分"，其结果则是"三分权力经济，三分
关系经济，剩下来的四分才是货币经济"（北京《经济研究》一
九八八年第十一期页一九、第十二期页一八）。这种现象之由来
则是中共执政之前三十年的财政税收政策用"剪刀差形式"，以
低价向农民收买粮食，在配给市民的时候，也尽量的压低工资，
有了两头的克扣，才能不借外援，筹措了一个国家建设的基金，
亦即是所有的公营事业都带着一种津贴的性质。经济改革之后，
"承包到户"，才开始有了一种民间经济，也实用于自由价格。因
此"开头颅的不如剃脑袋的"，"弹钢琴的不如搬钢琴的"。仅是
产生了上述之怪现象，尚非当今政权之过失，但是不能着手解决
这种种问题，反用意识形态去包瞒阻碍事势之合理化，必无从
持久。

本书乃为一般历史读物，作者亦非经济专家，更深知经济改
革之风险，可是反面说来，现代经济之要义即为承担风险，所以
全面借债全民都"寅年用卯年粮"的去提前生产，提前分配，采

用新的科技。要是一个国家采取"千金之子不立垂堂"的态度也永远无法现代化。经济与财政发生双重体制，也不始自今日，本书已举出唐朝之宇文融、韦坚、杨慎矜、王铣，宋朝之王安石、蔡京与贾似道，元朝之阿合马、卢世荣和桑哥。即明朝之张居正和刘瑾，各人人品不同，职位相异，也蹈他们之覆辙。作者著书之目的既非迎合群众心理，更非讨好于少数人物，但是总希望有些实用之价值，即提供上述一点亦可见得中国长期革命之规模宏大，连最后之一段重订上下之联系也要打破一千多年来之习惯与作风。如果这样的一个观念能被广泛的接受，则作者已是心满意足。我们越是把过去不合时代需要之出处搬盘过来，愈能增加今人之勇气与希望。杰佛生（Thomas Jefferson）说："世界属于生存者（Earth belongs to the living）"，旨意在此，这也是本书的目的。

一九八九·八·廿一于美国赫逊河畔

原载《赫逊河畔谈中国历史》（台北：时报文化，1989）

关于《万历十五年》的三数事

二十年前时为一九七四。我得到学院休假，再度去欧洲，所著《十六世纪明代的财政与税收》在剑桥大学出版社筹备多年，临排印时又遇到意外之耽搁，但终于是年出版。有了新书的支持才敢于向哥根汉基金申请一年的奖学金，题为中国晚明的一个年头，旨在勾画当日朝政与社会相串连中之一个剖面；基金鼓励创造，我的立案与一般不同，符合应征的重要条件，所以申请幸运的顺利通过。所收获则是五年后方始成书的《万历十五年》，今已有五种文字的六种版本。

以一年多的时间写这样一册小书，读时亦不过二三日，即可阅完，看来也无足为奇，然则既不重辩论而重叙述，当中却也真是万绪千头，到处都待考证。例如神宗万历帝之恭妃，亦即光宗生母，后封孝靖王太后，《明史·后妃传》有关于她的一段记载："初为慈宁宫宫人，年长矣，帝过慈宁，私幸之，有身。"这样甚可能给人一个将近中年的宫女，引诱年轻皇帝的印象。幸亏定陵于一九五六年被发掘，内中碑文出土详载各人生卒年月日，文中证实当日她与万历邂逅，时年十六，皇帝则十八岁。《明史》在康熙年间修撰，去此已约百年，传闻已失实如此。书中提及仪礼之处又因原始资料行文简捷，亦不便照抄，只能一读再读，参照平行的资料，还希望找到图解或地图叙述方有把握。明人所说"廷杖"，我们总以为既为"杖"，则是用大竹板在庭前打屁股。根据《明史·刑法志》，才知道"笞"与"杖"同用荆条施行，只是罪有轻重，荆条圆径有大小，才区分为笞、杖。数十年前朱东润作《张居正大传》，他以为明代田赋账目凡提及万历年代的地亩数，即是一五八〇年张居正举行全国丈量之成果。我起先也以为如此，后来恳请芝加哥大学何炳棣教授复印得他们图书馆珍藏的《万历会计录》胶卷，才能确定一五八〇年丈量的地亩数从未被明廷接受，后为我书中要题之一。所以从事实上考证，已是极为费时的工作。

若非预先我对明史尤其十六世纪的后期有一段最基本的认识，也决不敢尝试提供如此一个剖面。因为我参加《明代名人传》的工作，曾自写当中人物传记十八篇，又修改旁人所作两篇。兹后作《财政与税收》时前后七年。内中二年余除一面教书外，曾将《明实录》翻阅一遍，虽说走马看花，总算一百三十三册看完。当时专注财政与税收，眼角里却对宫闱内幕和反映的社会状态感到兴趣。这里也预先伏下了以后写《万历十五年》之动机。

因着修《名人传》我也熟识了不少美国明史专家，像贺凯教授（Charles O. Hucker）之研究明代官衙组织及监察制度和狄白瑞教授（Wm. Theodore de Bary）之研究明代思想，均是终生勤奋的工作。我作《万历十五年》时特别要感谢的乃是房兆楹先生。他夫妇早岁作二十四史内的引得工作，以后参与明清两代名人传记集体之筹画。在技术方面精微之处，他的明察举世无双，我现有的几部书尚是他所赠。有一日他在不意之间买到民国六年上海版的《张居正书牍》，立即乘兴亲自开车送我。

自备书有一种好处：即是供反覆把玩，床头饭边，不必珍惜，无所计挂。我的一部《明实录》在一九六八年购齐，共费美金五百余元，当日可算相当数量的一笔投资，只是我只要争取时间，批注折页，毫未顾及书之折旧。我有次借房公书，也同样不加爱惜，及至还书时确给他相当的不快。

"你看，"他说着，"你借去的时候是三本全新的书，现在弄得这般糟，纸张也磨坏，书又卷角！"

我完全忘记了他的书并不是我自己的书，正在支吾尚不知如何道歉时，房先生已突然改口，他说："算了，本来要这样，有书就要读，书不用摆在那里，即是全新又算什么。"可是他没有看到《万历十五年》之成书。此次别后不久，他返大陆，几十年此为首次。不幸噩耗传来，房公已去世于北京。

我书布局也经过一度折磨。作初稿时我虽照致哥根汉的申请书做去，力图改变铺陈历史的方式，但是到底仍不能完全摆脱学院圈格。第一章叙皇帝权能，第二章叙内阁大学士职责，若有指授。及提及财政税收，又是洋洋论文十余页。几经徘徊挣扎，才进入现今局面，原有的两章析为四章，以后再加海瑞、戚继光和李贽三章，分别处理地方民政、军队组织和哲学思想，及于文士习惯，不作开场白，不另开一章为结论，纪事有时转回重叙。

本来今逢中国长期革命成功之日（这点只能在其他地方畅谈），所有历史都要重写，在选择题材及运用组织方法时作史者不难引用不同风格，可是即如此，《万历十五年》书成拟出版时仍遇到相当困难，大学出版社则说，此系大众读物，应找一般出版商，后者却又推说，此系学术性质之专题著作，仍应问津于前者。即是至今书出十余年，既已畅销，又经中外采用为读本及必读参考书，若干方面之成见未改。不时有人说及："黄仁宇著书缺乏历史的严肃性。"他们没有想到我经过一段奋斗才摒除了所谓严肃性。

倒有美国文坛巨子厄普戴克（John Updike）独具只眼。他在《纽约客》杂志作书评时，即说《万历十五年》有超现实的幻影之特质（surrealist visionary quality）。本来传统中国官僚组织，以仪礼代行政，有时强黑为白，只要在本身组织之内逻辑上讲得过去，可以对外不负责。此情景构成他所说超现实的幻影色彩。在我看来，中国之不能在数目字上管理肇源于此。及至二十世纪整个国家与社会组织免不了一段整体破坏之后重造，亦溯源于是。

此书现已发行于海内外，如果能将上说一点在两岸三方读者心目中造成共识，作者及侧背对本书尽力的人士应当引为快事。

原载《联合报》1994.5.5